アメリカの危ないロイヤーたち

★★★★★★★
THE MORAL
COMPASS OF
THE AMERICAN
LAWYER
★★★★★★★

TRUTH, JUSTICE, POWER, AND GREED
弁護士の道徳指針

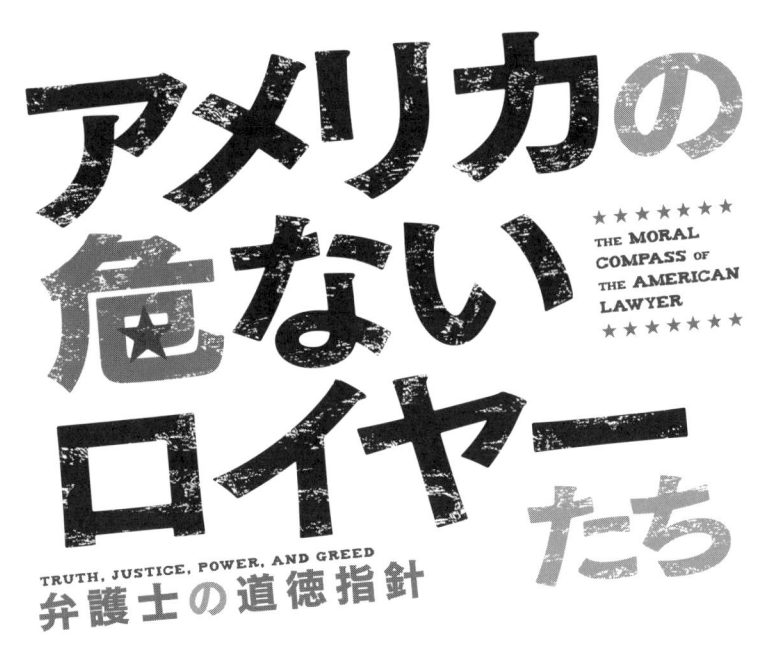

RICHARD ZITRIN AND CAROL M. LANGFORD
リチャード・ズィトリン、キャロル・ラングフォード 著

MURAOKA KEIICHI
村岡啓一 訳

現代人文社

THE MORAL COMPASS OF THE AMERICAN LAWYER
TRUTH, JUSTICE, POWER, AND GREED

by Richard Zitrin and Carol M. Langford
© 1999 by Richard A. Zitrin and Carol M. Langford

Japanese translation rights arranged
with Richard Zitrin and Carol Langford
c/o Sanford J. Greenburger Associates, Inc., New York
through Tuttle-Mori Agency, Inc., Tokyo

序　章

　勇気は法律家にとって最も重要な資質である。それは有能であることや先を見通せることよりもずっと重要である。……それには決して限界などないし、時間に拘束されることもなく、枯渇することもない。それは、人の心に、正義を実現する場所に、精神が宿る場所にあまねく行き渡るべきである。
　──1962年、サンフランシスコ大学ロースクールにおけるロバート・F・ケネディの言葉

　サブリナ・ジョーンズは、子供が学校に入る年齢になった時、ジャスト・ライク・ホーム社が運営する介護施設で再び看護師助手として働くことになった。彼女は、間もなく、自分が見たことに懸念を抱いた。彼女は、以前にも他の高齢者福祉施設で働いていたことがあり、そこでは、清潔であることが最優先事項であった。しかし、ジャスト・ライク・ホーム社で、共同エリアと医療検査室の掃除を任された時に、彼女に与えられたのは、厳格な州の基準を満たすのに必要であると彼女が考えていた強力な業務用洗剤ではなく、通常の家庭用洗剤であった。そして、彼女は、時々、医療器具が消毒されないまま検査室に散らかっているのを目撃していた。
　サブリナは、単なる時給労働者であり、文句を言うことには気が進まなかった。だが彼女は、上司とよい関係が築くことができたと感じた後で、上司の所へ行き、彼女の懸念を話した。3日後、彼女は解雇され、護衛つきで彼女のロッカーを片付けるためだけに施設に入ることを許された。ショックを受けるとともにうろたえた彼女は、弁護士に依頼して、解雇の撤回を求めてジャスト・ライク・ホーム社を訴えた。
　街の反対側では、大きな都市型法律事務所の上席アソシエイト弁護士であるローラ・ベルナルディが、週70時間働いていた。その目的は、事務所経営に

あたるパートナー弁護士たちに彼女をパートナーの一員に迎えるよう自らを印象づけるためであった。ジャスト・ライク・ホーム社は、彼女の最大の顧客の一人であり、彼女はサブリナの提起した訴訟で被告側の代理人を務めるよう割り当てられた。ベルナルディは、ジョーンズ事件が依頼者にとって大きな問題に発展しかねないことを理解していた。ジャスト・ライク・ホーム社は、清掃用の製品のみならずもっと多くの点で経費を節約する傾向があったからである。そして、ベルナルディが見た内部メモには、サブリナが清潔さに対するジャスト・ライク・ホーム社のずさんな姿勢を疑問視していたので解雇した旨が記載されていた。

しかし、ローラは、弁護士にとって第一の倫理的義務とは依頼者を熱心に代理することであると教わっていた。そして、彼女とジャスト・ライク・ホーム社が訴訟上優位に立っていることを理解していた。サブリナの代理人弁護士は、彼女に助言を与えないまま、他の州に職を得て去ってしまっていたのである。サブリナは再就職できずにいたので、自分自身で訴訟を遂行するだけのお金がなかったし、訴訟を遂行することについての知識もほとんどなかった。

サブリナが市から南へ80マイル離れた姉の所に引っ越ししたことを知ったので、ローラは、ジョーンズの宣誓供述書の作成を法律事務所の支所で行うこととした。サブリナがそこに行くには、市の中心部まで列車に乗り、そこからバスを乗り継いでいく必要があった。それは、2人の子供を抱えた無職の母親にとって、時間的に無駄を強いるものであったうえに、費用的にも大変な負担であった。サブリナが電話でローラに対し、宣誓供述書を作成する場所を市の中心地にある法律事務所の本部にしてもらいたいと頼んだ時、ローラは、丁寧に、しかしきっぱりと拒絶した。

サブリナが宣誓供述書の作成に現れそうもないと知った上で、ローラは、速記官に録取の準備をさせて待機した。サブリナが時間どおりに来ないので、さらに10分間待ってから、速記官の公式記録にその旨を記載させた。そして、法律事務所にとって帰るや、既に準備してあったサブリナの不出頭を理由とする訴訟却下の申立書に署名した。法律の定めの前に挫けそうになりながらも、サブリナはローラに電話をかけて、申立を再度やり直すための時間と、新しい弁護士を見つけるための時間が欲しいと懇願した。ローラは、再び、それを拒絶した。訴訟却下の申立書を受理した裁判所はその申立を認め、サブリナは本案が開始される前に訴訟を却下されてしまった。

サブリナ・ジョーンズとローラ・ベルナルディの物語は、名前こそ変えているものの、実際にあったことである。法律家は、ローラが行ったことについて複雑な感情を抱くかもしれないが、多くの者は、彼女が依頼者の有利な地位を保つのに必要な法的な手続を踏んで適切に行動した——教科書どおりにそれを行った——と言うであろう。彼女の行為は倫理的に許されないと言う者が、仮にいたとしても、それはほんの一握りの者にすぎないだろう。しかし、法律家ではない多くの人々は「何かが間違っている」と言うだろう。「正義が実現されていない、いや、否定されている」と。

*

　アメリカ人は、ずっと永い間、弁護士を疑いと批判の眼で見てきた。150年前、エイブラハム・リンカーンは「一般の人が抱いている、弁護士はすべからく不正直だという考え」に言及した。しかし、わが国の歴史において、弁護士が——そして、弁護士の考え方、話し方、行動の仕方が——今日ほど論争の種になったことはない。人々は、弁護士が真実や基本的な正義の観念にほとんど忠実であるとは思えないのは何故かと問う。多くの人は、典型的なアメリカの弁護士とは不道徳であるか、あるいは道徳に無頓着であると考えており、他の多くの人は、私たちの司法制度がもはや平均的な市民の利益を擁護することはできないと考えている。世論調査によれば、弁護士に対する公衆の信頼はこれまでになく低いレベルにとどまっているのだ。

　法律家の倫理規則の多くは、人間の行動を規律する道徳的な規範から生まれたものである。しかし、ジョージ・シャーウッド判事が初めて「法律専門職業人の使命と責務について」の規則を制定してからほぼ150年を経た今日では、多くの人は、弁護士の倫理に適ったとされる行動が果たして一般の道徳的な規範と十分に結びついているのかについて疑問を抱いている。法律家の倫理規則と私たちの社会の重要な基本原則、すなわち、真実を語ること、公正であるとともに思いやりを示すこと、正義を求めること、勇敢であること、道徳的な人間として行動すること等々との間には明白な対立があるのである。公衆は法制度が真実に奉仕することを期待するが、弁護士はしばしば依頼者の視点から事実をねじ曲げて見る。公衆は法制度を正義に奉仕するためのものであると期待するのに対し、弁護士は「誰にとっての正義か？」と問い、何よりも依頼者の視点から見た正義を実現するという自らの義務を指摘するのである。

　この本の中で、私たちは、弁護士が裁判官や陪審員に「依頼者の真実」を提

供する一方で、本当の意味での「真実」を無視することが許されるのかを吟味することになろう。そして、私たちは、サミュエル・ジョンソン博士からアラン・ダーショヴィッツ弁護士に至るまで法律の思想家によって支持されてきた、いわゆる「当事者主義の原理」、すなわち、弁護士が依頼者を「熱心に」代理することに最大限の努力をするとき正義は何らかの形で勝利を収める、という考え方を再検討することになるだろう。

　毎日様々な分野の実務において、アメリカの弁護士は相対立する倫理的な諸原則に直面している。中でも最も重大な対立は、代理人として依頼者の利益を誠実に擁護することと、自らの言動に忠実であることとの選択の問題である。しかし、倫理規則の「明文」規定が提起する以上に広範な問題がある。法律家の倫理規則が本質的には道徳的な規準に依拠しているように、個々の弁護士も、究極的には、倫理と社会の道徳的な原則とのバランスをどうとるかを決定しなければならない。たとえば、「倫理に適っている」ということは、明白な規則があって弁護士が「それに抵触することを回避」できるような場合に限定されるべきなのか否か、依頼者が違法な行為に固執する場合に、弁護士はなお依頼者のために忠実でなければならないのか否か、弁護士は、「正しいことを行った」結果、事実上あるいは経済上の結果として職を失う場合でも、自ら進んでその「正しいことを行う」べきなのか否か、個人的な道徳感情は弁護士の行動を決定するうえで何らかの役割を果たすべきなのか、仮にそうだとして、どの程度まで影響を及ぼすべきか等々である。

　倫理を教える教師あるいは助言者として、私たちは無数のロースクールの学生や実務家を教え、かつ、沢山の問題につき議論してきた。私たちは、弁護士が単に倫理規則に違反しただけにとどまらず不道徳であり、私たちにとっては到底許すことのできないことをするのを見てきた。私たちは、高い倫理的な規準に従って行動していると本気で信じている弁護士もいることを知っているが、彼らは自らの行為が実際に依頼者あるいは社会にどのような影響を及ぼしているのかを立ち止まって考えることをしていなかった。私たちは、同様に、最高の称賛に値するやり方で専門職としての生活を送っている弁護士がいることも知っている。実際に、数多くの倫理的かつ道徳的な男性、女性の弁護士がおり、その幾人かは、この本の中にも登場するだろう。しかし、それ以上に、私たちは、単なる知識の欠如から貪欲に至るまで様々な理由からプロフェッションとしての役割を十分に果たしているとは思えない弁護士に焦点を合わせる。

しかし、私たちは、法制度そのもの——法制度がどのように成功しているのか、あるいは、失敗しているのか——を吟味しない限り、弁護士の行動を吟味することはできないし、私たちの法制度の下でどのような行為がもはや許容されないのかについて確たる結論を示すこともできない。私たちは、私たち自身の期待だけでなく、一般公衆の期待をも検討することになるだろう。そして、私たちは、現在の法制度で依然として機能しているところと、あまりにも弊害がひどいために大きな変更を必要とするところをはっきりさせるだろう。各章は、サブリナ・ジョーンズとローラ・ベルナルディの事例のような具体的な物語から始まる。それぞれの物語は実際にあった出来事に基づいている。これらの事例は、何年にもわたって弁護士とその依頼者を相手に協議し助言をしてきた、私たち自身の経験を通してよく知っている出来事である。第1章を除き、物語はいくつかの事例の合成であり、氏名は罪のない人——そして罪のある人——を守るために変えている。それぞれの物語は、実際の事例と具体的な事実を議論するために用意してある。そして、——典型的な事案なのだが、特にそれが弁護士のところに来ると——まさしく「事実は小説よりも奇なり」となるのである。

序章 ……3

第1部
真実、正義、そしてアメリカの弁護士 ……11

第1章　隠された死体：ロバート・ギャロウとその弁護人 ……12
第2章　別の日には、有罪者の弁護を ……33

第2部
権力とその濫用、つまり「我々は職務を遂行しているだけ」 ……59

第3章　権力、傲慢、そして適者生存 ……62
第4章　頭に拳銃を突き付けられた若手弁護士 ……85
第5章　アメリカ企業の内部で警告すること ……108

アメリカの危険なロイヤーたち
弁護士の道徳指針
目次

第3部
強欲と欺もう、つまり「みんなやっている」……133

第6章　保険専門弁護士：事件漁りと金漁り……135
第7章　すべての法廷は舞台であり、すべての弁護士は役者である：
　　　　陪審員を誘導することと誤導すること……156
第8章　弁護士は嘘ツキ……176
第9章　秘密にしておくこと
　　　　（つまり、「知らない」と言うことは公衆を害することになる）……201
第10章　クラス・アクション：
　　　　公衆の保護、それとも弁護士のぼろ儲け？……228

結　論　それは修復できるか？　私たちには何ができるのか？……253

主要な出典（抄録）……270
訳者あとがき……278
著者について・訳者について……287

The Moral Compass of the American Lawyer

第1部
真実、正義、そしてアメリカの弁護士

第1章
隠された死体：
ロバート・ギャロウとその弁護人

> 最も困難な倫理的なジレンマは、依頼者に対する義務と法制度及び社会に対する義務との絶えざる衝突から生ずる。
> ——ジャック・B・ワインシュタイン教授（後に合衆国連邦地方裁判所判事）の言葉

　1973年8月9日の午後、フランク・アルマーニが家族とともに夕食をとっていた時、一本の電話が鳴った。それは、以後の彼の人生を変えたのみならず、数年たっても彼自身でさえ完全には正当化できない行為へと彼を導いた電話だった。電話してきたのはロバート・ギャロウの妻であった。ギャロウは、強姦の罪で有罪となった前科があり、児童に対する猥褻行為で起訴されており、さらに連続殺人の容疑者であった。この日の朝、警察は、ニューヨーク州の歴史上最も大がかりな捜索を展開してギャロウの身柄を確保したが、その過程でギャロウは重傷を負った。今、ギャロウは危篤状態で病院のベッドに横たわっており、彼の妻と弁護人以外の誰とも話すことを拒絶していた。その弁護人というのがフランク・アルマーニであった。

　フランクは、ニューヨーク州シラキュースに住み、弁護士として働いていた。シラキュースの真北には、アメリカで最も美しい自然景観の一つであるアディロンダックス地域があった。ここには500万エーカーに及ぶ風致地区、樹木に覆われた丘陵、風光明美な湖沼があり、北東に位置する都市部の熱、群衆、暴力から人々が逃れてくる場所であった。人々は都市のすべてから逃れてここに来るのだった。

　それは、まさしく、18歳のフィリップ・ダンブロスキーと3人の仲間、ニック・フィオレロ、デイヴィッド・フリーマン、キャロル・アン・マリノウスキーが1973年7月に心に思い描いていたことだった。彼らは、国道8号線沿いの森の端に位置するきれいに刈り込まれた場所にテントを張り一晩を過ごした。彼らが目をさますと、そこには、ライフルを手にしたロバート・ギャロウがいた。

第1部　真実、正義、そしてアメリカの弁護士

ギャロウは巻いたロープをひったくると、4人を森の奥へと駆り立てた。彼は、デイヴィッドを木の切り株に縛り付けるようフィオレロに命じた。それが終わると、さらに森の奥へ移動し、今度は、ダンブロスキーに対し、フィオレロを縛るように命じた。キャロル・アンがダンブロスキーを縛ったあと、最後に、ギャロウが彼女を別の木に縛り付けた。それから、ギャロウはダンブロスキーの所に戻って行った。キャロル・アンには何が起こったのかは分からなかったが、ダンブロスキーの悲鳴だけが聞こえた。死に物狂いで何とかロープを振りほどくことができた彼女は走って森の中に隠れた。
　フィオレロもロープを振りほどいて自由の身となった。彼は最初のキャンプ地に戻り、車に乗って救助を求めた。程なくして、彼は武装した一小隊とともに現場に戻った。フリーマンは生命の危険を感じて森の中に逃げており、キャロル・アンはダンブロスキーの遺体の傍らに座っていた。ダンブロスキーは、刃物で切りつけられたうえ胸を繰り返し刺されており、致命傷は心臓を貫くナイフの一撃であった。ギャロウの姿はどこにも見当たらなかった。
　フィリップ・ダンブロスキーの友人らは、すぐに警察で、犯人がロバート・ギャロウであることを特定する情報を提供した。ギャロウは警察官にはよく知られた射撃の名手であった。ニューヨーク犯罪捜査局と州警察は、直ちに、大掛かりな犯人追跡の捜索隊を組織した。急いだのには理由があった。警察は、ギャロウがこの地域で育ち隅々まで知っている森の住人であり、森の中で自活することができ、州境の高速道路一本を超えるだけで広大なアディロンダック原生林に逃げ込むことができるのを知っていた。しかし、より重要なことは、警察はスーザン・ペッツの安否を心配していたからであった。
　ダンブロスキー殺害の9日前、道を丁度50マイル上ったところで、21歳のボストン大学の学生ダニエル・ポーターが木に縛られて刺殺されているのを警察が発見した。刺し傷の形状はダンブロスキーに加えられた刃物による拷問の痕と同じであった。ポーターと一緒であったイリノイ州スコーキー出身のボストン大学の学生スーザン・ペッツの行方はわからなかった。今や、ロバート・ギャロウはポーター／ペッツ事件の重要参考人となっていた。もしギャロウがスーザン・ペッツを拉致していたとすれば――そして警察の発見が間に合えば――、彼女はまだ生きている可能性があった。

＊

　警察は、以前に地区検事代理を務めたことがあり、現在は弁護士として小さ

な法律事務所を開いているフランク・アルマーニに電話をして、警察のギャロウ捜索に協力してもらえないかと頼んだ。フランクは、数件の刑事事件も担当していたが、主として、個人の人身傷害による損害賠償事件を専門にしていた。彼は1年前に、ロバート・ギャロウが軽微な交通事故について相談に来た際に、ギャロウに会っていた。その事件はそれで終わったが、数カ月経った1972年11月になって、フランクは留置場のギャロウから電話を受けた。ギャロウは、シラキュース大学の若い学生カップルを監禁した事実及び彼の車から発見されたマリファナの所持の事実で起訴されていた。

　フランクは、ギャロウが強姦罪で保護観察中であること、しかし、保護観察官はギャロウが模範的な保護観察対象者であるとみなしていることを知っていた。ギャロウはシラキュース製パン所の監督技術者という定職について真面目に働いており、再び彼の家族と一緒に生活していた。ニューヨーク州犯罪委員会（State Crime Commission）は、保護観察制度が最も効果的に機能した例として、ギャロウを広報用ポスターの「顔」に利用していた。ギャロウはフランクの質問に何も悪いことはしていないと証言し、学生カップルがマリファナは自分たちの所有であると認めたので、ギャロウに対する事件は無罪となった。

　しかし、6カ月後、ギャロウは再び問題を起こした。警察の主張によれば、ギャロウが10歳と11歳の少女を車に乗せてシラキュース郊外の人里離れた場所に連れていき、そこで、少女らに手淫とオーラルセックスを強要したという嫌疑であった。フランクが少女らの供述調書を読んでみると、その内容が非常によく整理されており、詳細かつ正確に記載されていることに驚いた。彼は、11歳の少女がそんなに詳細に記憶できるはずがなく、これは警察が少女らを誘導した結果だと確信した。少なくとも、警察が供述調書を作成する際に手を加えたことは明らかであった。最も好意的に考えれば、彼の依頼者は真実を語っているという可能性が考えられた。フランクはギャロウの弁護人となることを承諾した。彼は依頼者を疑うことから始め、警察の捜査も疑った。

　フランクはギャロウの保釈を実現し、ギャロウは製パン所の仕事に復帰した。しかし、その事件の事実審理の期日である7月26日、ギャロウは裁判所に出頭しなかった。それで、裁判官は出頭確保のため拘引状を発付した。その3日後に、フィリップ・ダンブロスキーは殺害されたのだった。

　警察がフランクにダンブロスキー殺害について電話した際、警察はポーター／ペッツ事件の容疑についても話した。フランクは、警察がギャロウの身柄を確保

できるように協力すると言った。彼はテレビにも出て、「ロバート、逃げても無駄だよ。私は君を弁護する。出てきなさい、誰も君を傷つけたりはしないよ」と呼びかけた。

　その後の10日間、おびただしい数の目撃情報があったにもかかわらず、ロバート・ギャロウの行方は杳として知れなかった。スーザン・ペッツ生存の可能性は日を追うごとに小さくなっていった。8月7日、とうとうギャロウは「へま」を犯した。彼は、リゾート・ロッジの駐車場から新型のポンティアックを盗んだのだった。彼は北に向かったが、警察のバリケードによって行く手を遮られた。ギャロウは高速道路に入って二重黄色線（駐車禁止帯）を猛スピードで走り、バリケードを突破した。彼は再び逃走したが、今度は、警察の方で彼の向かった行先の予測がついた。

　2日後、州の北東端で、州警察は、ギャロウの姉の家の背後にある森の中に潜んでいたギャロウを見つけ出した。彼が別の木立に向かって駆け出したとき、狙撃者の強力なライフルから発射された銃弾が彼の足、背中、そして腕を貫いた。ギャロウは瀕死の状態でプラッツボー病院に運ばれた。そこで、彼は妻にフランク・アルマーニに電話するように指示したのだった。

　フランクには殺人事件の弁護の経験がなかった。しかし、既に、彼は児童に対する猥褻事件のギャロウの弁護人であった。ギャロウは殺人罪について私選弁護人を雇うお金はなかったので、裁判所に対しフランクを国選弁護人として選任するように頼んだ。地方裁判所の判事はその申し入れを受け入れる意向だった。その時まで、フランクはギャロウの弁護については留保していたが、今回の事件は、既にニューヨーク北部地方の歴史上最も悪名高い事件の一つとなっていたので、トップニュース、すなわち脚光を浴びるチャンスでもあった。複雑な気持ちで、彼は弁護人の就任を受諾した。

　8月の末までに、ギャロウの弁護人として、その地域の最も難しい事件を引き受けていた刑事弁護の専門家であるフランシス・ベルジが加わった。圧倒的な有罪証拠と依頼者の奇怪な前歴と行動を考えれば、ギャロウを救う唯一の方法は精神異常の申立（insanity plea）しかない、願わくは、ダンブロスキー事件だけではなくギャロウが犯したすべての事件につきギャロウが自白したうえで、精神異常の申立をすることが望ましいと両弁護人は考えた。ギャロウの行動が異常であればあるほど、また、忌まわしければ忌まわしいほど、彼の精神異常

第1章　隠された死体：ロバート・ギャロウとその弁護人

15

を証明することは容易になるだろうと弁護人は考えた。

　しかし、逮捕されてから3週間を経過しても、ギャロウはダンブロスキー殺害という特定の出来事も、また警察が彼の関与を疑っていたポーター／ペッツ事件も思い起こすことができなかった。数年後になって、フランク・アルマーニが述べることになるのだが、彼は最後に、隠し芸の催眠術を用いて、その日遅くなってからベルジが訪れるとギャロウはすべてを思い出すだろうとギャロウに暗示をかけた。これが効いた。記憶の水門が開いたのだ。ギャロウはフィル・ダンブロスキーの殺害だけではなく、7月下旬以来行方の分からなかったシラキュースの16歳の少女アリシア・ホークの強姦と殺人の詳細を思い出した。ベルジが記憶を喚起するように促せば促すほど、ギャロウは生々しく、かつ、吐き気を催すような詳細を明らかにした。

　ギャロウは、ヒッチハイクをしていたアリシア・ホークを車に乗せてシラキュース大学近くの丘に連れて行き、彼女を強姦した。彼は彼女をキャンパス近くの墓地まで歩かせ、逃げようとした彼女を何度もナイフで「殴りつけて」殺した。ギャロウは、少女の遺体を墓地の保守用具を置く小屋の近くにあるこんもりとした藪に埋めたことを語った。

　ベルジの記憶喚起に向けた働きかけの下、ギャロウは、少しずつ、ダニエル・ポーターの殺害とスーザン・ペッツの誘拐を思い出した。最初、ギャロウが思い出せたのはポーターとの格闘とひどい頭痛がしたことであった。彼はポーターを木に縛りつけたことは思い出せなかったが、最終的には、繰り返しナイフで「殴りつけた」ことを思い出した。その後、ギャロウはスーザン・ペッツを車に押し込み、車で4時間かかる彼の両親の家を目差して北へ向かった。そこで、彼は森の中にテントを張り、被害者を縛りあげ、定期的に強姦した。彼が両親に会うために、あるいは、叔母の家に泊まるために出かけるときには、ロープとホースでペッツを縛り、足元に食糧と水を置いていった。数日後、彼がペッツを水泳のできる深みに連れていった際、彼女は彼のナイフをつかみとり逃げようとした。この話をギャロウがベルジに語っているとき、ギャロウはどうして若い女性が逃げようとしたのか心底分からないという風であった。「俺たちは話をした。沢山話をしたんだ。」とギャロウは説明した。しかし、スーザン・ペッツが彼のナイフを取りに行ったとき、ギャロウは彼女を殺し、その遺体を廃坑の通気口の中に押し込んだのだった。

両弁護士は、ギャロウが自白を終えるまでには、期待していた以上のものを得ていたと言えるかもしれない。この恐ろしい物語を聞くだけで十分だったので、フランクとベルジは、すぐに、新しく知った情報で何をするかを決めなければならなかった。彼らは、ダンブロスキー事件についてだけギャロウの弁護人であった。しかし、今や彼らは、地区検事がずっと疑っていたギャロウのポーター／ペッツ事件への関与の事実を確認したのだ。のみならず、まだ捜査機関に判明していない余罪のいくつかも知った。その中には、行方不明者にリストアップされているアリシア・ホークの失踪についての真実も含まれていた。
　両弁護士はこの新事実を知ったがために、恐ろしく、かつ、深刻なジレンマを抱えることになった。この情報を警察あるいは地区検事に伝えるべきだろうか？　少なくとも、裁判官に知らせることはできるのではないか？　そうではなく、たとえ、それが複数の殺人事件の証拠を隠すことになっても、黙っていなければならないのか？　それらを考えた結果、二人とも、弁護士・依頼者間の秘密保護の原則——依頼者が弁護士に語ったことはすべて「そのままの状態」で保持され、決して他者に開示してはならないこと——が「誰に対しても何も話すな」と要求していると感じた。代わりに、両弁護士は、ギャロウに対し、アリシア・ホークとスーザン・ペッツの遺体が埋められた正確な場所を教えるように求め、証拠の発見作業に着手した。その証拠とは、彼らが依頼者のために精神異常の抗弁を裏づけるに足ると考えるものであった。
　まず、フランクとベルジは、ギャロウの両親が住むニューヨーク州北部の辺境にあるマインヴィルに車を走らせた。懐中電灯とカメラを携えて、二人はボストン・ヒルを上り、ギャロウが述べた廃坑を捜した。鉱山の入口を見つけられず何度も通り過ぎた後、やっと、排気孔からの冷たい風を感じて発見した。それから、スーザン・ペッツの遺体を捜し出してその遺体の写真を撮るために、一人の弁護士がもう一人を穴の中に降ろした。興味深いことに、後日、二人の弁護士が同じ間違えようのない場面を語りながら、どちらも自分が写真を撮ったと主張した。ベルジは、『ニューヨーク・タイムズ』紙に、自分が写真を撮る際にフランクが足で支えてくれたと述べた。しかし、フランクは、伝記作家に対して、自分とベルジのベルトをつないで輪状にし、ベルジがカメラを手にしたフランクを穴の中に降ろしたと語っている。
　アリシア・ホークの遺体の発見はもっと困難であった。オークウッド墓地はシラキュース市の中心に位置しているとはいえ、藪が厚く茂っているため、二

17

人の弁護士はいばらの中に侵入したが、結果は、手足の至るところに切り傷と擦り傷を作るだけであった。何回か失敗を繰り返した後、ついに、ベルジはアリシア・ホークの首の部分がないひどく腐乱した死体を発見した。彼女の頭蓋骨は躯体から約10フィート離れたところにあった。両方を写真に撮るために、ベルジは頭蓋骨を躯体の肩付近に置き、それから写真を撮った。
　この時までに、もちろん、フランクもベルジも、ギャロウの話は真実であること、彼が狂気におかされた危険な殺人鬼であることを認識した。このことが秘密情報の保護についての彼らのジレンマを一層困難なものにした。さらに悪いことに、今や、彼らは文字通り、遺体のありかを知っていた。そして、ペッツとホークの家族が子どもの行方を捜していることも知っていた。
　それでも、フランクとベルジは沈黙を選んだ。スーザン・ペッツの父親が娘を捜してシカゴから飛行機でやってきて、それぞれの弁護士に情報を教えてくれと懇請したが、依頼者の秘密は「そのまま」にしておくという彼らの決心は揺るがなかった。二人の弁護士とも何も語らなかった。その後、アリシア・ホークの父親がフランクに面会しようと何度か試みたが、彼は父親に会うことを拒絶した。
　しかし、両弁護士は二人の女性の遺体について検察官には話した。少なくとも、間接的には話をした。フランクとベルジは、依頼者が精神異常であること、及び、答弁取引（訳注：刑事事件で被告人側と検察側とが交渉し、起訴状記載の訴因に対し被告人がより軽い罪を認めることを条件に事件処理につき合意すること）を受け入れることが州にとっても最善の利益であることを検察官が受け入れるかもしれないと期待した。彼らはこの提案を推し進めたが、主たる理由は、それが依頼者にとっての最善の選択であると考えていたからであった。精神異常のゆえに無罪であるという抗弁は、ギャロウを刑務所に入れる代わりに、医学的な治療を受けることができる州の病院という、刑務所よりもはるかに心地よい場所に収容されることを意味していた。また、ギャロウは、法的な観点から、精神の異常状態のために無罪とされたのであるから、仮に、病院の精神科医が彼を「治癒」したと判断したならば、将来、釈放される可能性も絶無というわけではなかった。釈放の可能性はわずかかもしれないが、入院の方が、刑務所から保護観察となるチャンスよりははるかにマシであった。
　フランクとベルジは自らの判断を支持する三つの論拠を有していた。第一に、ギャロウがやったことは異常な精神状態でなければできないということ。第

二に、有罪の答弁によって、州で最も田舎の郡であるハミルトン郡の納税者にとって、事実審理にかかる訴訟費用数十万ドルが節約されること。第三に、弁護士両名が、地区検事に対し、答弁取引の一部として、被告人と弁護人が未解決の失踪事件を解決し、行方不明の被害者の遺体のありかを明らかにすることを告げていることであった。

これは大胆ではあるが危険な戦略であった、両弁護士は「秘密の保護という義務に拘束されているので、具体的にどの犯罪が解決されるかについて、それ以上特定することはできない」と主張した。早い段階で多くを語り過ぎることは、守秘義務に違反するばかりか、警察に余罪でギャロウを起訴するに足りる証拠を与える可能性があった。検察官は明らかに、ベルジとフランクがペッツとホークの事件について語っていることを察知していたが、検察官は推測する以上のことはできなかった。

しかし、おそらく、より重要であったのは、二人の弁護士が、依頼者を「熱心に代理する」という弁護士の義務をどこまで履行するべきかについてどう考えていたかであっただろう。フランクとベルジは、女性被害者の遺体を取引のエサとして使うことが危うい綱渡りであることを十分に承知していた。他の恐ろしい犯罪にギャロウが関与していることをほのめかすことは、彼が正気ではないことを検察官に分からせる点では有益であったが、それは、他の犯罪——そして、被害者の遺体——を取引上のチップ（掛札）として用いることであった。

この両弁護士の戦術は、ハミルトン郡及びシラキュースのあるオノンダガ郡双方の地区検事を激怒させた。検察官にとって、弁護士が依頼者のなした秘密の自白を明らかにしないことはともかく、二人の女性の死についての知識——家族が必死になって求めている知識——を依頼者のための取引に使うことは秘密の保護とは全く別の物であった。検察官は交渉を拒絶した。

1973年の秋と冬の期間、フランクとベルジは小さな町であるレイク・プレザントでかなりの時間を費やした。公判前の聴聞期日に出頭し、弁護側の調査を行い、そして、事実審理の準備を行った。その町はシラキュースから車で2時間のところにあったので、彼らは貸室を探し、そこを事務所の出張所にしようと考えた。ところが、思いもかけなかったことに、それが困難であることがわかった。というのも、彼らは町で最も嫌われている人間になっていたからで

第1章　隠された死体：ロバート・ギャロウとその弁護人

19

あった。最終的に、彼らは地元の宿屋に事務所を構えたが、その宿の主人は友人の多くから絶縁された。

その冬、両弁護士はシラキュースに戻ったが、事態は少しも好転しなかった。二人とも、適量を超えて酒を飲むようになり、フランクは次第に不眠症に悩まされるようになった。フランクの事務所は何度も侵入盗にあったし、家庭でも、妻や娘が夥しい数の卑猥な電話や脅迫電話を受けた。こうした混乱の結果、フランクは所在を隠し、二人の女性被害者の遺体の写真を破棄した。同様に、ギャロウの自白を録音したテープも破棄した。彼は、このような秘密の証拠物件が盗まれて、公になることを恐れたのだ。

その後、12月に入り、一人のシラキュース大学の学生がオークウッド墓地の離れた場所で腐乱した遺体を発見した。歯科診療記録との照合の結果、遺体はアリシア・ホークと確認された。検死解剖の結果、彼女は首を絞められて殺され、その後、繰り返し刃物で刺されたことが判明した。2週間後、マインヴィルの廃坑の近くで遊んでいた数人の小学生が人間の足のようなものを見た。彼らは先生を呼び、その先生が、間もなく、スーザン・ペッツの遺体を発見した。検死解剖の結果、彼女は胸を刃物で繰り返し刺され、鈍器で頭を殴られたことが判明した。警察は、ロバート・ギャロウが両殺人事件の最重要容疑者であると発表した。

ロバート・ギャロウの裁判は、1974年5月、レイク・プレザント裁判所の異常にピリピリした雰囲気の中で始まった。それは、時間のかかる陪審員選定手続からスタートした。ハミルトン郡には5000人未満の住人しかいなかった。その半分以上がギャロウ事件の陪審員候補者として抽出された。陪審員候補者がその事件の陪審員を務めることができない理由は共通しており、それには三つのものがあった。一つは、候補者が季節の観光業に依存していることであり、観光シーズンは5月から始まるからであった。他の二つは、候補者が裁判官または地区検事と個人的に近い関係にあることと、候補者が既にギャロウは有罪であると確信していることであった。

陪審員の選定に5週間かかったのに対し、事実審理自体はわずか2週間で終了した。検察官は検察側の立証にわずか4日を必要としたにすぎなかった。病理学者は、フィリップ・ダンブロスキーの致命傷となった刺し傷と彼が殺される前に拷問を受けていたと考えられる証拠について証言した。ダンブロスキー

の3人の友人は、自分たちの恐怖の体験と、いかにギャロウが終始冷静で計画的に行動していたかを語った。

　その後、弁護側の立証に入り、いよいよ精神異常の抗弁が提出される番となった。精神異常を証明するために、フランクとベルジは、ギャロウが単に精神的に病気であるだけではなく、その病気の故に「自らの行為の性質と結果を弁別して認識する能力またはその行為が許されないことを弁別して認識する能力」を失っていたことを証明しなければならなかった。ベルジはギャロウを証人として喚問することから始めた。依然としてギャロウは傷害を負っており、警察の狙撃者に打ち抜かれた彼の左足と左腕は動かなかったが、彼は証言台のわきの車いすに座った状態で証言をした。彼が語った物語は誰も想像できないほど恐ろしいものであった。

　最初に、ギャロウは、両親が所有する農場で肉体的にも精神的にもひどい目にあった子ども時代について詳細に語った。彼は短気で怒りやすい酒浸りの父親と残忍で暴力をふるう母親について話した。父親はベルトで彼をひっぱたき、同時に、何時間も部屋の隅に彼を立たせた。より悪いこととして、そのたびに母親がどのように彼を殴ったかについても話した。その中には、5歳の時、母親が一本のまきで彼の頭を殴り、彼は意識を失ったことが含まれていた。また、彼が何か失敗をすると、母親は彼に姉のブルーマーをはかせたことを詳細に語った。親族に言及するとき、一人一人について、ギャロウは人間を示す「彼(he)」とか「彼女(she)」という表現ではなく物を示す「それ(it)」という表現を用いた。

　ギャロウは、7歳か8歳のとき、隣の農場に年季奉公の奴隷として預けられたと証言した。それから、法廷にいた誰もがショックを受けたことだが、ギャロウは、11歳か12歳のとき、隣の農場でたった一人で友達もいなく、農場には子どももいなかったので、犬、牛、羊といった動物を相手に性行為を行うようになったいきさつを語った。

　彼は15歳まで隣の農場で働き、その後、両親は彼を矯正不能の少年を対象とする職業訓練所 (industrial school) に送った。彼は、17歳の時に空軍に入隊したが、2年間の兵役のほとんどの期間を、カメラ窃盗およびポルノ写真の販売をした咎で、懲罰房で過ごした。除隊後、彼は喧嘩をして職を失い、再び困難を抱えることになった。彼を留置場から出した弁護士は、彼をセックスの道具として利用し、ギャロウに自分をマスターベーションするように強要し、ギャロウを鞭で打ちつつその写真を撮った。ある時期、ギャロウは結婚したが、直

ぐに強姦で有罪となった。彼は強姦をしたか否かについて覚えていないと証言したが、彼は刑務所に送られて8年間服役した。

それから、ギャロウは、刑務所を出た後に犯した複数の強姦についてはほとんど思い出すことができなかった。彼がはっきりと思い出せたのは、強姦行為に先行して生じたひどい頭痛、頭の中の脈動と締め付ける圧力であった。最後に、ギャロウは殺人について思い出したことを語った。すなわち、ポーター／ペッツ事件、ホークに対する強姦と殺人、そして、ダンブロスキーの殺害についてであった。彼が殺した二人の男について話すとき、彼は二人を「彼 (he)」というよりは「それ (it)」と表現した。彼が証言を終えるまでに、ギャロウは4人の殺人および7人に対する強姦ないし性的暴行を認めていた。

ギャロウの証言は想像を絶するほど衝撃的なものであった。しかし、ある人にとっては、次の日に彼の両弁護人が明らかにした事実の方がもっと衝撃的であった。ギャロウの証言によって、二人の弁護士は沈黙の誓いから解放された。彼らは記者会見を開き、昨年の夏から、ポーター、ペッツ、そしてホークの殺人にギャロウが関与していたこと、及び、二人の女性被害者の遺体のありかを知っていたことを明らかにした。両弁護士はこの事実を明らかにするように何らかの強制を受けていたわけではなかった。何故、彼らがそうしたのかは依然として謎である。

ギャロウ事件の審理はさらに数日を費やすだけで終結した。フランクとベルジはベストを尽くし、被告人のために最善と考えられる精神異常の立証に努めた。彼らは幾人かの精神科医を証人として喚問し、医師らは、ギャロウの幼児期のいくつかの出来事を引用して、彼の精神障害を説明した。医師らは、ギャロウが自らをあたかも牛、馬、羊といった人格を持たず感情のない動物であるかのように見ていること、及び、彼が他人をも同じように非人格化していることを解説した。ある精神科医は、ギャロウに、自分を見て父親をイメージするように求めたときの状況を述べた。その精神科医は、続いて起きた出来事がこれまで彼が経験したことのない最も恐ろしい体験であったと述べた。ギャロウの顔は紅潮し、瞳孔は大きく開き、早口の大きな怒鳴り声が耳に響いた。「俺はお前（それ）を殺す、オヤジ」とギャロウは、医師を睨みつけて言ったのだ。その後、びっくり仰天した医師が彼をなだめて事なきを得たのだった。

フランクとベルジは、ギャロウの防御方針にそってすべてを情報として提供したが、1974年6月26日、2時間に満たない評議の後、陪審員は精神異常の申

立を認めず、ギャロウを第一級殺人罪で有罪とした。

　今や、公衆の怒りはギャロウからその弁護人に向けられた。地方大陪審は二人を捜査の対象とし、結局、ベルジを二つの軽罪で起訴した。すなわち、衛生法規が求める死体の報告をしなかったこと、及び、死体を適切に埋葬しなかったことであった。起訴事実の核心──そして、おそらくは、大陪審がフランクを起訴しなかった判断の核心でもあるが──は、ベルジがアリシア・ホークの遺体を写真に収めるために移動させたという事実であった。

　しかし、事実審裁判所は、次のような謎めいた言い回しをして、この公訴事実を棄却した。「裁判とは、ある意味で真実の探求であるが、それは真実探求のほんの一部でしかない」と。裁判所は、ギャロウの弁護人は「秘密保護という冒すことのできない信頼を維持」しなければならなかったと判示し、フランシス・ベルジを次のように述べて称賛さえした。「自らを裁判所の構成員として、依頼者の憲法上の権利を守るために、心の命じるままにあらゆる熱意をもって弁護活動をした」と。

　ベルジに対する公訴事実を棄却した判決を不服として検察官は控訴したが、控訴審裁判所は原判決を維持した。しかし、その判決内容はフランクとベルジを積極的に支持するものではなかった。二人の弁護人が絶対的な秘密保護の要請に依拠した点に裁判所が「重大な関心」を持っていることを強調しつつも、両弁護士は「同様に、人間として基本的な良識も守らなければならない」と述べた。控訴審裁判所の裁判官は事実審裁判所の裁判官よりもはるかに批判的であった。そのため、アリシア・ホークの両親は州弁護士会の懲戒委員会に倫理規則違反を理由とする懲戒請求を申し立てた。

　しかし、懲戒請求も棄却された。懲戒委員会は、「依頼者を適切に弁護するためには、ありとあらゆる関連事実が依頼者から弁護士に対して完全に開示される必要がある。これは、たとえ関連事実が依頼者の行った過去の犯罪であっても同様である。完全な事実の開示を促すためには、依頼者には秘密の保護が保障されなければならない」と結論した。アリシア・ホークの父親はこの決定を別の意味に受け取った。数年後のインタビューにおいて、彼は次のようにこの結論の意味を要約した。「弁護士相手の懲戒を弁護士に委ねることは、一種の同業者間の共済制度だ」。

　フランク・アルマーニとフランシス・ベルジはギャロウ事件に関して公的

な制裁を受けずに済んだ。しかし、公衆の見方という法廷では、そうはいかなかった。多くの人にとって、二人の弁護士は冷酷で不謹慎な現代的アメリカ弁護士のイメージを体現していた。しかし、数年後、PBSテレビの特別番組のインタビューにおいて、フランクは、彼とベルジが感じていた内面の葛藤について、こう語った。「心の中で、一方では『被害者の両親を救ってやれ』という叫びが聞こえ、他方では、宣誓した弁護士の義務があるのだ」。「人間に共通する良識」について聞かれた際、フランクは答えた。彼は「その当時、もっと高い次元の道徳的な善」を見出そうと努めた。「……憲法上の問題として、彼のような悪党だって適切な弁護を受けることができる権利がある……私は被害女性の死を知っているという事実、彼女の遺体のありかと両親の苦悩を知っているという事実に逆らってでもだ」。明らかに苦悩の表情を浮かべて、フランクはジャーナリストのフレッド・グラハムに語った。「神を演ずることはとてもできない」と。

　フランクもベルジも、特に、被害女性の家族からの問い合わせに対して沈黙を守ったことに苦悩した。ベルジは、『ニューヨーク・タイムズ』紙に、沈黙するという決断をしたこと、特に、ペッツの父親がシカゴからやってきた後の決断について「何日も何日も眠れない夜が続いた」と語った。フランクは、アリシア・ホークの父親の面会を拒絶した理由をペッツの父親の来訪で取り乱したことがあったからだと説明した。彼は、悲嘆にくれる父親を前にして、自ら明かさないと誓ったことを話すのではないかと恐れたのだ。つまり、彼には「父親と面と向き合うことに自信がなかった」。事実、フランクは、数年後になってから、1962年に空軍の偵察飛行の任務遂行中に彼の兄を失い、いまだに遺体が発見されていないことを認めた。そのことのゆえに、フランクにとって、恐ろしい秘密を守ることは一層難しいものだったのだ。

　一貫して、二人の弁護士とその支持者は、いかに冷酷な行為であるかのように見られようとも、弁護士が正当な行為を行ったことの説明として、重要な憲法上の原則に言及した。ニューヨーク州の市民にとって、弁護士の行為を正当化するのにそれほど重要な原則とは一体何なのか？　ベルジに対する公訴事実を棄却した裁判所は、次のように判示した。

　新聞その他のニュース・メディアから湧きあがった公然たる非難は、両弁護士は裁判の妨害罪、換言すれば、事実が判明した後の事実隠匿の共犯者になるからそのような罪

として有罪とされるべきであるという考えを反映していた。素人の観点から見れば、これは、確かに論理的な結論であった。しかしながら、アメリカ合衆国憲法は、個人の尊厳を守ること、及び、そのために弁護士の支援を被告人に保障することを企図しており、弁護士は、憲法が被告人に付与した権利に対する国家の侵害行為からその権利を守るために、考えられるすべての保護方法を法廷に提出するのである。

　フレッド・グラハムがフランクに、そのような重要な原則を「ギャロウのような人間のクズ」に対して適用するにあたってのポイントは何かと質問したのに対し、フランクは、もし原則が「我々の中の最悪の人間に適用されないとしたら、最良の者にも適用することはできない。どこに例外を作るというのか？」と答えた。フランクの回答は、別のニューヨークの法律家であるラーニッド・ハンド判事の言葉と共通していた。ハンドは50年以上にわたって連邦判事を務めた伝説的な人物であるが、多くの人によって、州の歴史上最も偉大な裁判官として認められている。彼の演説や論文で彼は、法の社会とは、それが最良の人ではなく最悪の人をどのように扱っているかによって評価されなければならないことを強調している。
　しかし、アリシア・ホークの妹のシンディは自らの本の中で、フランク・アルマーニに、被害者家族の悲嘆に直面したときに何故沈黙したのかを尋ねたときに、彼は何度も答えようとしたが決して答えることができなかったと書いている。泣き崩れる寸前のところで、彼はそのことをPBSテレビのインタビューの中で、こう説明した。「私は、家族を苦しめた。彼らの苦悩を長引かせた。……彼らの心の中にあるその思いに対して、私が正当化して言えることなど何もない。誰であっても、私に対して、それを正当化することはできないのだ」。

＊

　フランク・アルマーニとフランシス・ベルジが直面した選択の場面以上に、倫理規範と社会の道徳が生々しく直接的に衝突する場面はめったにない。一方には、依頼者の利益を守る責務、依頼者の秘密を決して漏らさない「宣誓したうえでの義務」、依頼者に「熱心な弁護」を提供する倫理規則上の義務がある。他方には、「人間に共通する良識」と正義、公正、共感といった基本的な概念がある。また、両弁護士に非常な苦悩をもたらした道徳的な命令──二人の被害者家族の苦悩を長引かせるのではなく緩和せよ──があった。
　フランクとベルジは、ある意味では、「信認義務（fiduciary duty）」の概念に基

づいて彼らの行為を決定した。つまり、ロバート・ギャロウのような「人間のクズ」をあらゆる犠牲を払ってでも守るために沈黙を維持するという決定である。

依頼者の事件を引き受けることを承諾した弁護士は、依頼者に対して「信認義務」を引き受けることになる。この言葉には、依頼者に対する忠誠、依頼者を代理して行う熱心な弁護、そして、依頼者の秘密を守る義務が含まれる。しかし、信認義務の概念はこうした構成部分の総和よりも大きい。それは、しばしば、依頼者の問題に関する信頼という弁護士の特殊な地位に基づいて、弁護士が個々の依頼者に対して負っている義務として定義される。信認義務は、弁護士が自分の個人的な利益よりも依頼者の要求を優先することを求め、常に、最高の誠実さをもって依頼者を代理して行動することを求める。

もし、私たちがこうした弁護士の意見に同意するならば、フランクとベルジは、確かに、彼らの個人的な利益よりも依頼者の利益を優先させたといえる。ロバート・ギャロウの恐ろしい秘密を守ることによって、彼らは、経済的にも、感情面でも、また、弁護士としての評判という点でも、多大な個人的な損失を被ったからだ。しかし、真実を語ること、正義の実現を見守ること、「正しいことを行うこと」といった、もう一方の基準についてはどうか？　弁護士の信認義務は、弁護士をこうした原則に従うことから免除するのだろうか？　個人の権利が停止し、社会の利益が生まれる地点とはどこなのか？

こう尋ねられたとき、多くの、いや、ほとんどの弁護士は、真実を追求すること——実際に起こったことを見出すこと——は弁護士の仕事ではないと率直に認めるだろう。彼らは、本当の真実は見出すことが困難であること、そして、弁護士の役割——信認義務——とは、依頼者が認識した事実を真実として説明することであると論ずるかもしれない。中には、弁護士は依頼者が真実と認識*したい*と願っている事実を真実として提示しているにすぎないことを認める者もいるだろう。しかし、大多数の弁護士は、本当の意味の『真実』——すなわち、大文字で表わされる絶対的な真実 (Truth) ——を見出すのは弁護士以外の別の誰かの責任、裁判官、あるいは、おそらく陪審員の責任であることに同意する。

古い時代の教育を受けた弁護士が支持する伝統的な見解によれば、当事者主義のプロセスでは、一方の当事者がその立場から見た真実を論じ、他方の当事者が別の立場から見た真実を論ずることによって、絶対的な真実が姿を現すと

第1部　真実、正義、そしてアメリカの弁護士

される。しかし、多くの人にとっては、この考えはナンセンスである。一方は、ずっと多くの資金があって広範な法律専門家を自由に利用できるのに対し、他方は、訴訟を遂行するだけでもやっとという状態だからだ。中には、いわゆる「力の弱い者」、すなわちアメリカ人の好きなヒーローが、巨額の戦闘資金と華麗な法律事務所を擁する巨大な企業を相手に勝つ機会はほとんどないことを想起する者もいるだろう。こうした論者は、真実を証明することは資金力と権力によるのであって事件の事実関係はほとんど関係ないと論ずるだろう。

　仮に、弁護士が自らを絶対的な真実の伝道者として見ないのであれば、弁護士は正義の追求者であるという考えの方に親近感を持つ。弁護士は、私たちの司法制度に共通する観念、「法的擬制」を指摘する。それは、そもそもの性格として、真実よりも正義を選択しているからである。憲法に基礎を置く法的擬制の一つの例を示してみよう。ここでは、憲法修正第5条の下で認められる権利が問題となっている。

　ある刑事事件の被疑者が自白をした。しかし、それは、彼が24時間外界から隔離され、暴行を受けて自白を強要され、水を飲むことも風呂を使うことも許されなかった後であった。裁判官は、後になって、自白は不公正な策略によって「強制された」ものであるから違法であると判断した。その裁判官は、たとえ無実の人間であっても同じ状況の下では嘘の自白をする可能性があったことに留意した。しかし、この周辺的な事情と裁判官の判断は陪審員に提示されることは決してない。陪審員が法廷で自白について聞くことはないだろう。もし、この問題が法廷に現れたならば、警察官の証人でさえ、被告人が自白したことは一度もなかったかのように証言するだろう。

　法的擬制の背後にある理論はこうだ。陪審員に自白を聞かせることは不公正である。なぜならば、そうした周辺事情の存在にもかかわらず、自白が陪審員に影響を及ぼす可能性があるからである。たとえば、陪審員の中には、たった1日の隔離では嘘の自白をする者はいないと考える者がいるかもしれない。その一方で、他の陪審員にとっては、自白の影響はもっと微妙であり、弱い状況証拠の証明力を補強すると考えるかもしれない。だから、ここで一か八かの賭けをするのではなく、理論的には、裁判所が被告人に対する関係で自ら訴訟を進行させる責任を負うことにしているのだ。それゆえに、裁判官は記録から自白を除外するのである。被告人が有罪か無実かは、裁判官が一方の当事者にとって不公正であると判断したすべての事柄を除外したうえで、**証拠能力のあ**

る証拠によってのみ吟味されるのである。

　しかし、法的擬制の概念は、多くの弁護士にとっては大いに意味を持つが、私たちにとってはいくつかの重要な疑問を提起する。たとえば、ある人々にとっては、何故、裁判官が自白とその自白のなされた状況について陪審員に聞くことを許して、自白の公正さの論点を陪審員の常識に委ねることをしないのかが分からない。ある人々は、当該事件の他の事実を知りたいと思うだろう。たとえば、何故、警察は被疑者をそんなに乱暴に扱ったのか？　それは、犯罪の恐ろしい性質と被告人の有罪を示す圧倒的な物的証拠の故だったのか？　仮に、そうだったとすれば、自白がどのように獲得されようとも、何故、私たちは自白についてそんなに心配する必要があるのか？

　換言すれば、弁護士と法制度は被告人にとっての正義を追及するが、アメリカの公衆は「社会にとっての正義はどうなのか？」を求めているのだ。公衆の間では、依頼者の必要が明白に悪であっても、依頼者の必要に奉仕する弁護士が正義を金で買うことによって、正義の実現が定期的に阻害されているという認識が増大しつつある。

　フランク・アルマーニとフランシス・ベルジは、自らを正義の追求者として見ていたが、公衆の多くは、彼らを、共感と良識という基本的な概念を欠いただけでなく真実と正義を衣の下に押し込む「雇われガンマン」として見たのだ。両弁護士は、倫理規則の下で適切に行動したことだけではなく、彼らの取った行動がより偉大な善に奉仕していたとも主張した。フランクは、それを「その時点でのより高次の道徳的な善」と述べた。彼らは依頼者のおぞましい少年時代と精神障害という適法な抗弁に該当すると彼らが考えたことを指摘した。彼らは、ギャロウの秘密を守ることによってのみ、憲法を支持しえたのは言うまでもなく、信認義務を果たすことができたのだと主張した。しかし、この議論は多くの人に受け入れられなかった。

　公衆にとって、フランクとベルジについて語りえた最善のものは、彼らは木だけを見て森を見なかったというものであった。強姦魔と殺人鬼を守るというひたむきな努力の下で、彼らは社会のより大きな必要との結びつきを見失った。すなわち、正義がなされるのを見ること、殺人者を刑務所に入れること、被害者の家族の苦悩を軽減することの必要である。

　しかし、仮に、それほど単純なことであったとするならば、どうして、今後も二人が行ったと同じことを他の弁護士も行うだろうなどと言えるのか？　彼

らは、自分の住む街から村八分にされた。家族は以前の友人たちから絶縁され、卑猥な電話による攻撃を受けた。フランクの結婚生活は、この事件の結果として、ほぼ破綻した。ある時には、フランクの家に火炎瓶が置かれた。別の機会には、朝食の際のナプキンに死の警告が書かれていた。「我々はお前をいつでもここから叩き出せる。あの子殺し野郎は娑婆に出ない方がマシだぜ」。

彼らが受けた弁護士業務への報いはもっと悪いものだった。フランク・アルマーニは、4人の弁護士と5人の秘書を擁する事務所の所長だったのが、週に3日午後だけ来る秘書がいる一人事務所の弁護士になった。ギャロウの殺人事件の弁護で州からもらった報酬総額は1万ドルに満たなかった。古くからの依頼者の多くからも見放されたが、フランクは2度の深刻な心臓発作に見舞われながらも、ズタズタにされた生活を何とか元に戻し、ささやかな法律事務所を再建した。フランシス・ベルジは、最終的に、完全に弁護士業から足を洗った。

もし、聞かれたならば、フランクもベルジも、疑いもなく、木を見て森を見なかったのは二人の弁護士ではなく公衆の方だと言うだろう。両弁護士にとって、木とは、ギャロウ事件の恐ろしい事実であり、森とは、アメリカの司法制度と、どんな人間の権利も守られない限り——たとえ、それがロバート・ギャロウのような軽蔑すべき者であっても——、終局的には、誰の権利も守られないという原則であった。この例えで言えば、「森」を守ることは、個人に著しい負担をもたらすのだ。すなわち、被害者の家族に対して、ニューヨーク州レイク・プレザントという小さな町のすべての市民に対して、そして、最終的には、弁護士自身に対して。

この見方は、アメリカの法制度の伝統的なテーマと通底している。それは、個人の権利を守ることは社会を守る最良の方法であるということである。この理論の帰結は、今回、法制度はロバート・ギャロウのような「人間のクズ」を守ったが、次の時には、その対象はあなたかもしれないし、私かもしれないということなのだ。

この点を明らかにするために、先の自白の例に戻ろう。私たちは、被疑者が明白に有罪である場合に、「社会はどのようにして自白が獲得されたかについてそんなに心配すべきではない」と多くの人は考えると述べた。しかし、それは、本当にそうなのか？　私たちは、**警察が**被疑者を有罪と考えたことを根拠にどの程度までなら自白を強制できるのかを警察に決定させて安穏としていられるのか？　私たちは、警察が、被疑者——**すべての**被疑者に対して、24時間

食料と水を与えるか否か、浴室を使用させるか否か、暴力で自白を強要するか否かの裁量を持つことを望むのか？　たとえ、被疑者が有罪であることが判明したとしても、このような行為は正当化されるものではない。

　問題の被疑者が逮捕後のロバート・ギャロウであると仮定してみよう。彼は負傷し、痛みを訴えている。証拠は強力に思える。彼が危篤状態を脱するや、警察は彼に食事をさせることを拒否し、医療的措置と痛み止めの薬の投与を拒否し、そして、彼に自白するように強要した。ここで、ギャロウの権利が守られないのであれば、次のロバート・ギャロウが現れたとき、その証拠がいささか明白ではない場合には、どのようなことになるのだろうか？　言い換えれば、その後の場合にどうなるか？　ということだ。フランク・アルマーニが述べたように、「私たちは、どこに、例外を作るのか？」ということなのだ。

　この仮説のシナリオで、フランク・アルマーニとフランシス・ベルジがギャロウの自白を除外する申立てをしたとすれば、彼らは、ギャロウの権利を守るためにそれをしているのだ。しかし、別の意味で、彼らは社会のすべての個人の権利を守っているのである。すべての個人が、彼らの依頼者が苦しんでいる類の権利濫用、すなわち、私たちの社会と比較して自由のない非民主主義的な社会に通常つきものの権利濫用から自由であるために。

　ラーニッド・ハンド判事は、「100人の有罪の者が逃れようとも1人の無実の者が獄につながれない方がよい」と述べた。しかし、彼はこの言葉を半世紀以上も前に語ったのであり、当時は、街中での犯罪はもっと少なく、司法制度はもっと単純で複雑ではなかったうえ、アメリカの公衆もいまほど疲弊してはいなかった。今日、平均的なアメリカ人は、ラーニッド・ハンドの金言よりも評決を聞いてひどく取り乱した被害者ロナルド・ゴールドマンの父親の言葉の方に共感するのだ。O.J.シンプソン裁判の最中、フレッド・ゴールドマンが記者会見で、「これは正義ではない。」と宣言したとき、彼はアメリカ国民の琴線に触れたのだった。ゴールドマン氏と国民の大多数は、延々と何カ月も続く証言、終わりのない証人の列、そして、時間が経つにつれ、被告人のためではなく、ましてや被害者のためでもない裁判に失望していたのだ。

　多くの弁護士は、おそらくフランク・アルマーニとフランシス・ベルジも含めて、ゴールドマンの訴えに共感するだろう。しかし、彼らは、こうした物の見方は転落の坂道に私たちを導きかねず、私たちが考えている以上に多くのものを失うかもしれないとも論ずるだろう。私たちは、本当に、誰が有罪で誰が

そうではないのか、どの裁判が長すぎるのか、信頼性に欠けるがゆえに許可すべきではない防御方法とはどれか等々をアメリカの公衆に決定させようと望んでいるのだろうか？　もし、アメリカの公衆が決定するというのであれば、私たちは『USAトゥデイ』紙の世論調査や双方向テレビのボタン操作を用いて、次の著名な事件の有罪か無実かについて投票をすることにでもなるのだろうか？

エピローグ

ロバート・ギャロウの物語の結末

　ロバート・ギャロウは、ダンネモラ刑務所のセキュリティの厳しい収容施設で終身刑を開始した。そこで、彼は前の強姦罪についての刑期を務めた。しかし、彼は、刑務所当局に対し、車椅子の使用を余儀なくされた傷があるため、フィッシュキル刑務所に移すように申し立てていた。そこは高齢者及び虚弱者を収容する中程度のセキュリティの施設であった。彼は州の刑務所を相手取って訴訟を提起してこの移送申立てを補強した。1978年、ギャロウの願いが実現し、彼はフィシュキルへ移送された。

　1987年9月8日、消灯後しばらくしてから、ギャロウはベッドから起き出し、彼のベッドにボロ切れを詰め込んだダミーの人形を置き、ラジオと彼の息子がこっそり持ち込んだ銃を手にして、外界と彼を隔てていた14フィートのフェンスを飛び越えて刑務所を囲む密生した森の中へ消えた。そこは彼の領域であった。彼の左足と腕は以前の状態と同じではなかったが、彼は車椅子が不可欠の不具者でもなかった。彼は刑務所側に不具者であるかのように信じ込ませていたのだった。連続殺人鬼で強姦魔であり、経験豊富な森の住人であったギャロウは、再び、自由の身となった。

　1973年の時と同様、警察が接触した最初の人間の一人はフランク・アルマーニであった。警察は彼に、以前の依頼者を捕まえるために警察の役に立つ情報であれば何でも提供するように求めた。数年後に彼が伝記作家に語ったことによれば、守秘義務は弁護士が代理業務を終えた場合であっても決して解除されないにもかかわらず、フランクは、今度は、沈黙を選択しなかった。フランクは、ギャロウがプラッツボーの病院ベッドで警察の捕獲網を回避する最良の方法について語った時の秘密を思い出した。そして、彼が思い出したことを

警察に報告した。「ギャロウは刑務所の近くに潜んでいて、捜索隊の先を逃げるよりも捜索隊が通り過ぎるのを待つだろう。彼は、警察の行動とバリケードの報告を傍受するためにラジオを持っているはずだ。彼は藪地の最深部に隠れて、警察がその地域の捜索をし尽くしたと思うまで危機が過ぎ去るのを待つだろう」と。

　警察は、フランクの助言に従い、刑務所を取り巻く地域の捜索を続けた。3日目、夕暮れが迫る中、捜索チームは藪地に潜んでいたギャロウを発見した。ギャロウが最初の一発を撃ちチームの指揮官が負傷したが、その直後、警察による銃弾の嵐が起こった。一部とはいえ、前の弁護人が警察に明らかにした秘密情報のお蔭で、ギャロウは死亡した。

第1部　真実、正義、そしてアメリカの弁護士

第2章
別の日には、有罪者の弁護を

> 犯人であると知りつつ有罪の者を弁護する者は、誇り高く、かつ、正直であることを忘れている。その者は、神と人間に対して過ちを犯している。
> ——1840年、法廷弁護士チャールズ・フィリップスが依頼者は殺人者であることを知りつつ彼のために行った熱心な弁護について、読者が『ロンドン・タイムズ』あてに出した投書から。

> 法制度を維持することは正義を維持することではない。犯人であることを知りつつその者を弁護することは正義ではない、それはレトリックだ。
> ——1995年、カリフォルニア大学法学生がO.J.シンプソン事件に関するコメントとして述べた言葉

　弁護士についておそらく最も頻繁に寄せられる質問は次の二つだ。「あなたは自らが有罪を確信している者を弁護することをどうやって正当化できるのか？　もっと言えば、どうしてあなたは実際にその者を釈放させようと尽力できるのか？」　シメオン・「リチー」・リチウィスキーはこれらの質問を何十回となく聞いてきた。友人のカクテルパーティや子供のサッカーの試合の時など——裁判所から離れた彼の私的な生活のあらゆる場所で。リチーにとって、答えははっきりしていた。しかし、多くの弁護士はこれらの質問を聞くと居心地が悪くなり、リチーが生計のために行っていることを決してしようとはしないだろう。

　リチーは、リヴァー・シティで最も傑出した刑事弁護人の一人である。彼は公設弁護人ではなく個人の開業弁護士であるが、彼は裁判所が選任する国選弁護事件の割当て以上の事件を引き受けている。国選弁護事件は採算に合わなかったが、リチーは酒酔い運転の罪で起訴された裕福な依頼者の弁護やホワイトカラーの横領事件の弁護よりもこの仕事の方が好きだった。リチーは国選弁護事件についてよくこう言った。「国選弁護がすべての刑事事件の基本だよ」。

リチーの事件の全てが誰でもできる簡単な事件というわけではなかったが、カーク・ホップマンの事件はまさしくその例であった。リチーは、重傷を負わせた児童虐待の三つの訴因で起訴されたホップマンの国選弁護を引き受けていた。起訴状によれば、彼はガールフレンドであるロウィーナ・スーの3歳になる子を数回にわたって殴っていた。そのうちの1回は、アパートの壁に子供を投げ飛ばし、それが原因で子供は脳に損傷を受けていた。スーも同じ罪で起訴されていたが、その事件を担当する地区検事代理はホップマンが主犯であり、スーはただの幇助ないし教唆者にすぎないと考えていた。

　リチーが留置場の接見室で初めてホップマンと会ったとき、ホップマンは「何も悪いことはしていない」と否認したが、彼が語った話には矛盾する点がいくつもあった。リチーはホップマンが犯人であることはほぼ間違いないと思ったが、絶対に間違いないとはいえなかった。彼は犯罪内容に不快感を覚えた。彼は依頼者の多くに好意を持っていたが、ホップマンは人を操るに老獪で、不機嫌で、要求の多い嫌な奴だと思った。そうであっても、リチーは事件の公判審理が始まれば「勝つチャンス」があると考えていた。依頼者に不利な証人——特に、ホップマンが実際に「子供を投げ捨てる」のを見たという証人——は「穴だらけのボロボロ」、つまり、リチーがその証人の信用性を公判廷でうまく弾劾できるタイプの証人であった。

　公判前の司法取引協議（settlement conference）(訳注：訴訟当事者が答弁取引を協議する場）で、地区検事はリチーに、もしホップマンが児童虐待の一つの訴因につき有罪を認めるのであれば7年の懲役刑にし、他の二つの訴因についての訴追は取り下げるという提案をした。ホップマンはリチーに、この取引には応ぜず事実審理を受けることを主張した。地区検事はホップマンが暴行の実行行為を行ったことを確信していたので、スーに対しより有利な取引を提案した。もし彼女がホップマンに不利な証言をして検察に協力するのであれば、長期の保護観察にしようというのであった。しかし、たとえスーが自分の子供を叩いたことを頑強に否認したとしても、スーは起訴状にある一つの訴因——彼女は1回の暴行を行い直接に子供に重大な怪我を負わせたという内容——については、起訴されたとおりに有罪の答弁をしなければならないというのが地区検事局がスーに示した条件であった。

　個人的には、リチーは、ホップマンが複数の暴行を行っており、スーの方は、二人を比較すれば弱者であることがはっきりしていたので、彼を止めることが

できなかったという地区検事の見立てに同意していた。しかし、リチーは、もしスーがホップマンに不利な証言をしたら、彼女の有罪の答弁が弁護側において合理的な疑いを主張するのに利用できると考えた。つまり、彼女自身の犯行の自認により、傷害の結果をもたらした行為を行ったのはスーであってホップマンではなかったというわけである。

　この弁護方針によれば、ホップマンの防御は可能であった。しかし、それはリチーにとって多くの安らぎを与えるものではなかった。彼はいくつかの難しい倫理的な問題に直面していたからである。すなわち、どの程度一生懸命、彼は犯人と確信している依頼者のために公判廷で戦わなければならないのか？ この犯罪の忌まわしい性格は弁護に何らかの違いをもたらすのか？ どの程度まで、リチーはスーの反対尋問を行うべきなのか？ 彼は、スーの事件の説明の方が正しいと信じていても、紛らわしい二つの仮説を提示すべきなのか？ どの程度熱心に、彼は陪審員に対して依頼者は無実であると論ずるべきなのか？

　リチーと依頼者が公判前夜、弁護戦略を確認していると、ホップマンは突然自分の罪を認めた。すなわち、怒りの余り彼はスーの子供を壁に投げつけたこと、そして、他の機会にも何度か「子供をひどく叩いた」ことを認めたのだ。次の朝、彼は裁判所に向かいながら、自分の置かれた状況を検討した。ホップマンが有罪を自ら認めたことは彼の心に動揺をもたらし、「やめろ」という警告にも思われた。しかし、リチーはだからといって彼の防御方法を変更することができただろうか？ 結局、ホップマンは大変な悪人かもしれないが、リチーは自らのなし得る最善を尽くすことを彼に約束したのだ。

＊

　私たちは、しばしば、刑事弁護人を英雄とみなす。しかし、通常の場合、それは刑事弁護人が不条理な世界の中で正義を守っていたからである。ペリー・メイスン（Perry Mason　訳注：1957年から66年まで続いた、E.H.ガードナー主演の弁護士ペリー・メイスンのテレビドラマ。1985年に日本でも放映されて人気となった。）は、おそらく最も有名な創作上の弁護士であるが、取引に使えるありとあらゆる策略を用いた。しかし、それは、彼にとって依頼者の無実が明らかな場合に限られていた。ペリーはホップマンのような男を弁護するだろうか？ 多分、弁護しないだろう。しかし、罪のない被害者に対してなされた悪事を正し、正義を守るために立ち向かう小説に登場するような刑事弁護人など現実には存在しない。

現実には、論争を招いたテレビドラマ『殺人者 (Murder One)』の第1話に登場する厭世的で計算高いテディ・ホフマンがつぶやいたように、「俺はいつも有罪の依頼者を弁護する」のだ。

実際の生活にみるヒーローの中には、社会の敵を弁護する者もいるからといって驚くにはあたらない。クラレンス・ダロウは、しばしば有罪の依頼者を弁護しては、一度ならず、防御行為が倫理規則に違反したという理由で懲戒請求された。彼の最も有名な刑事事件は、レオポルドとロープという二人の殺人犯を弁護したものだった。

最も神聖な英雄であっても免責されることはない。エイブラハム・リンカーンが最も称賛されたのは「ダフ」・アームストロングを弁護した時のことだ。リンカーンは、鍵を握る目撃証人が犯行を月明かりで見たというのに対し犯行時には月は出ていなかったことを証明するのに暦を使った。しかし、この逸話を語る際にしばしば省略されていることは、「ダフ」・アームストロングはほぼ間違いなく犯人であったということである。

有体にいえば、刑事弁護人の仕事とは、法廷で、有罪の依頼者を無罪放免するように陪審員を納得させるためにあらゆる努力を尽くすことである。一般の人はこう尋ねるかもしれない。「どうして有罪の者を釈放するために尽力できるのか？」と。しかし、経験を積んだ刑事弁護士にとって、この質問は昔からあったものだ。答えはその職業そのものにある。その仕事に就いたその日から、それは厳然たる事実なのだ。

有罪の者を熱心に弁護する弁護士について、近時、かなりの関心を呼んでいるが、この論争は決して新しいものではない。1840年、英国の一流弁護士の一人であるチャールズ・フィリップの物語は英国の国民と報道機関の心をとらえた。フィリップはある殺人で訴追された者を全力で弁護したが、その男が犯人であることを知っていた。フィリップにとって、「彼を支持しない」という意見以外には何も得るところはなかった。ロンドン司教の反対意見たるや、彼の弁護した事件を「最近で最も憂鬱な気分をもたらした特筆すべき機会」といい、「『神の御言葉』はフィリップが行ったことを許さないだろう」と述べて「ロンドンの住民」からの請願として上院に提出した。

私たちは、今日、同じ問題と取り組んでいる。これまで展開されてきた伝統的な正当化の論理は「これは当事者主義のシステムが機能するやり方である」

というものである。世界の法制度の多くが異なった立場の法律家を対抗させる弾劾主義のモデルを何らかの形でとっているが、英米法系のシステムは強力な「当事者主義の原理 (adversary theorem)」に基づいて運営されている。そこでは、弁護士は依頼者の物の見方を受け入れるのではなく、その物の見方を単に代理人として擁護するのである。どんな人でも、たとえ最も嫌われている者であっても、弁護人の援助を受ける権利を有しているので、弁護士の個人的価値と依頼者の価値とを分離させることによって、弁護士は依頼者の行動に責任を負うことなく、依頼者に対して忠実になることができる。これがアメリカの当事者主義原理の要諦であり、これによって、弁護士の仕事が真実を示すことではなく依頼者のストーリーを説明することだという説明が可能になる。「双方の当事者がこのルールに従って行動する弁護士を有することによって真実が現れてくる」というのがその原理である。

当事者主義の原理を学ぶことが、長い間、典型的なロースクール教育の主要な部分であった。若い男女に「法律家のように考える」仕方を教えることには、同じ熱意と確信をもって双方の当事者の視点からみた法的論点を論ずるやり方を示すことも含まれる。ほとんどすべてのロースクールで模擬裁判が実施され、そこでは、学生が模擬裁判の一方当事者の立場で論じ、あくる日には、もう一方の当事者の立場で論ずるということを行っている。勝者は、被告人の有罪評決とは関係なく、**双方**いずれの立場であっても最良の貢献をなした者である。

この専門職に就いているすべての人がこの保守派の考え方を受け入れているわけではない。数年前、ジェラルド・ポストマという法学教授が弁護士に対し、その行動につき「道徳的な原則を適用すること」及び担当する訴訟の「道徳的なコスト」を認識すべきことを訴えた。彼は、依頼者の物の見方から簡単に離れてしまう弁護士の考え方を批判し、「弁護士は自らの行動に個人的な道徳的責任を負うべきである」と主張した。

法が要求する全精力と熱意をもって有罪の者を弁護することと道徳的であることは両立可能であろうか？　多くの人は否というが、その一方で、すべての被告人は有罪の評決が下されるまでは無罪であることを私たちに思い起こさせてくれる人もいる。アメリカの法制度の伝統的な別の原理は弱者の方を味方することであると指摘する人もいる。カリフォルニアの法律には次の記載がある。「いかなる個人的な事情があっても、防御能力に欠ける人や虐げられている人の訴訟を決して拒否しないことが、……弁護士の義務である」。

37

法学教授で優れた法廷弁護士でもあるマイケル・タイガーは、85万人のユダヤ人の殺害を黙認した「トレブリンカ収容所のイワン『雷』帝」であったとの理由で起訴されたジョン・デミャニュクの弁護を引き受けた際、この標語を掲げた。イスラエルの裁判所はデミャニュクをイワンであるとは認めず釈放したが、彼が死の収容所で働いていたこと及びそのことを認めるのではなく偽っていたことを認定した。

　面白いことに、タイガーの古い友人であると同時に、反対の立場にあったニューヨークのホフストラ・ロースクールの論客モンロー・フリードマンによれば、以前に、「弁護士はいかなる場合でも二つの質問に答えるべきである」と確信をもって論じていたのはほかならぬタイガーであった。その二つの質問とは、「私が積んできた訓練、知識、技術を捧げたいと願う対象は、本当に、このような依頼者なのだろうか？」と「私は他の人々を傷つける依頼者を救うためにロースクールに行ったのだろうか？」である。フリードマン教授はこれを「公的正当化の責任(burden of public justification)」と呼んだ。しかし、タイガーはフリードマンに対しこの責任を説くことは「有害」であると述べて非難し、「なぜ依頼者を弁護するかを説明しなければならないと考えるべきではない」と論じた。この原則に忠実に従って、タイガーは、後に、オクラホマ・シティ連邦政府ビル爆破事件の被疑者テリー・ニコルスの弁護を引き受けた。

　アンソニー・グリフィンは、同様の原則に触発されて、1993年に、クー・クラックス・クラン(KKK)の構成員リストを入手するためにテキサス州がとった活動を妨害したクランのテキサス騎士団の首領を弁護した。グリフィンはアフリカ系アメリカ人であり、当時、全米有色人地位向上協会(NAACP)のテキサス支部の筆頭顧問であった。彼は新しい依頼者を個人的には不快に思っていたことを明らかにした。しかし、彼は、1993年の『ニューヨーク・タイムズ』に、テキサスで起こった議論は、「『我々』と称する者が嫌悪するいかなる団体に対してもいつも用いる議論と同じものだった。それはNAACPやブラック・パンサー党に対して用いられたものと同じだった。」と述べた。確かに、グリフィンは、クランの防御のために、連邦最高裁が初めて団体に対し団体の情報を秘匿する権利を認めたNAACP対アラバマ事件（訳注：NAACP v. Alabama (1958) 357 U.S. 449. アラバマ州が行ったNAACPに対するメンバーの開示命令が、言論の一部である結社の自由を侵害し、修正14条に反すると判示した判例。結社の自由を初めて認めた判例として著名）の判例に依拠していた。その判決では、市民権グループ

NAACPがその構成員リストを州が入手しようとする企てを阻止するのに成功していたのだ。

グリフィンの属するNAACPの仲間の多くは、クラン団員とNAACP双方の代理をするべきではないと考えていた。グリフィンはNAACP内の地位をはく奪された。そして、クラン訴訟が進行するに伴い、NAACPはテキサス州を支持して、35年前に勝訴していたNAACP対アラバマ事件の先例を適用することに反対する内容の「裁判所の友人」としての書面を提出した。

しかし、最終的には、グリフィンが法廷でも法廷外でも勝利を得た。1994年6月、テキサス州最高裁判所は、憲法修正第1条を根拠にグリフィンの依頼者の側に軍配をあげた。グリフィンはと言えば、彼は、言論の自由の擁護者であった前連邦最高裁判所判事の栄誉を称えてその名前を冠したウイリアム・ブレナン賞の最初の受賞者となった。おそらく、より重要なことは、グリフィンは黒人社会における名声を再び獲得したことであり、NAACPの姉妹団体であるNAACP法律弁護基金で働くように招かれたことであった。

最初から、グリフィンは正しいことを行っていると主張していた。「法律家としての役割の中では、我々は神ではない」と彼は『ニューヨーク・タイムズ』に語った。「もし、弁護士が依頼者の評判がよくないから、あるいは、嫌われているからという理由で弁護から手を引けば、我々の司法システムの全体が瓦解してしまうだろう」。

弁護士は神ではないという彼の発言の中で、グリフィンは、次のように警告する多くの法学者の考えに共鳴していた。その警告とは「良き弁護士が最もしてはならないことは依頼者に判定を下すことだ。」というものだ。この見解の主唱者は、サミュエル・ジョンソン博士を嚆矢として、あまねく存在する。

> ボズウェル（訳注：『サミュエル・ジョンソン伝』を執筆したジョンソンに師事した弁護士）：しかし、あなたが間違っていると認識している請求原因を代弁することについてはどう考えるのですか？
>
> ジョンソン：正しいのか間違っているのかは裁判官が決定するまでは誰もわからないのですよ……。自分自身を納得させることができない議論でも、あなたが説得しようとする裁判官を納得させることはできます。そして、裁判官を納得させたのであれば、その時は、あなたが間違っているのであり、裁判官が正しいのです。判断を下すのは裁判官の仕事です。請求原因が間違っているという自分自身の意見に確信を持つ必要はないの

39

です。そうではなく、依頼者のためにあなたのなし得ることをすべて言い、それから裁判官の意見を聴くことです。

　今日の世界においては、ジョンソン博士の正当化の考え方に対し、以前よりも多くの人々が疑問を抱いている。しかし、大多数の刑事弁護士は、依頼者を弁護するのと同時に依頼者を裁く立場に立つならば、弁護士としての仕事を遂行することは不可能であることを理解するだろう。刑事被告人を弁護することには重大で困難な責任が伴う。弁護士だけが防御側の唯一の人間であることはしばしばある。そのうえ、依頼者が訴追されている犯罪への関与を否定することは頻繁にある。弁護士は、依頼者が犯人であると仮定したり、あるいは、そうだと強く疑ったりすることがあるが、多くの場合、依頼者が「やった」のか、ありうる真実を語っているのかを確実に**知る**ことは難しい。大多数の刑事弁護士には、いつだったかは覚えていなくても一度くらいは「この判断を求められるべき人間は私なのか？」と自問した経験があるはずだ。たいていの場合、弁護士はこの問いに対し、明確にノーと答える。そして、自分の仕事を引き続き行い、可能な限りの防御方法を尽くし、陪審員の決定に委ねるのである。

　「弁護士とは、自分自身が信じていない依頼者、つまり、犯人であると知っている、あるいは犯人と固く信じている者を積極的に弁護できるし、また、そうすべきである」という考えを受け入れるのに、多くの人は困難を覚える。弁護士は依頼者を裁くべきではないという議論に関しては、ヒットラーの第三帝国の兵士が援用した「兵士の任務は判断することではなく義務を遂行することだけだった」という主張を引き合いに出す人もいる。人々は、法的専門性が優越する領域とはどこまでなのか、手続の遵守と抽象的な意味の「法」なるものが、皆が共通に持っている真実、正義、礼節といった概念に道を譲る地点はどこなのかが知りたいのだ。

　ここに、1987年ミシガン州弁護士会の倫理見解に依拠した刑事事件における弁護士の行為についての倫理的分析の例がある。それは、一般公衆と法制度とがそれぞれ考える「正しい」行為と「倫理的」行為についての見解の違いを示している。「依頼者が犯人であると知っている弁護士は、証拠それ自体は真実であるが、依頼者は犯罪を行っていないという考えに陪審員を誤導するような証拠を提出すべきか」というのが論点である。

事実関係はこうである。すなわち、被告人は強盗の罪で起訴された。被害者は被告人を強盗犯人として人物特定したが、強盗は実際には午後8時30分に行われたのに、誤って、午後10時30分になされたと警察に話した。被害者は、おそらく自分の時計を強盗の際に盗まれたか、あるいは、短時間記憶を喪失したためにこのような間違いをしたらしい。警察は捜査報告書に間違った時間を記載した。
　一方、被告人は、捜査報告書に誤った時間が記載されているのを見て、弁護人に対し、間違いなく自分は強盗を働いたがそれは午後8時半であって10時半ではないと告げた。被告人は強盗の後、行きつけのバーに行っていた。彼の友人やバーテンダーの何人かは、被害者が強盗の被害にあったと信じている時間から1時間前に遡る9時15分以降の彼のアリバイを提供することができた。被害者と警察のいずれも時間が間違っていることを知りえなかった。公判廷で被害者が間違った時間を証言した場合、弁護士は「アリバイ」を提出すべきか？
　ミシガン州弁護士会倫理委員会の答えは明確である。「やりなさい！」だ。同委員会は「熱心な弁護の原則は弁護人に法の許容する範囲内で被告人を援助するすべてをなすことを要求する」と述べた。
　委員会意見は当事者主義原理の中核的な原理——弁護士・依頼者関係が最優先であるということを強調した。これによって、依頼者はその弁護人に信頼を置くことができる。この考え方がなければ、長い目でみた場合、「将来、被告人は弁護人にすべての情報を明かさないかもしれない。その結果、被告人は不十分な防御しか受けられなくなるだろう」。同委員会は、有罪にも様々な程度がありうることを指摘し、かつ、自らの依頼者を判定することについてのジョンソン博士の見解を引用しつつ、「刑事弁護人は依頼者を裁く陪審員の一員となるために留置場の接見室に行くのではない」と書いた。
　「熱心な弁護」の原則は、真理の探求という論点に対しては、どのように適用されるのであろうか？　委員会意見は次のように結論した。「検察官によって提出された不正確な証拠を是正すること、あるいは、提出すれば依頼者の無罪につながるが、実際には有罪を証明する真実の証拠であるがゆえにその提出を差し控えること……それは刑事弁護人の責務ではない。このように言うと、特定の状況の下では社会にとって不幸な結果をもたらす危険があるように思われるかもしれない。しかし、そのような弁護人の態度は、長い目でみれば、私たちの憲法が描く刑事司法制度を維持することに寄与するのである」「(私たちの

倫理規則は）弁護人が偽証された証言や「虚偽の証拠」を使用することを禁じている。しかし、真実の証言をする、被告人に代わる証人を証言台に立たせることは完全に適法である。……証人が証言する時間には確かに被告人は証人たちと一緒だった。正確な犯行時刻に関する被害者の間違いの結果、依頼者はこの棚ぼたの防御方法を得たにすぎない」。

このミシガン州弁護士会の倫理見解の含意するところは明確である。すなわち、大文字で始まる真実（絶対的真実）は刑事弁護人の目指すゴールではないし、また、必ずしも常に刑事司法制度のゴールでもないということである。被告人が有罪か否かという真実は、弁護人が依頼者を熱心に弁護することとの対比では二次的なものである。多くの人にとって、これでは正義が否定され、正義は何も実現されていないように見える。それゆえに、リチーやその同類弁護士の行動に多くのアメリカ人が関心を持つが、より根本的な問いは、「犯人を有罪にすることよりも犯人を擁護することを優位に置くような刑事司法制度を私たちは維持し続けるべきか否か」ということになるだろう。

現制度の擁護者は「一個人に対する効果を超えたところを見ており、憲法上の重要な保障が危機に瀕している」と論じる。その中には、権利章典の最も基本的な権利——すなわち、弁護人の援助を受ける権利と適正手続の保障が含まれる。これらの憲法上の保護規定から、何百年にもわたって、私たちの司法制度の骨組を形作ってきた基本的な社会政策が生まれてきた。中でも、最も身近で——かつ最も重要な——社会的政策の考え方が、社会の誰であってもある犯罪につき有罪の評決を受けるには、国がその有罪を証明しなければならず、その証明は合理的疑いを超えてなされなければならないというものである。これは最高度の証明水準を意味する。なぜなら、考えられるすべての疑いを払拭するのでない限り事実は証明されないからである。

刑事弁護人は、説得的に「弁護人の仕事——宣誓した弁護の義務——とは、陪審員の心にそのような疑いを喚起させるために、倫理規範の許容範囲内で、あらゆることを行うことである」と結論付ける。別の言い方をすれば、真実とは、被告人が有罪か否かで評価されるものではなく、国家が有罪を証明する憲法上の責任を果たしたか否かによって評価されなければならないのだ。

私たちの憲法上の要求には広範な歴史的基礎がある。クエーカー教徒のウィリアム・ペンは、英国で、彼の異端の教えのゆえに繰り返し投獄された、彼は信念に基づき説教し「誰もが英国教会に加わらなければならないということは

ない」と論じたのであった。ある時、陪審員の一人がペンの無罪放免に一票を投じた際に、裁判官は、陪審員団に対し再考を促し「もし評決を変更しないのであれば、陪審員全員を拘禁する」と脅した。ペンはアメリカに逃亡し、ペンシルバニアという居留地を創設した。アメリカ植民地時代の1735年、ジョン・ピーター・ゼンガーは、ニューヨーク州総督を厳しく批判した記事を掲載した新聞を発行した際、刑事上の名誉棄損罪で起訴された。ゼンガーは弁護を受けることすらできなかった。というのも、政府が彼の弁護人の法曹資格を剥奪したからであった。彼は、最終的には、フィラデルフィアの弁護士であるアンドリュー・ハミルトンに依頼した。ハミルトンが、何人も真実を話すことにつき自由であることを陪審員に納得させたので、ゼンガーは無罪となった。

　カーク・ホップマンの場合、ペンやゼンガーが抑圧的な司法制度の下での無実の犠牲者であったのと異なることは明らかである。しかし、私たちの刑事法廷で一生懸命に働いている者は、この世のペンやゼンガーを守るために、カーク・ホップマンをも守らなければならないのだと論ずる。なぜなら、すべての人に対し、ホップマンでさえ、合理的な疑いを超えて有罪が証明されない限りは、同じ適正手続の権利や同じ自由の権利が与えられなければならないからである。彼らは言う。「たとえ私たちの中の最も悪い奴の権利であっても守られることを保証することによって、正義は真に実現されるのである」と。少数の有罪者が自由の身になるコストよりも誰の権利が保護に「値する」かを決定するコストの方が高いと考えられているのである。

　弁護士の中には、憲法上の要求を補強するために社会的及び経済的な議論をする者もいる。何人も資力如何にかかわらず同じ権利を有するべきことにほとんどの人は同意する。しかし、私たちの社会には全体として不平等が残っているのと同様、刑事司法制度にも不平等がある。刑事被告人の大多数は貧困者である。警察の留置場や刑務所ではアフリカ系アメリカ人の占める割合が不釣り合いなほど多い。夥しい数の研究によれば、軽罪から殺人まで同じ分野の犯罪で黒人は白人よりも重い刑を科されている。そして、一般的に、少数者集団に対する偏見があり、特に黒人に対する法執行官の持つ偏見はアメリカ司法制度に蔓延している。これは、ロドニー・キング事件が明らかにした最も重要な教訓の一つである。法制度の面で明確な憲法上の保護がなければ、この人種的な不平等は確実に増大するであろう。

　リチー・リチウィスキーのような人間は、自分の行動を説明するとき、理論

的とは必ずしもいえない方法を採ることがある。「国家に犯罪の立証を尽くさせるために、私のような者が必要なのさ」とある刑事弁護人は私たちに語った。「私は経験十分だし刑事弁護が得意でもある。しかし、もし私が型どおりの弁護だけをしたとしたら、私は本当に国の責任を試したことになるのだろうか？ 我々の司法制度は、『力一杯打ってみろ』といっているカーニバルの怪力男のようなものだ。自分の最高のパンチをくらわせない限り、彼が体を鍛えた意味が無くなってしまうのだ」。

多くの公設弁護人や私選弁護を引き受ける開業弁護士とのインタビューを通して、各人の回答を総合すると議論の全体像が明らかになってくる。それはこのようなものだ。「いいかい、我々が弁護する依頼者の大部分は恵まれた人生を送ってはいないんだ。つまり、貧乏で、十分な教育を受けてなくて、当たり前の家族関係を持っていないということさ。私だけが職業上彼らの味方になれる唯一の人間というわけさ。少なくとも、私は依頼者に尊厳と敬意を持って接しているよ。もし、私が彼らのために話さなければ、一体、誰がそれをする？

結局、一方の側には国家の権力、そう、地区検事、警察、保安官の法的権威があることを認めなければならない。他方には何があるかだって？ ただ一人の貧しく怯えているろくでなしがいるだけさ。それと自分がね」。

「それは権力の濫用に至る権力行使のほんの些細な一歩なのだ。地区検事の中には、検察側の証人に言うべきことを正確に教えて証人尋問の『事前準備』」をする者がいる。警官は嘘を言う。全員ではないがある程度はね。警官は証拠をでっちあげる。全ての事件というわけではないけれど、いくつかの事件ではね。警官が嘘を言う時というのは、普通は、無実の者を有罪にするためではない。ふつうは、依頼者は有罪だが、裁判にはちょっとした補強が必要な時さ。だからと言って、やっぱり、権力の乱用を正当化できないよ」。

「どうかわかってください。私は、法廷の場以外では、依頼者のしたことを弁護してはいません。私は、他の人と同じように、危険な人間が自由の身になることを恐れているのです。仮に殺人容疑の私の依頼者が無罪になった後に、娑婆に出て再び殺人を犯したとしたら、私はどう対応したらよいのかわかりません。ある人は、依頼者が有罪とわかっていてどうしてその事件から手を引かないのかと聞きます。しかし、制度上、そんな風にはできないのです。裁判官は、依頼者が犯行を行ったという「理由だけ」では、辞任することを認めてはくれません。そのうえ、辞任したからといって、何が達成されます？ 誰か別

の人と交替して、依頼者に、今度はもっとましな嘘を考えなさいとでも勧めますか？」

「普段であれば、同じ部屋に一緒にいたくない人間のためにベストを尽くすというのは生易しいものではない。しかし、私が誰かの弁護の依頼を受け、契約書に署名をして引き受けたならば、私は一切の巷の俗説を遮断して、依頼者に与えなければならない最善のものを提供しますよ」。

このような正当化の結果、実際の生活では、どのような行動となって現れるのだろうか？　特に、弁護士自身が依頼者の無実を信じていない場合に、弁護士は被告人の弁護をどのように行っているのだろうか？

第一に、弁護士には利用可能なたくさんの支援策がある。国家に「証明責任」を尽くさせる技術をワークショップで学び、訓練をうけ、繰り返し技術を磨き、そして、セミナーで実演して拍手を受ける。一つの共通した技術は「誰でもいいから被告人以外の誰かを犯人であると指し示すことだ。その相手は、単数複数を問わず、知らない人であっても構わない」（これは「他の奴がやった式の防御 (some-other-dude-done-it defense)」と称される）。弁護士は、法と倫理規則の許容する範囲内で、合理的な疑いを発生させるためにあらゆる可能な手段を利用することを学ぶのだ。

依頼者が犯人であることを知っている弁護人は、倫理規則上、依頼者が無実を主張するために証言台に立つことを許すことはできない。それは偽証になるからである。しかし、明白な嘘を伴わないでまやかしの防御を行うことはできる。ミシガン州弁護士会の意見のように、間違いのない事実を誤解を招くような方法で提出することはできる。そして、国家が合理的な疑いを超えて犯罪を証明しなければならないから、弁護人は「状況証拠では未だ有罪を証明するには十分でない」と主張すること、また、「目撃証言の人物特定や科学的証拠が必要な立証水準に達したとは未だいえない」と論ずることもできる。

弁護人が依頼者のために最大限の努力をしているかは二つの場面で最もよく判断できる。証人が真実を述べていることを弁護人が知りながらその証人を反対尋問する場合、および、弁護人が虚偽であると知っていながら陪審員に向かって弁論をする場合である。たとえ真実を語っている証人に対してであっても厳しい反対尋問が必要であることの重要性は連邦最高裁判所の判例によって支持されている。1967年の合衆国対ウェイド事件（訳注：United States v. Wade

(1967) 388 U.S. 218. 弁護人がついていない被疑者に対する面通しが、憲法修正第6条の弁護人の援助を受ける権利に違反するとして、面通しをした証人の証言を排除するとともに、事実審の有罪判決を無効にした判決。法廷意見の執筆はブレナン判事で、ホワイト判事は一部反対意見を書いている。）のバイロン・ホワイト判事の執筆にかかる意見は、次のように述べている。

　刑事弁護人は……真実を確認する、あるいは真実を提出する何らの義務も負っていない。私たちの制度は弁護人に異なった使命を与えている。弁護人は、依頼者が有罪か無罪かを問わず依頼者を弁護しなければならない。……もし、弁護人が、たとえ真実を語っている証人であっても、その証人を混乱させ、あたかも証人が不利な立場に置かれているように見せかけたり、証言が不確かか決定的でないかのように見せかけたりすることができるとすれば、それは弁護人に許された通常のやり方である。無辜の不処罰という私たちの目的は、弁護人が真実と考えているか、または真実と知っているか否かに関わりなく、弁護人が国家に犯罪の証明を要求し、国家の主張とは考え得る最悪の観点からのものであると仮定することを許容しているのである。……この点で、私たちの片面的に修正された当事者主義の一部として、かつ、最も崇高な刑事弁護人に課せられた義務の一部として、私たちは、多くの事例において、真実の探求との関連性がほとんどない、あっても取るに足らない行為を容認あるいは要求するのである。

　前最高裁判所長官ウォレン・バーガーは、間違いなく「被告人の友」ではない保守派であるが、一度、厳しい反対尋問の義務についてこのように述べた。「どのような状況の下でも、決して弁護士は、故意に、……裁判所に対する偽もう行為に関与することがあってはならない」。しかし、刑事弁護人は、「たとえ、その証人が真実を語っていると知っている時でも、『検察側の主張する真実をテストするために利用可能な合法的な手段すべて』を使用しなければならない」と。
　抽象的には、この意見は称賛に値するように見えるかもしれない。しかし、それは法廷では大混乱をもたらしかねない。たとえば、お年寄りに対する犯罪、窃盗、ひったくり、性的暴行などの被害に最も遭いやすい人々——同時に最も弱い証人ともなるが——を例にとろう。リンダ・フェアシュタインは、長い間、マンハッタン地区検察庁の性犯罪局長であった者であるが、数年前、『ニューヨーク・タイムズ』に、弁護人がどのように年老いた証人の記憶の喪

失を強調するか、そして、些細な間違いを取り上げて攻撃するかについて語った。「『分かりません』あるいは『覚えていません』という答えしかできない非常にたくさんの詳細な質問をすることによって、……間違った記憶、鈍感、ぼけといった印象を陪審に与えるのです」。これらの証人は、二度、被害にあうことが珍しくない。一度目は犯人によって、二度目は、公判中の厳しい反対尋問を通じて弁護人によって。

「効果的な反対尋問」の最も極端な例の一つは、1911年の悪名高いトライアングル・シャートウエイスト工場放火事件の公判中に行われた。火災は100名以上のタコ部屋労働者の命を奪った。ほとんどが移民の女性であり、ほとんど逃げ場のない劣悪な労働環境の下で火炎に巻き込まれたのだった。

著名な刑事弁護士のマックス・D・スチュワーが起訴された工場所有者の弁護をしたが、彼の防御方法は英語をほとんどしゃべることのできない若い生存者に対する反対尋問に焦点を合わせていた。証人の貧弱な言語能力のゆえに、検察官は、犯罪の必要な「構成要件」のすべてについて証人の証言を得るべく、繰り返し何度も証人尋問のリハーサルをしていた。いざ、反対尋問に移るや、スチュワーは許容される反対尋問のルールに則って、証言台の証人に何度も何度も彼女の物語を繰り返すことを求めたのだった。証人が毎回、正確に同じ言葉で証言したので、スチュワーは彼女の証言が一言一句覚えこんだものであることを証明した。これは検察側の主張全体の真実性に疑いを抱かせることになり、スチュワーの依頼者は無罪放免となった。

これは、バーガー長官の言葉にある「検察側の主張する真実をテストするために利用可能な合法的な手段すべて」を使用したことになるのだろうか？　あるいは、単にやり過ぎただけなのだろうか？　そして、弁護人が依頼者の有罪を知っている場合だとしたら、その答えはどの程度違うのだろうか？

何年か前、法曹倫理に関する新しい雑誌の創刊号で、著名な刑事法学者のハリー・I・スービン教授がロースクール・クリニックの指導者として遭遇した事件を分析し、倫理規則に照らして、自らの行為がどうなるかを事後的に評価した。依頼者は強姦罪で起訴されていたが、スービンに対し、彼のアリバイは嘘で実際には犯人であることを認めた。スービンは依頼者の置かれている防御上の状況を分析した。

私にとっての問題は、依頼者の話が偽りであったことではなく、それが信用できないことであった。……それゆえ、訴訟に勝つためには、私たちは公判中の偽証を避けながら、アリバイ以上のよりましな理屈をあみ出さなければならなかった。したがって、防御方法は、依頼者を証言台に立たせるのを止めて、組み立てなければならなかった。
　考えられる利用可能な防御方法は二つあった。第一のものは、人物特定の誤りの主張であった。……しかし、人物特定の誤りを主張する戦略が成功するとは思えなかった。第二の案は、同意があったというものであり、こちらの方が明らかに望ましいものであった。……訴訟上優位に立つために、私たちがなしうることは、彼がその女性を姦淫する際に反抗を抑圧したか否かにつき合理的な疑いを生じさせることであった。その疑いは、女性と被告人は以前に会っており、彼女は自発的に彼のアパートにやってきたというシナリオに基づくことになった。……
　同意の防御方法は、もっぱら被害者の反対尋問を通じて明らかにするとともに、弁論で、陪審員に、強制の点につき彼女の証言が信用性に欠けることを論ずることで構成しよう。私は最も奇妙に思われる彼女の話の該当部分を強調することができるはず。……盗まれたと主張されている時計が未だに発見されていないこと、身体的暴力の痕跡はないこと、そして、誰も叫び声を聞いていないし、もみあった形跡がないこと。

　スービン教授はこの防御方法を実際に行うことはなかった。というのも、彼の依頼者はより軽い刑の司法取引を提案されたからであった。しかし、数年後、スービン教授は自らの行為を再評価するために「犯行現場」に戻ってきた。「弁護人は、自らが虚偽であると知っている防御方法で依頼者を弁護することは許されるべきなのか？」
　スービンは、裁判に勝つために弁護士が用いる三つの方法——たとえそれらが「事実に完全に相反している」としても——を引用している。第一に、真実を語っている検察側証人の信用性を崩すために反対尋問をなしうる。第二に、弁護側は、真実の証拠の信用性を低下させるため、あるいは、見せかけの抗弁を作出するために、それ自体は虚偽ではない証言を提出できる。第三に、弁護人はこのすべてにつき陪審員に対して論ずることができる。「真実が覆滅させられても、これらの法的な技術が用いられる限りでは、ほとんどの判例はそれを支持してきた」とスービンは述べる。「しかし、仮に、弁護士にそのようなことを許す半面において何らかの社会的価値が埋め合わせとして認められるかといえば、正直なところ、私にはそれが何なのか分からない」。

それから、スービンはこのような状況における弁護人にとっての新しい倫理規則の提案をした。「国家の側の証明の結果、合理的な疑いを超えて真実が立証されたと認識した弁護人は、証拠……または弁論を通じて、その事実を否定しようと試みることは不適切である」と。

　スービンの扱った事件では、依頼者が自白していたので、スービンは自らの独自の役割を「監視者」としての刑事弁護人に限定することもできただろう。彼は、警察が捜索令状を取らなかったことなど検察側の証拠の合憲性を吟味することもできたし、検察側が犯罪を合理的な疑いを超えて証明したか否かを問うこともできただろう。しかし、彼は次のように結論付けた。「私は被害者の反対尋問をしないだろう。なぜなら、彼女が、何があったのかにつき正確な説明をしていることを私が『知った』以上、私には、彼女の証言内容や人格を弾劾するべきいかなる誠実性の基礎も欠けているからである」。

　現在まで、合衆国において、スービン教授の提案するような倫理規則を有する州はない。多くの法学者は「そのような規則は憲法修正第5条および第6条の適正手続と効果的な弁護人の援助を受ける権利の原則を直接侵害する」と主張する。中には、スービンの理論は法的思考の主流から外れた周辺に位置するものとみなす学者もいる。しかし、スービンは単に「故意に偽証された証言を提出することと真実ではあるが誤解を招くおそれのある証拠を提出することによって見せかけの『証明』を故意に作出する企てとの間に線を引くという恣意的な区別」を擁護することはできないと主張しているのである。

　モンロー・フリードマン教授は、我が国で最もよく知られ、かつ、最もよく参照されている法曹倫理の専門家である。フリードマンは、スービンと同様、「倫理規則は、どうして、一方において、偽証された証言を禁止し、他方において、真実を語る証人の反対尋問を許容――要求さえ――することができるのか」と問う。実際に、フリードマンは「偽証以上に反対尋問の方が悪質である」と考えている。「両方の場合とも、弁護士は有罪の被告人を自由にする企てに関与する。両方の場合とも、弁護士は事実認定者を誤らせることに関与する。しかしながら、偽証した証人の場合、弁護士は非誘導的な質問をするだけであるのに対し、弾劾する場合には、弁護士は、犯罪被害者に対する1対1の攻撃において、プロとしての訓練と技術を用いて、積極的で攻撃的な役割を果たす。弁護士は、それにより、個人的にかつ直接的に被害者の苦難に加担している。要するに、『検察側の主張の真実を吟味する』という大義の下で、弁護

士は、陪審員に対し、そして社会に対して、最も悪質な嘘を言っているのである」。

　フリードマンは、結果を考慮せず反対尋問を「善」とレッテルを貼る人々から攻撃されている。しかし、スービンとは異なり、フリードマンは、当事者主義原理の使徒として、不本意ながら反対の結論に到達する。すなわち、弁護人はこの無実の被害者を最大限反対尋問しなければならない。別の道があるとすれば、弁護人が「本心では維持しようとは思っていない信頼の絆が依然としてあるかのように装って」依頼者を裏切るか、あるいは、弁護人が依頼者のストーリーを「選択的に無視する」こと——実際には、「私にあまり多くを話すな。君がしゃべったら、私は君を助けられないよ」と言って無視することである。しかし、刑事弁護人が憲法の下で法律家の義務を宣誓していることに鑑みれば、いずれの方法もフリードマンには受け入れ難いのである。

　スービンの提案は法の適正手続に関する最高裁判所の宣言に匹敵するほどに崇高な理想である。しかし、それは、実務に適用される時には、現実的な解決策とはいえない。実際の事件の生身の依頼者を中途半端な精神と方法で弁護することはできない。特に、弁護士の仕事に依頼者の憲法上の権利を守ることが含まれる場合はそうである。そのうえ、証拠というものは、「真実」と「虚偽」のラベルが貼られたきれいなパッケージのように区別されることはめったにない。弁護士である法学教授のジョン・B・ミッチェルは、スービンの論文が掲載された同じ『ジョージタウン・ロースクール倫理ジャーナル』誌に寄稿し、弁護人が被告人を防御すると同時に虚偽に依拠することを避ける最終弁論を試みることで、スービンの提案の実務的な困難性を指摘した。

　ミッチェルは、クリスマスツリーの頂上に飾る星のアクセサリーを万引きした罪で起訴された若い女性被告人を弁護するという説例を考えた。女性が星を手に店内を通り抜けてドアの外にまっすぐ歩いて出た時に、店長がその女性を制止した。止まるや否や、彼女は泣き始めた。丁度、店長が彼女を店の保安室に連れていこうとした時に、カメラ部門のところでボヤが起きた。それで、店長は消火活動を支援するために現場に急行した。5分後に彼が戻ってきた時、彼女は同じ場所にまだ座っていた。保安室において、店長は彼女にポケットの中身を出すように言った。女性は店の所有にかかる品は何も持っていなかったが、10ドル紙幣を持っていた。星の値段は1ドル79セントであった。

ミッチェルの架空の依頼者は彼に有罪であることを認めた。すなわち、「その星はとてもきれいだった。……私はそれを買うこともできたけれど、ママのために特別のクリスマスディナーを作りたかったの。だけど、両方を買うだけのお金は持っていなかったの。……でも、その星は……もしママが私たちのツリーの上にその愛らしい星を見たら、私はママの瞳にその姿を見ることができたと思うの」。

　ミッチェルはこの事件をどう弁護するかを次のように述べた。「私は、自分が真実と知っている事実を虚偽であると、また、虚偽であると知っている事実を真実であるとは主張しない。刑事弁護人として、私は何が実際に起こったかを証明する必要はない。……したがって、この事件では、私は私の依頼者が罪のない意図（私が虚偽と知っている事実）で店から出ようとしたとは主張しない」。ミッチェルは言う、「そうではなく、私はむしろ次のように弁論するだろう」。

　検察官は私の依頼者がクリスマスツリーの飾り物を盗んだと主張しています。……さて、彼女は盗んだのかもしれません。私たちの誰もその場にはおりませんでした。一方、彼女はポケットに10ドル札を持っていました。それは、その飾り物を買うに十分なお金でした。……また、彼女は自分がしたことを隠そうとはしませんでした。彼女は手にそれを持ってまっすぐ店を歩いて出たのです。私たちの多くも似たような同じような事を無意識にやってしまうことがあります。そう、彼女はそうではなかったのかもしれません。しかし、彼女が立ち止まった瞬間に彼女は泣き始めました。彼女は罪深い思いでいっぱいだったのかも知れません。そう、おそらく、そうだったのでしょう。他方、……彼女はひとり残された後も逃げませんでした。……そう、彼女はそうではなかったのかもしれません。重要な点は、すべての証拠を見たとき、私たちは「彼女は故意に盗んだのかもしれないし、盗んでいなかったのかもしれない」という疑問のままに残されるということです。しかし、あなた方は、最初の証人が宣誓する前にこのことを知っていました。検察官は立証責任を負っています。検察官は、「合理的な疑いを超える」証明の責任を、彼女はやったかもしれないし、やっていないかもしれないという程度でうやむやにすることはできないのです。

　ミッチェルは証拠から単に彼が推測したことを話すという方法で自らの主張を擁護した。つまり、彼は「依頼者の有罪以外の『可能性』があることを陪審員にわかるように説得することで疑問を生じさせた」のである。彼は、スービ

51

ンがこれを「まやかしの防御」と見るであろうことを認識していた。というのも、弁護人は弁論で提起した可能性は真実ではないことを終始知っているからである。しかし、ミッチェルの最終弁論も現実的であろうか？　大多数の刑事弁護人はそれが満足のいく成果をもたらすとは考えない。弁護人は、スービンの「監視役」やミッチェルの「やったかもしれないし、やっていないかもしれない」式の弁論が、被告人を指し示す矢印とともに「有罪」と書かれた大きな標識を掲げているのとほとんど同じ意味しか持っていないことを知っている。スービンもミッチェルも、刑事弁護人の役割を「合理的疑い」を吟味することと見ている。しかし、大多数の刑事弁護人は合理的疑いを吟味する唯一の方法は最高のパンチを浴びせること、検察官の主張を単に吟味するのみならず可能な限り強く直接それを攻撃することであると考えている。一般的な刑事弁護人だったら、クリスマスの星事件をどのように弁論するかをここに示してみよう。

「陪審員の皆さん、マーサに対して検察官が提出したすべての証拠を注意深く見てください。第一に、彼女は手に星を持ったまま店の外に出ました。彼女のポケットではなく、財布の中でもなく、バッグの中でもありません。彼女の**手**の中なのです。彼女は星を隠しませんでした。それを隠そうともしませんでした。事実、だからこそ、彼女は捕まったのです。なぜなら、彼女は、誰もが見ることができる状態で、公然と、星を持ってまっすぐに店の外に歩いて出たのですから。これは人が何か物を盗むやり方ではありません。これは人が持っていることを忘れていた場合に起きることです。あなた方の中に、無意識のうちに何かを取り上げてしまい、支払いをしないままに店を去ろうとした人はいませんか？　実は、このようなことではなかったでしょうか？」

「第二に、店長が火事の処理のためにまるまる5分間彼女を置き去りにしたとき、マーサは何をしたでしょうか？　彼女がその場から立ち去っていたならば、それ以上賢い者はいなかったでしょう。店長は彼女の名前すら知らなかったのですから。しかし、逃走は有罪の人間がすることです。マーサはそこに座っており、店長が戻ってくるのを待っていたのです。これは何も隠すことのない人の行動です、何も悪いことをしたとは思っていない人の行動なのです」。その後、弁論は、被告人のポケットの中の金額と彼女が泣いたことの意味へと続くだろう。

多くの人にとって、この弁論は嘘に等しいと思われるかも知れない。裁判官は常に、陪審員に対し「弁論は単なる意見であり証拠ではない」と告げる。し

かし、真実について陪審員を明らかに誤導するような弁論の試みは許されるべきだろうか？ この質問に答える前に、我々はカーク・ホップマンの事件に戻ろう。

エピローグ
カーク・ホップマンの事実審理

　リチー・リチウィスキーは、国対カーク・ホップマン事件で、二つの紛らわしい仮説を提示した。スーに対する彼の反対尋問には、鍵となる次のような応答が含まれていた。

リチウィスキー：これは、あなたが署名した有罪答弁の合意書ですか、スーさん？
証人：そうです。
リチウィスキー：この書面の中で、あなたが有罪の答弁をした犯罪事実が記載されているところがどこか分かりますか？
証人：はい。
リチウィスキー：その中には、引用しますが、あなたが「直接、重大な傷害行為を行ったという記載がありますね？
証人：いいえ、私はそんなことはしていません。
リチウィスキー：そうじゃありません。私の質問は、有罪答弁合意書に記載があるのがあなたに分かるかどうかということです。ここですよ。(指で指し示す) 分かりますか？
証人：はい。
リチウィスキー：そして、あなたはこの合意書面に署名をしたのですね？ 一番下のここです。リチウィスキーそれは、あなたの署名ですか？
証人：そうです。私の署名です。
リチウィスキー：では、それは真実ではない、あなたが自分の子を叩いたことは真実ではないと言うのですか？
証人：(泣く) そうです。私は決してそんなことしていません。
リチウィスキー：しかし、あなたは、この書面の中で叩いたことを認めていたのではありませんか？
証人：そうしなければならなかった。そうしなければならなかったんです。そう言わなければならなかったんです。そうでないと、検事さんに有罪の答弁をさせてもらえな

53

かったんです。
リチウィスキー：ということは、そう言ったからあなたは有罪の答弁をすることができたということですか？
証人：そうです。
リチウィスキー：ということは、あなたは刑務所に行く代わりに保護観察を得ることができたということですか？
証人：うーん、私は終わりにしたかっただけです。
リチウィスキー：でも、タングさん(地区検事)は、あなたが有罪の答弁をして証言してくれれば、あなたを保護観察にすると約束したのでしょう？
証人：そうです。
リチウィスキー：さて、スーさん、あなたは今、この書面に署名をした時に、自分の子を叩いたと言った時に嘘を言ったというのですか？
証人：いいえ、私は嘘を言っていません。検事さんたちは、私がそれに署名しなければならないと言ったのです。
リチウィスキー：私は、「検事さんたち」があなたに何を言ったかを聞いているのではありませんよ、スーさん。私は、この書面の中であなたが認めたことを聞いているのです。この部分(指で指し示す)の、この文章にある、直接、重大な傷害行為を行ったということは真実ではないのですか？ あなたは自分の子を叩いたのでしょう？
証人：(泣く)はい。
リチウィスキー：この書面に書かれていることを言った時を別にすれば、実際には、それは真実ではないということですか？
証人：そのとおりです。
リチウィスキー：そうすると、今、あなたは陪審員には実際には自分の子を叩いていないことを信じてもらいたいと考えているということですか？ たとえ、8日前に、この法廷の同じ場所で裁判官の前で宣誓をして、やったと言っていたとしても？
タング検察官：裁判長、異議があります。議論にわたる尋問です。
裁判所：異議を認めます。

最終弁論において、リチーはこう問いかけた。「陪審員の皆さん、母親が実際には自分の可哀そうな子を傷つけてもいないのに傷つけたことを認めるなどということが果たしてあるでしょうか？ あなた方の中で、こんなひどいやり方で嘘をつく母親を知っている方がいますか？ 端的に言えば、カーク・ホッ

プマンがこの恐ろしい仕業をしたことは何ら証明されていないのです。ローウェン・スーの証言を別にすれば。彼女は自らの身を守るために法廷で嘘を言ったことを既に認めている嘘つきです」。

　ホップマンは、過失による危険行為という軽い罪だけで有罪となり、郡刑務所での1年間の拘禁刑を科された。裁判の後、リチーはホップマンを弁護したやり方を正当化した。「いいかい、私には、依頼者を全力で弁護しなければならない責任が課せられている。私にとって、法の許容範囲内である限り、熱心さの度合いに違いがあるといったような考えはないよ。熱意の意味は自己の最善を尽くすということ、それだけ。ホップマンの弁護だからといって、もっとましな奴の弁護をする場合に比べて、熱意の度合いが低くてもよいというようなことはできない。同じように、それほど深刻ではない罪の弁護だから、あるいは、ホップマンがそうだったように、有罪を認めていない者の弁護だからといって、熱意に差があるわけではない。なぜなら、法はすべての事件で同じだからね。刑事被告人は、検察官が合理的な疑いを超えて証明しない限り、そして証明するまでは、自由の身なのさ」。

　「肝心な点は、私の仕事が国家をテストにさらすということ、真実性のテストにね。地区検事はいつも法廷での議論で少しも遠慮はしない。もし私が中途半端な仕事をしたら、検事たちは実際に証明責任と向き合わなくなる。ほとんどの事件では、法執行官が自分たちの仕事をきちんとやっていると言えるのは私がいるからだよ。彼らは、私の最大限の努力にもかかわらず依頼者に有罪の評決をもたらしたからね。「型どおりの訴訟行為」ではなく、私の最大限の努力を打ち破ったからね」。

　リチーは正しい。毒抜きした反対尋問や合理的な疑い論に立った弁論では**うまくいかない**。有罪の矢印は直接被告人を指し示している。刑事司法制度はリチーやその仲間が依頼者の「代弁者」として奉仕すべきことを求めている。たとえ依頼者の有罪が明白であったとしても。それゆえ、最も重要な問いは、「リチーが有罪の依頼者の弁護をしたことをどのように正当化するか。」ではなく、「制度そのもの——200年以上も前に、今日のアメリカを夢想だにできなかった建国の父が起草した憲法に根拠を有する制度——が21世紀になってもなお機能するか否か」なのである。

　この制度を評価しようとする場合に、新聞の大見出しとなるいくつかの個

55

別事件——O.J.シンプソン裁判、ダン・ホワイトの「変わり者の抗弁(Twinkie defense)」、無実の人間が誤って刑務所に送られた稀な冤罪事件などに依拠したい誘惑に駆られる。しかし、より正確な評価を行うには、制度が全体としてどのように機能しているかをみることである。増大し続けている刑務所人口をみると、犯罪を行った者は逮捕され、訴追され、有罪判決を受けていることが分かる。国家は圧倒的多数の事件で証明責任を果たすうえでの困難を感じていない。端的に言って、「当事者主義の原理」があるからと言って、有罪被告人の多くが弁護士の策略やテクニックによって釈放されているわけではない。

　リチー・リチウィスキーの採った行動の「道徳的なコスト」についてはどう考えるか？　リチーは「道徳的なコストよりも道徳的な利益の方がより重要である」と主張するだろう。すなわち、第一に、彼が擁護すると宣誓した依頼者に対しては、敵対する世界を相手に依頼者の唯一の守り手であることによって、第二に、社会に対しては、我々が独裁政治や衆愚政治の坂道を転げ落ちないように、依頼者の権利が守られた時に社会のより大きな利益がもたらされることになるのだ。

　貧しい者や恵まれない境遇にある者を弁護することによって、この世界のリチー・リチウィスキーのような人物は、ハーパー・リーの1960年の小説『アラバマ物語（原題：物まね鳥を殺すということ）』の英雄アッチカス・フィンチに比肩される。フィンチは、誤って起訴された依頼者のために、皆が敵対する状況下で、正義を守るべく最善を尽くしたのだ。少なくとも、いくつかの類似点はある。フィンチは、依頼者の無実を信じたという理由のみに基づいて、弁護を引き受けた。また、彼が弁護人を引き受けなければ、自らが故郷と呼ぶ南部の町の最下層民である貧しい黒人である被告人には誰も弁護人がつかず誰も被告人のために論ずる者がいなかったから、彼は引き受けた。フィンチを英雄にしたのは、依頼者が無実であったという事実ではなく、フィンチが進んで制度と対決しその制度が完全なものであるようにたった一人で声を上げたことにある。

　では、不利な境遇にない人——裕福な暴力団員やコロンビアの麻薬カルテルのメンバーが被告人であったらどうだろうか？　多くの刑事弁護人は自らが弁護しない対象者の範囲を設定している。たとえば、ある弁護士にとっては、それは強姦罪で訴追された者であるし、ある弁護士にとっては、それは妊娠中絶反対の活動家や警察の反乱分子と称されている人である。そして、多くの刑事弁護士にとっては、それは世間でいう暴力団員や麻薬団の中心人物とみなされ

ている者である。こうした違いにもかかわらず、弁護士全員が一致して指摘するのは、こうした選別ができるのは事件を受任する際に限られるということだ。なぜなら、一旦、弁護士が契約にサインをすると、彼らは、「訴追された」「称された」「みなされた」という枕詞が果たして「有罪」を意味することになるか否かにつき、最善を尽くさなければならないからである。

　近時、リチーのような弁護士について一般公衆の非難が大きくなっている。しかし、その公衆の一員が立場を代えて依頼者になると、リチー・リチウィスキーのような弁護士を望み、強く要求すらするのである。依頼者は自分たちを裁く弁護士を望んでいないし、個人的な好悪の感情に基づいて弁護をする弁護士を望んでもいない。依頼者は、「有罪であるから弁護人はただ型どおりの訴訟行為をすれば足りる」と考えるような弁護士を望んではいない。依頼者は、どんな事件であっても、国に「犯罪を証明してみろ」と迫る、最善の弁護を尽くす弁護士を望んでいるのである。そして、私たちの憲法と司法制度の下では、国民にはそれを得る資格が与えられているのである。

The Moral Compass of the American Lawyer

第2部

権力とその濫用、つまり「我々は職務を遂行しているだけ」

刑事事件において「当事者主義の原理」の系譜をたどることは易しい。16世紀と17世紀の英国における糾問主義の星室裁判所（訳注：Star Chamber「専断不公平」の代名詞とされる刑事における「衡平裁判所〔court of equity〕」を指す。ウェストミンスター宮殿内の「星の間」が国王の宮廷〔Aula Regis〕、すなわち国王裁判所の起源とされたことに由来する。コモン・ロー手続〔陪審〕によらず、迅速に重罪に至らない暴力犯罪や国王布告の違反等を審理したが、革命前夜の1640年法によって廃止された。）は被告人を脅えさせ、被告人の権利を厳しく制限した。弁護人は、裁判所が取るに足らないと判断した申立てをした場合には、自らが収監される危険に直面していた。このような状況の下では、熱心な弁護を促すことは無理であった。1688年の名誉革命によって星室裁判所は廃止されたが、植民地では、次第に人心の支持を得られなくなった政府が国王に対する反逆行為で訴追された者に対し権利を否定することがよく見られた。新たに制定されたアメリカ憲法が誰であっても刑事上の罪に問われた者に対し重要な保護を与えたことは驚くにあたらない。

　権利章典、すなわち「人身の自由を確保するための……社会契約」の主たる立案者であったジェームズ・マディソンによって、これらの保護規定が権利章典に盛り込まれた。既に憲法は批准されていたので、権利章典は憲法の最初の修正10カ条となった。そこには、私たちになじみの深い憲法第5条及び第6条が含まれていた。すなわち、自己に不利益な証言を求められない権利、陪審裁判を受ける権利、証人を召喚する権利と訴追者と対決する権利であり、二重の危険にさらされることの禁止と「適正手続」の権利である。

　これらの権利の中で最も重要なのは、被告人が「防御のために弁護人の援助を受けられる権利」である。1932年のパウエル対アラバマ事件において、連邦最高裁判所はこの権利を「効果的かつ実質的な」援助として定

義した。私たちの憲法の下では、弁護士が当事者主義の原理を受け入れ、被告人に代わって熱心に弁護するのでない限り、効果的かつ実質的な援助を提供することは不可能ではないとしても難しい。しかし、熱心な弁護の概念は民事事件においても同じ強制力をもって適用されるようになってきた。どのような経過でこうなったのかは謎に属するが、こうした現実があることは疑いがない。すなわち、民事訴訟の当事者は、刑事事件におけるそれと同様に、「熱心な弁護」の義務に言及するのである。

ジェームズ・マディソンは、1789年の第一回議会に権利章典を上程した際、権利の濫用について、特に警告を発した。彼は次のように論じた。「英国では、権利の宣言は国王の権力に対する制限を課することに限られていた。しかし、新しい国家の市民は英国において認められた以上の保護を必要としている」と。

しかし、新しい国家にとって、マディソンは、政府の権力よりも市民の中にある強力なエネルギーに由来する、個人の権利に対する危険の方を心配していた。——彼はこれを「コミュニティの権力」と呼んだ。マディソンにとって、権利章典は特別な重要性を持っていた。それは「自由を支持する諸規定が最大の危険の横たわっている部門を平準化する、つまり、最高の特権を持つ部門を平等化するという義務を負っていた」からである。

民事訴訟の世界では、「最高の特権」は複合市民(multicity)によって、また、しばしば他の複合市民や複合企業体を代弁する国際的な複合企業体によって享受されている。こうした組織体が、アメリカ全土の前哨基地及び世界中の前哨基地から訴訟という戦争を遂行している現代アメリカの法律事務所なのである。

第3章
権力、傲慢、そして適者生存

> 私たちの証拠開示制度の下では、弁護士の役割は確実に真実が明らかになるようにすることではなく、倫理規則に抵触しない限り、どんな手段を用いてでも依頼者の訴訟目的を推し進めることである。……遅延させること、混乱の種をまくことは弁護士の権利であるのみならず、義務なのかもしれない。
> ——1985年、ウォルター対全国被爆者連盟事件判決の連邦最高裁長官ウィリアム・レンキストの言葉

> 証拠開示は、どんなプレイヤーの非倫理的な振る舞いがあっても最終的な点数のみで勝敗が決まるようなゲームではない。
> ——1996年、リチャードソン対カリフォルニア・ユニオン・オイル社事件における連邦地方裁判所判事グラディス・ケスラーの言葉

エスペランサ・デホスは興奮していた。彼女は、たった今、当市で労働者側を代理する一流の労働専門法律事務所である、バトラー・エイヤーズ・リース・アンド・シン法律事務所が彼女の事件を引き受けるとの電話連絡を受けたのだった。ヒルズマン・オイル社での最後の5年間はみじめだった。今、やっと、彼女には希望が芽生えた。彼女は上司からハラスメントを受け、おそらく2回、少なくとも1回は上司の邪魔によって昇進の機会を失ったと考えていた。しかし、彼女はヒルズマンのような大会社を相手にハラスメントと差別待遇の責任を問うことが簡単ではないことを十分に知っていた。でも、彼女が新しい弁護士であるウィラ・リースに会ったとき、それまでの根強い不安がたちまちのうちに消えていった。ウィラは、言葉を和らげることなく今後起こることを語った。すなわち、被告側の弁護士は彼女の私生活の秘密を詮索してくること、ウィラが入手しようとするどんな些細な情報であっても相手は争ってくること、そして、最後の最後まで和解の展望はないことを。しかし、ウィラが語った暗

い見通し以上に、現実はさらに悪い方向に展開するだろう。

　市街地の向こう側にある、225名の弁護士を擁するハードグレイブ・ディモン・アンド・ウッドフォード法律事務所の訴訟部門の長老パートナー弁護士であるクランシー・ギャレットは、新しく雇ったばかりの新人アソシエイト弁護士のグレゴリー・ナイムと昼食を兼ねた打ち合わせの準備をしていた。ギャレットはデホスの案件を担当していた。彼は、もしデホスが最後まで頑張るならば、彼女はほぼ確実に勝訴すると考えていた。なぜなら、デホスの上司には「女性問題」でもめた過去があり、ギャレットは同じ請求内容の訴訟を2度担当し、この上司を救い出していたからだった。しかし、彼は当事者間の主張段階（advocacy game）において早々に敗北を認めようとは考えなかった。ヒルズマン・オイル社のために彼がなしうる最善のことは、同僚パートナーが好んで言う「講義」を新人にして、グレゴリーを仲間に加えることであった。

　昼食時に、ギャレットは「本当の訴訟代理人」とは被告事件をどのように弁護するかを話した。「グレッグ、この界隈では、我々は、情報をただで与えることは絶対にしない。相手方から何かを要求された時には、まず、相手方の意味するものが正確に理解できないと真顔で議論してから、それを拒否するのだ。「意味不明」、「曖昧だ」、「広範すぎる」、「狭すぎる」など何でもいい。君がどのようにやろうと構わない。ただ、やり抜くことだ。もし、相手方が途中で諦めるならば、「それはお気の毒に」と思うだけだ。裁判所が課する制裁のことはそんなに心配することはない。依頼者がどんな罰金でも経費として支払うし、罰金と言ったって、多くの裁判官は1000ドルを超える罰金を科すことはないからね」。

　続いて、ギャレットはグレゴリーに攻撃をどのように行うかを説明した。「いいかい、最良の防御は攻撃であることを忘れるな。我々は、こうした労働者の要求を思いとどまらせなければならないのだ。そのために、私が『異常心理学コース』の防御（nuts-and-sluts defense）と呼んでいることをする。原告の性生活を調べろ。『セックスを求めていた』と主張できる可能性のある情報は何でもいいから見つけろ。相手がその手のタイプの女でなかったなら、精神分析医に行ったことがないかを調べろ。それがあれば、彼女が分別のある人間じゃないことの証明に使える。要するに、君はデホスについてのどんな断片的な情報でもいいから入手しなければならないのだ。そして、それを入手するためには、全力を挙げて戦わなければならないということだ。個人的なネタ、事件の

第3章　権力、傲慢、そして適者生存

63

ことをすべて忘れたいと思わせるようなその種のネタを入手しろ。そして、確実に彼女の診療記録を入手しろ」。

グレゴリーがどれ位の事件が和解になっているのかを尋ねたとき、ギャレットは、和解は結構あるが、事務所としては「訴訟を提起されるまでは和解はしない」と説明した。この機会をとらえて、彼は自身の訴訟哲学を披露した。「我々の仕事は依頼者を守ることで、最後まで頑張れないようなつまらない相手に金を恵むことではない。訴訟というのは消耗戦だよ。うちの事務所には人はたくさんいるし、依頼者は資金的に我々を支援できる。どんな事件でも、我々が何ラウンドでも戦い情け容赦なく攻撃して何も提供しないなら、敵は10回のうち9回は負けるよ。10回目にサイコロを振って裁判に行くかもしれない。それでも、奴らの勝つチャンスが半分以上あるというわけではない。それに、勝っても常に控訴があるからね」。

昼食の勘定書が届いたとき、ギャレットはグレゴリーに、この事件の証拠開示手続のほとんど——証拠開示要求に対する答弁とデホスの宣誓供述書作成のための尋問さえも——を担わせる予定であることを告げた。ギャレットは言った。「私は君のことを自慢したいんだよ。君がどんな法廷弁護士になるのか、とくと見るとするか」グレゴリーは本物の訴訟経験を積むために前の事務所を辞めてきたのだったが、ついにその機会が来たことに興奮していた。

＊

民事訴訟における「熱心な弁護 (zealous advocacy)」の最も一般的な戦いの場は証拠開示である。すなわち、請求原因に関する相手方が有する情報と書類を収集する訴訟前の手続である。多くの弁護士が言うように、通常、そこで、訴訟が勝つか負けるかがわかる。大多数の事件が和解で終結するので、一方の当事者から他方の当事者に渡った情報の性質と量が結果に決定的な意味を持つのだ。より重要なことは、証拠開示をめぐる戦いは、情報の実際の交換に焦点が当てられているのではなく、強者がより弱い敵を疲弊させるために行う「消耗戦」になるということである。通常（常にというわけではないが）、より大きな力を持つ者——資金力のある大法律事務所とさらに大きな資金力を有する依頼者——が、「熱心な弁護」の名の下に証拠開示の戦いを行う場合、この「消耗戦」が起きるのだ。

ほとんどの場合、この戦いは公衆の目には触れない。戦いは、弁護士の間を行き交う書面の中で、あるいは、宣誓供述書が取られる法律事務所の会議室で、

また、弁護士同士で合意できない場合には、誰もいない法廷で証拠開示をめぐる争いを裁定する裁判官の前で展開される。この戦いの過程が法律業界紙に載ることはあるが、日刊紙の紙面に登場することは稀である。
　証拠開示に関する最も一般的な戦いには、質問書、つまり、一方当事者から他方当事者に対してなされる、請求内容、当事者及び証拠に関する質問を記載した書面に関するもの、書類の要求と裁判所に対する申立て、つまり、一方当事者が保管している書類の開示要求に関するもの、それから、証人が宣誓のうえ事件についての質問に答えなければならない宣誓供述書に関連するものがある。一般的に、規則は当該事件の「証拠能力のある証拠の発見につながると合理的に考えられる」情報にアクセスすることを当事者に認めている。しかしながら、しばしば、この規則は、訴訟の遅延、否認、隠匿、提出の拒否、書類の破棄、及び相手方に対する個人攻撃のための戦術として利用されている。
　確かに、多くの弁護士は証拠開示の戦いを侮蔑の感情を持って見ており、プロらしくないものだと見ている。著名な西海岸の訴訟弁護士で、かつ若い弁護士の相談役でもある弁護士は「それはそれ、これはこれ。君の場合は別だ。」と教えた。「事実を変えることはできないし、規則を変えることもできない。相手方から開示を要求されたならば、君は、それに応ずるしかない」と。しかし、他の多くの弁護士は、当事者主義の原理に従えば、規則を可能な限り最も厳格なテストにさらすこともできると考えている。つまり、彼らは、絶対的に必要でない限り一切開示しない。そして、それこそが、まさしく彼らの依頼者が求めていることだと言うのである。
　ワシントンDCの法廷弁護士であるマーク・ドンブロフは、1989年の法律雑誌『ナショナル・ロー・ジャーナル』に「勝つことがすべて」という記事を書いて、この考え方を示した。ドンブロフは強硬な態度で臨む訴訟戦略を非難する者を批判した。「それを非難することで、あなたは、自分は正しい、相手方は間違っているという自己満足の気持ちを抱くかもしれない。しかし、それでは訴訟に勝つことはできない」。彼は、弁護士の誰もが「不快な勝者」に好意的ではないことを想起しながらも、「規則の枠内で行動する限り、依頼者のために勝つことこそが、我々が問題とする唯一のものである」と結論している。有名なフットボール・コーチのヴィンス・ロンバルディを思い浮かべながら、彼は、次のような標語で、この記事を締めくくっている。「勝利のためにそれを聞こうではないか。勝利がすべてだ、勝利が唯一のものだ！」

ドンブロフは自らの主張を実践している。1994年、雷雨の中、ノースカロライナ州シャーロットの近郊で、不幸なユー・エス・エアウェイズ航空の飛行機事故が起こった。52人の乗客のうち37人が死亡し、それらの多くは安い合衆国独立記念日（7月4日）の特別料金につられた休暇中の兵士とその配偶者であった。事故から3年が経過して訴訟が提起されたが、ドンブロフがアメリカ合衆国連邦最高裁まで3年間文書の証拠開示を争ったため、訴訟に必要不可欠な文書は日の目を見なかったのだ。彼は最高裁で敗訴したが、その訴訟を遅らせることでユー・エス・エアウェイズ航空にとって貴重な時間を稼いだのである。

　ユー・エス・エアウェイズ航空機事故の事件を担当した連邦裁判官であるジョセフ・F・アンダーソンは快く思わなかった。彼はダンブロフを強く非難し罰金を科した。そして1997年の初めに、証人妨害罪の容疑でFBIの調査を要請した。「私は傍観するつもりはない。誰であれ、私の法廷の証人を恫喝するのを黙認するつもりはない」。アンダーソンは、原告側の鑑定証人であるノースウェスト航空のパイロットの人格についてEメールによる個人攻撃が組織的に行われたことを知った後に、こう言ったのである。また、『ナショナル・ロー・ジャーナル』誌は、「ユー・エス・エアウェイズ航空は、責任が明らかになるのを避けるために、ありとあらゆる策略を使用すると公表しているようなものだ」と述べた。

　開示の遅延が証拠の隠匿と結びつくと多くの裁判官の怒りを買う。少なくとも弁護士が逮捕された少数の事例についてはそう言える。1980年代の後半と1990年代の初めに、スズキモーターズ社は、スポーツ仕様車「サムライ」の構造に欠陥があり転覆しやすいとの多くの苦情に直面した。ジョージア州サバンナで起きたサムライ転覆事故の事件を代理する被告側弁護士は、当該事件で、これまでにゼネラル・モータースが合衆国内におけるサムライの販売を安全上の懸念から断ったことがあるか否かにつき文書で質問を受けた。スズキの代理人であるアトランタ市のジョー・フリーマン・ジュニアは、「スズキはサムライの販売をしない旨のゼネラル・モータースの決定については知らない」と主張した。

　原告側代理人は、ゼネラル・モータースの所有する記録を取り寄せることによって、この虚偽を証明した。その記録には、ゼネラル・モータースが、特に安全性の問題のゆえに、サムライの販売から撤退することを示したゼネラル・モータースとスズキとの間の通信が含まれていた。B・アヴェント・エデ

ンフィールド連邦裁判所判事は、サバンナ事件の共同代理人であるとともに全米各地のサムライ転覆事故の民事事件を統括していたカリフォルニア州の法律事務所クロスビー・ヒーフェイ・ロチ・アンド・メイの弁護士が事前にゼネラル・モータースの手紙を知っていたと認定した。

　クロスビー・ヒーフェイのパートナー弁護士は、二人の法律誌記者に対して、「この事件は当事者主義の手続でみられる典型的な証拠開示を巡る戦い以上の何物でもない」と語った。その一方で、サバンナ事件の法廷では、スズキ側の弁護士は、「ゼネラル・モータースとスズキは本件のそれとは少し違うモデルについて議論していた」と主張した。しかし、裁判官はその主張にくみしなかった。「被告が明白なウソという評価を避けるためにいかに巧妙な主張をしたかに関わりなく、被告の行為が完全なウソと同じ結果をもたらしたことに変わりはない」裁判官はその弁護士の行動を「隠蔽」であり「真実を隠すための戦略全体の一部であった」と表現した。裁判官はフリーマンとクロスビー・ヒーフェイの二人の弁護士に対し罰金を命じた。それと同時に、スズキ社とその代理人に対しても、原告が証拠開示手続に要した費用として、およそ20万ドルを払うように命じた。

　真実の隠蔽が文書の差し替えあるいは廃棄を伴う場合、もはやそのような行為をまともに正当化できる議論などありえない。ワシントンDCの連邦裁判所に提起された過失死亡事案の訴訟において、カリフォルニア・ユニオン・オイル社（ユノカル）は洗剤に有毒レベルのベンゼンが含まれていたことの責任を問われていた。1995年、ユノカルは書面による照会に答えて、当該製品に含まれるベンゼンの割合は100万分の11にすぎないと回答したが、実際には、テキサス州ボーモント精製所で自社が行った検査結果では、そのレベルのおよそ200倍の数値──100万分の2100の割合を示していた。ユノカルの代理人は原告に交付した文書の中にボーモントの試験結果を入れなかったのである。その弁護士は、「事務職員が文書を差し替えた」として事務職員に責任を転嫁したうえで、「それは偶発的なミスであった」と述べた。しかし、グラディス・ケスラー判事は、こう述べて、その弁護士を激しく非難した。

　当裁判所は、7年の経験を持つ法律職補助者が、しかも、ベンゼン事件を少なくとも20件扱っている補助者が、彼女自身の判断によって、文書を差し替え、情報を開示せず、そして、公式な法廷文書に虚偽の回答をなしたなどということは、いささかも信じ

ることができない。そうではなく、彼女が上司からの明示あるいは黙示の承認を得て実行したと考えるのが相当である。

　この事務職員が降格されもせず、公式に譴責を受けることもなく、事実上昇給していたことに注目して、ケスラー判事は次のように結論付けた。「証拠開示は、どんなプレイヤーの非倫理的な振る舞いがあっても最終的な点数のみで勝敗が決まるようなゲームではない」。
　巨大製薬会社のデュポン社は、少なくともフロリダ、ハワイ、そして、ジョージアという三つの州において、殺菌剤「ベンレート」が除草剤によって汚染されていたという事実と、会社及びその代理人弁護士がこの事実を証明する試験結果を隠していたという事実を理由に告発されていた。1996年、フロリダ州の裁判官は、デュポン社が故意に文書名を違う表題に書き変えて文書の提出を遅らせ、さらにそれを廃棄したと認定し、会社の行為は「あまりに悪質である」と非難した。その同じ年に、ハワイ州の裁判官は、デュポン社の法務部職員及びワシントンDCの法律事務所クローウェル・アンド・モリングを訴訟上の権利の濫用と非違行為を理由として非難し、試験データを隠したことに対して150万ドルの罰金を払うよう会社に命じた。
　アトランタ市の裁判官ロバート・エリオットはさらに一歩を進めた。1993年、エリオット判事は、「ベンレート」を使用した結果、除草剤によって穀物に損害を被ったと主張する農民とデュポン社との間の裁判を担当していた。6週間の事実審理の後、判決の前日になって、農民は敗訴する場合を恐れて和解に応じた。しかし、農民は、もう一つの手段を使って、デュポン社とアトランタを拠点とする法律事務所アルストン・アンド・バードが除草剤の存在を示す農民自身の土地の土壌検査の証拠を隠したとして告発した。もし、彼らがこの試験結果——証拠開示手続において開示対象であった文書——を農民に渡していたならば、決して和解に応じなかったであろうと農民は主張した。
　1週間にわたる聴聞の結果、エリオット判事は、デュポン社及びその代理人弁護士が農民側に試験結果を正確に伝えないように共謀していたと認定した。判事は、「これまでに見た最も悪質な証拠開示の濫用例である」と述べたうえで、デュポン社とその法律事務所双方が連帯して1億1400万ドルの罰金を支払うように命じ、デュポン社が非行を認めて大手各新聞紙に1頁大の謝罪広告を出した場合には1億ドルを罰金から減額するとした。しかし、デュポン社はこ

の提案を拒否して控訴した。連邦控訴裁判所は制裁命令を破棄したが、それはデュポン社とその法律事務所にとって安心できる内容ではなかった。というのも、破棄判決は、「デュポン社とその代理人は犯罪行為に従事していたと同視しうる」ので適正手続条項が一層強く求められることを破棄理由にしていたからである。ジョエル・F・デュビナ判事が、判決の中で、「しかるべき連邦検察官がデュポン社とアルストン・アンド・バード法律事務所の双方に対し、刑事上の捜査を考慮しているものと推測する」と書いたほど、告発事実はあまりにも重大だったのだ。

　なぜ、弁護士は、文書を隠すことができる、それについてウソをいうことができる、何の処罰も受けずに逃れられると考えるのだろうか？　その理由は、一つには、当事者主義の考えが行きすぎていることにある。すなわち、弁護士の中には、依頼者の代理人として行うことは何であっても、それが明確に違法でない限り、そして、その危険を犯すに値する程に摘発される可能性が少ないのであれば、正当化されると考えている者がいる。しかし、こうした態度が形成されてきた背景には、過去20年間のアメリカの法律実務の変化がある。アメリカ最大の法律事務所は規模においても力量においても著しく拡大している。法律事務所がより大きくより強力に拡大するに伴って、それらはより偏狭になり、より傲慢になる。証拠開示の濫用は法律事務所の内側に隠され、その結果、説明責任が果たされることはほとんどないし、公的な監視にさらされることはさらに少ない。より重要なことは、おそらく、法律事務所がビジネス複合体になればなるほど、彼らは自らの行動を規律している職業的な倫理の基本的な概念から遠く離れていくのである。

　本章及び他の章で描いている権利濫用が、私たちがアメリカの法律事務所の「複合体化（conglomeratization）」と呼んでいる事柄とどの程度関係しているのかを推し量ることはできない。しかし、そこには明確な関連性がある。二大業界雑誌の一つである『ナショナル・ロー・ジャーナル』は、1970年代後半から全米最大規模の法律事務所の詳細な統計を公表し始めた。1980年代の中ほどまでに、もうひとつの業界誌である『アメリカン・ロイヤー』も、パートナー弁護士一人当たりの平均利益による、いわゆる大物弁護士のいる法律事務所のリストの掲載を始めた。ひとたび、法律事務所がうまく合理的な利益をあげられるようになれば、より大きくより効率よく利益を上げるべく、規模においてよ

り全国的に、さらには国際的になるように、競争が始まるのである。伝統的に企業取引を取り扱ってきた法律事務所は、訴訟部門を加えて、完全なサービスを提供できる百貨店となった。1980年代後半の不況の際には、多くの法律事務所は(現在も、過剰な拡大によって膨張しているが)依頼者をつなぎとめることに必死であった。どんな犠牲を払ってでも勝訴することを求める大手の依頼者は、ビジネスを継続するために、法律事務所ができることなら何でもするように、より強い圧力をかけることができた。

　1990年中葉に、より大きく、より効率よく、より強力になることを目指した競争がまた始まった。法律事務所は、再び、依頼者の目に見える需要をまかなうために取り扱う分野を拡張していった。以前は、駆け出しの弁護士はその一生を一つの法律事務所で終えるものと考えていた。今はそうではない。事務所の合併と「横滑り」——アソシエイト弁護士とパートナー弁護士が或る法律事務所から他の法律事務所へ移ること、及び、特定の部門が丸ごとある法律事務所から、より高額の報酬を約束してくれる競争相手の事務所に移っていくこと——によって、法律事務所に対する忠誠という意識が失われていった。これと並行して、大手依頼者の忠誠心にも際だった変化が現われた。その結果が、法律事務所の拡大と並行して生じた異常なまでの依頼者獲得競争だった。

　1960年代の初め、50人以上の弁護士を擁する法律事務所はほんの数えるほどだった。30年後には、このサイズの法律事務所は500を超えるに至った。1978年には、300人を超える弁護士を擁するアメリカの法律事務所は一つであり、200人以上を擁する法律事務所は15であった。1996年までに、少なくとも200人の弁護士を擁する法律事務所は161となった。1970年代の後半には上位100の大規模法律事務所の多くは単一の大都市に単一の事務所を構えていた。そして、同じ州のどこかに臨時の出先機関を持つにとどまっていた。1997年には、最大手のベイカー・アンド・マッケンジー法律事務所は国内に9カ所の事務所を構え、海外にはサウジアラビア、ベトナムからカザフスタンに至るまで47の事務所を持つに至った。他の30の法律事務所は500人を超える弁護士を擁し、平均して、全世界に12の事務所を構えていた。

　驚くことではないが、この章に登場する法律事務所のほとんどすべてが、『ナショナル・ロー・ジャーナル』誌のアメリカ大規模法律事務所200のリストに載っている。アルストン・アンド・バードは389人、クローウェル・アンド・モリングが238人、クロスビー・ヒーフェイ・ロチ・アンド・メイが

比較的少なくて195人である。デュポン社とアルストン・アンド・バードが、ジョージア州の制裁命令に対し控訴するために代理人を選任した際、選んだのは505人の弁護士を擁していたカークランド・アンド・エリスであった。

　全国的な大規模法律事務所が増加するに伴い、権力の集中が起こり、その結果、多くの人が専門職業人としての法律家の死を目にするようになった。多くの法律事務所が証拠開示を目的達成のための手段として用いるのではなく、利益をもたらすプロフィット・センターと見て、証拠開示に力を入れていることは、この感じ方を裏付けている。次のような話が雑誌やインターネット上にあふれている。ある大規模法律事務所に属する企業法務専門の上級アソシエイト弁護士が個人での開業を控えて、同じ事務所の上級パートナー弁護士に、数年に及ぶ不必要な証拠開示を避けるため和解で決着する有益な技術を身につけたいと話した。しかし、そのパートナー弁護士は、きっぱりと、しかも、ぞんざいに、「それはとんでもない考えだ。なぜなら、それは、法律事務所の主要な金づる──証拠開示をめぐる争いを否定することになるからだ」と答えた。

　証拠開示というのは大手企業法務専門の法律事務所だけが関わる分野という訳ではない。伝統的な倫理規則によれば、一人の弁護士を雇った依頼者はその弁護士の所属する法律事務所全体を雇うことになる。法律事務所が大きくなり、そして、全世界にまたがるに伴い、法的に利益相反関係にある依頼者双方を代理する機会は劇的に増加した。しかし、どの州の倫理規則も、法律事務所は、すべての依頼者の同意を得ない限り、利益相反の関係にある依頼者の代理をすることはできないと定めている。しかしながら、この規則があるからといって、大規模法律事務所が大企業である依頼者との契約を差し控えることはほとんどない。むしろ、彼らは依頼者に同意をするように求め、かつ、弁護士会に、企業取引、不動産取引、財産管理、エンターテインメント法の分野など大規模法律事務所が実務を行っているすべての分野について、利益相反の規則を適用しないという例外を設けるようにロビー活動を行っている。つまり、彼らが主張するところによれば、利益相反の規則はあらゆる場所で適用されるべきだが、自分たちだけは例外だというのだ。

　1980年代の半ばに、全米最大規模の法律家団体であるアメリカ法律家協会（American Bar Association：ABA）（訳注：1878年に創立された全国的な法律家の任意加入団体で、全米の法曹有資格者の約6割が加入している。）は、法律家が依然としてビジネスというよりも専門職としての性格を保っているのかについての調査を開始

した。ABAはいくつかの報告書を公刊したが、その中に1996年にプロフェッショナリズム委員会が発表した報告書がある。プロフェッショナリズムが衰退した原因として、いくつかの「主要な事項」を指摘している。その中には、次のようなものがある。「当事者主義的プロセスの行き過ぎ」、法実務のビジネスへの変化、弁護士業務を「個人的な価値や目的と合致していない」と感じていること、そして、「公共善に奉仕する弁護士という伝統的な概念の変化」である。

ローレンス・J・フォックスは、フィラデルフィアにある223名の弁護士を擁する大手法律事務所ドリンカー・ビドル・アンド・リースの前パートナー弁護士であるが、1996年から97年にかけて、ABAの倫理委員会の委員長をも務めた。フォックスは、長い間、無慈悲な策略の増加とそれに伴うプロフェッショナルリズムの喪失に対して辛辣な意見を述べてきたが、それを次のように表現した。「典型的な法律事務所は、従来の献身的な専門職業人の集合体から、率直にいって、その魂を失ったビジネス企業体へと変化した」。

用語の意味をめぐって詭弁を弄し消耗戦を行うならば、法律事務所の魂は危機に瀕する。ある法律事務所の意図的な非行が弁護士会の指導者によって支持された場合や州の最高裁判所によって処罰されてもその事務所が何ら実害を被らない場合、法制度の魂は苦境に陥る。

北西太平洋岸で最大の法律事務所であるボーグル・アンド・ゲイツは、強硬な訴訟戦術でよく知られている。200人以上の弁護士を擁し、やはり全米大規模法律事務所のリストに載っている。1986年、同事務所は、3歳の少女ジェニファーの両親が製薬会社フィソンズを相手取って起こした事件の会社側の代理人となった。事案はフィソンズ社の飲み薬「ソモフィリン」に含まれていた1回分のテオフィリンによって回復不能の脳障害を負ったというものであった。両親はその薬を処方した小児科医も提訴した。テオフィリンは、ジェニファーがそうであったようにウィルス性の感染症にかかっていた子供に投与した場合には、有毒物質になる可能性があった。フィソンズ社はこの問題を知っていたが、小児科医は知らなかった。というのも、会社はこの医師に警告を与えていなかったからである。医師はフィソンズ社に対して反訴を提起し、「その事実を知っていれば薬を投与することはなかった」と主張した。

証拠開示手続の段階で、ジェニファーの代理人弁護士は「『医師各位』と表記された通知文書を含む警告文書あるいは飲み薬ソモフィリンの使用に関して

医療関係者にあてた警告通知のすべて」の開示を求めた。小児科医の代理人弁護士はフィソンズ社に対して「子供に対するテオフィリンの有毒性について医師あてに会社から送付した通知文書」の開示を求めた。ボーグル・アンド・ゲイツ法律事務所では、これらの記述に該当する文書が少なくとも二つあることを知っていた。1981年文書は、「テオフィリンとウィルス性感染症」という表題で「医師各位」あてのものであり、2000名の医師に送付されていた。しかし、ジェニファーの医師には送付されていなかった。1985年のメモは「テオフィリンの有毒物質の『蔓延』」を警告するものであった。しかし、ボーグル・アンド・ゲイツは、フィソンズ社に対して、いずれの文書も提出しないように助言した。

最終的には、医師はフィソンズ社が医師の判断を誤らせたとの証明ができなかったので、ジェニファーの両親と和解した。両者は4年間にわたってフィソンズ社を相手に闘いを継続した。そして1990年3月、小児科医は匿名の人物から驚くべき文書を郵便で受け取った。それは、「医師各位」あての1981年の通知文書であった。1カ月後、この文書がジェニファー事件の分岐点となり、フィソンズ社はジェニファーの両親に690万ドルを支払うことで和解した。フィソンズ社に対する反対尋問を留保していた小児科医の方は偽もう行為に立腹し、名誉棄損と重要文書の隠匿を理由に製薬会社及びその弁護士を相手どって訴訟を継続した。

信じられないことに、ボーグル・アンド・ゲイツの代理人は「判断ミスであった」と誤りを認めるのではなく、傲慢にも、法律事務所の判断を擁護した。彼らは、ボーグルは医師の開示要求に誠実に答えたと主張した。なぜなら、開示請求がテオフィリンそのものについてのものであったとしても、当時の代理人はフィソンズ社の**ブランド名**である経口薬「ソモフィリン」についての開示請求と限定的に解釈したからであると主張した。「医師各位」の文書については、「この表記は『FDA（食品医薬品局）の要求に基づき医師あてに郵送された警告文書という意味の専門用語』であり、直接『医師各位』あてに出された**すべて**の文書の意味ではないと限定的に解釈した」と主張した。この主張は明らかに不合理であり——後に、事件記者であるスチュアート・タイラーは「不正で、自己中心的な詭弁の策略」と呼んだ——、ばかげたものであったが、多くの人はこうした主張がなされたことを深刻に受けとめた。

事実審理において、小児科医はフィソンズ社に対する100万ドルの評決を獲

得した。そして、裁判官は医師の弁護士費用を補填するために45万ドルの費用補償を付け加えた。しかし、裁判官は、ボーグル・アンド・ゲイツに対する開示手続の濫用を理由とする請求については、次のように認定して支払命令を拒否した。ボーグルの行為は「この州及びこの地域の法曹界の慣行ないし訴訟実務と合致している」と。おそらく、裁判官は、ボーグルから14人に及ぶ鑑定人の意見書を提出された結果、態度を変えたと思われる。その鑑定人の中には、最も著名な法曹倫理の専門家であるジェフリー・ハザードとワシントン州の歴代弁護士会長が二人、そして、法廷弁護士協会の指導者が複数含まれており、彼ら全員が「ボーグルは適切に行動した」と述べたのである。

　鑑定意見の典型的なものは、プゲット・サウンド大学の法曹倫理の教授からの次のような意見であった。「弁護士は証拠開示を当事者主義システムの一部とみており、その例外とは考えていない。……私の見解では、証拠開示について片面的かつ狭く字義通りに解釈するという考え方は典型的であると同時に、そのように期待されてもいる」。ボーグルを代理した外部の弁護士は「経験を積んだ弁護士であれば、みんな、ある程度の潜脱や回避の行為を行っている」と主張した。ボーグル側の14人の鑑定人のうち3人は、「『熱心な弁護』の原則は法律事務所に対し当該文書を提出しないように**要求していた**」とまで述べていた。

　控訴審において、ワシントン州最高裁判所は全員一致で、証拠開示の論点に関する事実審の決定を破棄した。裁判長ジェームズ・アンダーソン判事は次のように判決に書いた。「医師が想定される証拠開示の要求を行っていたならば、関連する文書が明らかになったであろうことは明白である」。そのうえで、最高裁判所は一般的な警告を発した。事件を事実審裁判所に差戻し、「関係弁護士および他の者が同じような行為を再び行うことがないように十分に厳しい」処罰を課すべく、事実審裁判所においてボーグルに対し相当額の罰金を課すように命じたのだった。

　州の最高裁判所が証拠開示において法律事務所を処罰するところまで歩みを進めたという事実は「多くの弁護士を震えあがらせた」と、医師側の二人の鑑定人のうちの一人であったワシントン大学法学教授ロバート・アロンソンは語った。ボーグルは公的に誤りを認め、32万5000ドルを支払うことに合意した。そして、「ボーグル・アンド・ゲイツに所属するすべての弁護士が倫理規則を理解し、……その文言だけでなく精神に従うことを確実にするための方策

を既に講じた」と述べた。弁護士の何人かは肝に銘じたかもしれないが、明らかに、ボーグル・アンド・ゲイツの多くの弁護士はそうではなかった。フィソンズ事件判決の写しを事務所の全法廷弁護士に送付したというボーグルの主張及びすべての法廷弁護士を対象とした義務的な研修にもかかわらず、フィソンズ事件判決から2年もたたないうちに、ボーグル・アンド・ゲイツの法廷弁護士がまたしても問題を起こした。

今度は、ボーグル・アンド・ゲイツは、アメリカのスバル社の代理人として、追突された場合に運転席の背もたれが後方にひっくり返り重傷をもたらす恐れがあるという事件を担当していた。連邦裁判所判事ロバート・ブライアンの事実認定によれば、ボーグルは文書を隠し、手続を引き延ばし、そして、「全く違った内容の回答をしていた」。一つの開示請求では、原告は、時速30マイルの「外力」が後方から加えられた場合の運転席背もたれの破損に関する全米高速道路安全局の記録を請求していた。ボーグルの回答は、この開示請求は「曖昧で、意味不明で、かつ、理解できないものである。……特に時速30マイルと言うのは走行速度のことであり外力ではないので、この専門用語の混乱のゆえに意味のある回答はできない」というものであった。ブライアン判事はこれを「弁護士の詭弁」と呼んで、ボーグルに対し、相手方代理人の費用を支払うよう命じた。

なぜこのようなことが繰り返されるのだろうか？　それは、フィソンズ社事件で決定的なメモが匿名の情報提供者からなされた場合であっても、ボーグル・アンド・ゲイツはほとんどその隠匿責任を問われずに逃げられたからである。これまで、同じような方法で、発覚することなく、どれぐらいの証拠の隠匿が行われていたかを推し量ることはできない。フィソンズ社事件の時でさえ、ボーグルの評判は傷ついたかもしれないが、その財力はほとんど影響を受けることがなかったのだ。32万5000ドルは、明らかに、法律事務所が負担する経費のほんの一部でしかない。その上、どのような指示文書や研修プログラムが法律事務所周辺に周知されたとしても、フィソンズ社の証拠開示手続に第一義的な責任を負っていた二人の弁護士が降格もされずに法律事務所にとどまっていたという事実を前にすれば、意味のないことが分かるだろう。若い方の弁護士はパートナーに昇進さえしていたのである。

倫理規則は、弁護士に対して、「相手方が証拠を利用することを違法に妨げ、

第3章　権力、傲慢、そして適者生存

または証拠価値があるかもしれない**書類その他の物件**を違法に改ざんし破壊し若しくは隠匿すること」はできないと述べている。多くの地方、州、そして、連邦の裁判所規則も同じ規定を持っている。しかし、一般的な用語で表現されているので、どの規則もあらゆるタイプの証拠開示手続の濫用を対象とすることはできない。そして、制裁のない規則——及び、制裁があっても単なる金銭の支払い以上の効果を持たない処罰——では、摘発される可能性が低いことを知っている弁護士を思いとどまらせることはできないのである。

弁護士は、依然として、次のように主張するだろう。「依頼者に対する義務は証拠開示の規則を最も厳格に解釈するように求めるとともに、相手方弁護士の行く手に障害物を置くことが熱心な弁護活動の一部分となる」と。しかし、「熱心な弁護」というものは、多くの倫理規則の中では、もはや強調されていない。アメリカ法曹協会の模範規範（モデル・コード：Model Code of Professional Responsibility(1970)）は最初に制定されたのが1970年であるが、その九つの主要規範のうちの一つの規範は「弁護士は、法の許容する範囲内で、依頼者を熱心に代理しなければならない」というものだった。「熱意」あるいは「熱心に」という言葉がこの規範の中では9回使われており、弁護士が熱意を持って行動するように促していた。

しかし、1983年、アメリカ法曹協会は、それとは異なる規則、すなわち職務模範規則（モデル・ルール：Model Rules of Professional Conduct(1983)）を制定した。これは、現在、40を超える州の規則の主要な源泉になっているが、この規則の下では、熱意という言葉はたったの3回しか登場せず、しかも、そのうちの2回は、弁護士は熱心さと他の義務のバランスを図ることを勧める規定である。新しい規則では、「熱心に」行動する義務を「誠実に」行動する義務に置き換えたのである。誠実に関する注釈は次のように言う。「弁護士は、依頼者の利益に積極的に関与し、献身する意欲と依頼者の弁護に対する熱心さを持って行動しなければならない。しかしながら、弁護士は、依頼者のために具現化しうるあらゆる利益を追求しなければならないわけではない」にもかかわらず、弁護士は——そして、多くの裁判所も——「熱心な弁護」について語り、かつ、判決に書き続けている。

一部の弁護士にとって、このジレンマの解決策は、許される弁護士の行為を定義はするが義務を伴わない「訓示規定」として発展させることであった。こうした規定は、今日、多くの州や地域において採用されているが、その法的性

格は単なる勧告にすぎない。仮に、この規定が法的強制力を持つとすれば、それはもはや行為指針ではなく懲戒の根拠規則となろう。訓示規定の方が弁護士にとっては気楽であるが、訓示規定であっても、弁護士自身が望む方法──あるいは、弁護士がこうしたいと依頼者に**主張する**方法──と、同じ弁護士が論ずる、依頼者のために戦うという高次の義務との間に、やはり、解決不能な緊張関係をもたらす。たとえば、ある弁護士は同僚とのオンラインディスカッションの中で、次のように問題を提起した。「依頼者が君に『礼儀正しい』とは言えない行為をするように要求し、それが明確に倫理規則に違反するとは言えない場合、依頼者は過大な要求をしたことになるのだろうか？ 君だったら、規則を示して、ここには『馬鹿なことをするな』と書いてあると言うかい？」

　有体にいえば、社会的規範に従った礼儀とは、個々の弁護士の内部からにじみ出てくるものである。ある弁護士──全米大規模法律事務所のリストに載っている別の事務所に属するパートナー弁護士──は、「焦土作戦 (scorched-earth)」(訳注：軍事的には地表のすべてを焼き尽くして敵を殲滅する作戦を指し、証拠開示で相手方が疲弊するまで行う消耗戦のたとえ) とか単に手段だけを目的とする証拠開示に加担することはしないと私たちに語った。彼は、依頼者の長期的な利益を考えた場合──それが自分の料金に関わってくる場合には特に──、合理的な証拠開示請求に対して合理的な情報を提供することの方が最善のサービスになると考えていた。それでも、「馬鹿なことをする」ように求めてくる依頼者に対しては、彼とその依頼者は「合意しないことに合意する」こととし、依頼者は同じ法律事務所の他の弁護士のサービスを受けるとのことだった。

　訓示規定よりももっと効果的な解決方法は、争点につき制裁 (issue sanction) を課する司法判断を求めて戦うことである。争点制裁は、一方当事者の証拠開示規則の違反がかなり重大な場合に、裁判官が命ずることができる。この制裁は、当該事件の争点について、裁判官が証拠開示手続の濫用をした当事者の不利益に判断するということを意味する。たとえば、ユノカルがベンゼンの試験結果を隠したワシントンDCの事件では、原告においてユノカルが試験結果を差し替えて改ざんしたことを示す証拠を提出することも**ありえた**が、裁判官はユノカルに対し、自社製品のベンゼンの含有量はもっと低いレベルであったと主張することを禁止したのだ。ジョージア州のスズキの「サムライ」事件では、裁判官はスズキに賠償責任があるとの判断を示し、会社は損害額についてのみ争うことができるとした。この厳しい制裁は連邦最高裁判所の先例によって支

持されており、スズキは控訴したが、控訴審でも支持された。

　単なる金銭賠償を命ずる制裁と比べて、争点制裁は事件の帰趨に直接的な影響を与えるがゆえに——開示すべき証拠を隠した当事者に不利益な結果をもたらすので——効果的である。多くの裁判官はそのような究極の救済策を用いることに消極的である。しかし、将来の権利濫用を抑止しようとするのであれば、裁判官が目の当たりにしていることを嘆くにとどまらず、進んで制裁を加えなければ十分ではないだろう。証拠開示とはそのような賭け金の高いゲーム——企業法務専門の法律事務所の最も重要な収入源——であるので、金銭上の制裁は、たとえ何十万ドルの金額であっても、財力のある法律事務所とその依頼者から見れば、ビジネスを行ううえでの必要経費としかみられないのだ。特に、そのビジネスがいかがわしい非倫理的なものである場合は、その傾向はなおさらである。

　多くの弁護士にとって、証拠開示手続の最悪の濫用が何かと言えば、文書を隠し、虚偽の回答をし、堂々と文書を破棄することである。しかし、ある者にとっては、それはほんの始まりにすぎない。尊大で強力な者の手にかかれば、消耗戦は個人攻撃に転化しうる。

　A・H・ロビンズ社のダルコン・シールドという避妊リングは、女性に死の結果をもたらすか骨盤内炎症性疾患に起因する重大な障害をもたらした。その結果、子供は重篤な欠陥を持って生まれるか、前例のない数の死産をもたらした。多くの女性にとって、この特定の避妊リングを用いるということは、彼女らが子供を産むことはもはやかなわないということを意味した。しかし、1970年代の初めから1990年代に至るまで、ロビンズ社は同社を相手取って起こした何万人もの女性に対して消耗戦を挑んだ。

　1970年代半ばから1984年2月に至るまでに、証拠開示命令が出されていたにもかかわらず同社が応じなかったことに対し、ミネソタ州の連邦治安判事は「ロビンズ社の周囲には難攻不落の壁が築かれている」と命令書に書いた。連邦裁判所判事セント・ポールによる命令はダルコン・シールドに関連するすべての文書の破棄を禁止したものであったが、この命令ですら、100を超える事件でロビンズ社を代理していたサンフランシスコのある弁護士の行為を差し止めることはできなかった。1983年、彼はインディアナ州の新居に20箱の文書を船便で搬送した。そして、数カ月後にそこに移り住んだ時にその文書を破棄

したのだ。

　しかし、ロビンズ社の弁護士は訴訟を提起した女性たちに対して破壊的かつ不当な個人攻撃をするという最悪の方法を採用した。子宮と卵巣を失ったアイオワ州のある母親は、彼女がダルコン・シールドを使用する前10年間の結婚前の性的関係について質問攻めにされた。別の女性はパンティストッキングの股部に使用されていた繊維の種類について反対尋問を受けた。彼女は、その質問が「卑猥な電話のように」聞こえたと前置きして答えた。ボストンのある女性は、オーラルセックスあるいは肛門性交をしたかどうか、また、性的玩具を使用したか否か、使用したとすれば何回かという質問を受けた。1984年、連邦裁判所判事マイルズ・ロードは、ダルコン・シールドの研究と開発の責任者であったロビンズ社の代表取締役とミネアポリスの彼の法廷にいた法務部長弁護士（ゼネラル・カウンセル）に聞こえるように、この行為を次のように非難した。

　　これらの女性があなたの会社に対して訴訟を起こしたとき、あなたはこれらの人たちを攻撃した。あなたは、彼女らの性生活を調査し、性的関係にある人物を特定する調査をした。あなたはこれらの女性を辱め——そして、家庭と評判と経歴を破壊した——。あなたに対しこれから声をあげようとする多くの人をただ黙らせるためだけに。あなたは、これらの女性の体に死をもたらす器具を埋め込んだという事実と何ら関係のない争点を持ち込んだのだ。

＊

　おそらく最も効果的な個人攻撃の形態はスラップ訴訟である。デンヴァー大学の二人の教授、ペネロペ・キャノン社会学教授とジョージ・プリング法学教授によって命名されたスラップ（SLAPP）とは、公衆の参加を断念させるために戦略的に提起される訴訟（Strategic Lawsuit Against Public Participation）の略である。この訴訟は、政府機関の抑圧からの救済を求めて裁判所に出頭しようとする人や政府機関に抗議し重要な問題を公にしようとする人を恫喝することを目的としている。

　デンヴァー大学の教授らはスラップ訴訟に共通するいくつかの特徴を次のように定義している。すなわち、この訴訟は大企業によって提起され、十分に資力のない人を相手取って巨額の賠償を請求する。この訴訟は被告側の防御費用が多額になるように考案される。この訴訟は名誉棄損ないし営業妨害——相手方の言論の自由を直接的に攻撃する内容——を請求原因とする。そして、

通常、この訴訟は提起する側の利益を想定していない。この種の訴訟の80ないし85%は結果的に敗訴する。しかし、多くの場合、被告側が費やす時間と費用の点で、そして、被告および第三者の言論の自由に及ぼす萎縮効果によって、損害は生じているのである。

その他の共通する要素として、それですべてという訳ではないが、スラップ訴訟では、被告が「謝罪し前言を撤回する」場合には、原告は当該訴訟を取り下げる用意があるということがある。上記表現は、ゲス（Guess）社のゼネラル・カウンセルの言葉であるが、彼は、O.J.シンプソンの民事事件を担当した、フレッド・ゴールドマン法律事務所所属の弁護士で社会的に著名な弁護士ダニエル・ペトロセリを雇い、ロサンゼルスのジーンズ製作会社の労働環境を公的に批判した二つの女性グループを訴えた。ロスの事件報道記者スティーヴ・ローリィによれば、ゲス社は自社の評判が攻撃された時に「待ってましたとばかりに訴訟を提起した」。この訴訟が起こされた理由の一つには、サンタ・モニカ書店の奥まった場所に30人ほどが集まって行われていた読書会の存在があった。悲惨なトライアングル・シャツウェスト工場火災の詩など仕事についての読書をしていた何人かの女性とカリフォルニア大学の社会学教授がゲス社に組合を組織する準備をしていたのだった。この訴訟は現在も進行中である。

興味深いことに、ゲス社は『フォーチュン』誌を訴えては**いない**。同誌は、1996年10月に、ゲス社が使用人を脅し、国家歳入局の係官に対して賄賂を贈り、偽のスヌーピー・Tシャツを販売したことを告発する痛烈な批判記事を書いていた。しかし、『フォーチュン』はそれ自身が手ごわい企業体であるので、スラップ訴訟を提起するには相手が悪すぎたということだろう。

特定の不動産関連の事業、特に住宅開発や産業廃棄物処理に土地を利用する事業の場合、その業者がしばしばスラップ訴訟の主体となる。

● ロードアイランド環境局が地下水ガイドラインについてパブリック・コメントを求めた際、ナンシー・フレミングは、環境局に対し、新しい規則では彼女の家の近くに民間のゴミ廃棄場を許可することになるので地下水が汚染され続けると訴えた。産業廃棄物処理業者である会社はフレミングにその訴えを撤回するように求めた。彼女がそれを拒否するや、同社は彼女を名誉毀損及び営業妨害で提訴した。しかし、台湾生まれの帰化人であったフレミングはアメリカ史における公民権について勉強したことを思い出した。彼女は、産廃業者の代理人弁護士に対し、憲法修正第1条に定める政府に対する請

願の権利を引用して「本件において、私は、あなたの依頼者の廃棄物を除去し、ゴミ廃棄場を閉鎖するように州政府に求めております」と手紙を書いた。裁判所が彼女に対する訴訟を却下しなかったので、フレミングはロードアイランド最高裁に上訴し、彼女は却下決定を得た。

● ミネソタのある土地開発業者は、ミネアポリスに住む二人の中産階級の女性を訴えた。その理由は、二人が保護したいと考える湿地が業者によって開発されるのを批判して自宅の前に開発反対の看板を掲げたからであった。開発業者は彼女らを反対運動の黒幕と表現した──『ミネアポリス・スター・トリビューン』紙は彼女らを「悪名高い看板製作者二人組」と呼んだ──が、彼女らはその事実を否定した。しかし、彼女らは、支持者として誰がいるかについては、支持者を明らかにすれば同じように危険に晒されるので公表しなかった。女性の一人は、「私は今起こっていることに怯えています。危険でないなんてとても言えない」と語った。彼女らに対する訴訟は、現在も進行中である。

● 1988年、カロリーナ・ソリート社は石炭の代わりに有害廃棄物を燃料として燃やし始めた。自らを「つまらない田舎のお婆ちゃん」と言うジョアンナ・アーモンドは、間もなく、ソリート社の工場近辺に住む彼女自身及び隣人の野菜に汚れた膜がついているのに気づいた。アーモンドがソリート社の廃棄物焼毀の事実を公に訴えると、会社は彼女に対し一連の法的な闘争を開始した。そして1997年には、ソリート社の排煙許可に反対する彼女の言論活動を差し止めるよう仮処分を求めるに至った。差し止めの仮処分は却下され、アーモンドは次のように語った。「私たちは田舎の人間よ。このような状況に置かれることには慣れていないの。でも、誰かが頑張らなければならないのなら、私がやるわ」。

スラップ訴訟は一地方の政治に関する地域の論争を超えて波及することがある。これが証拠開示手続の濫用と結びつくと、スラップ訴訟を提起された被告には二重の意味で悪夢となる。自動車安全センターはラルフ・ネーダー（Ralph Nader 訳注：アメリカを代表する社会運動家。1965年に米国乗用車の欠陥を告発した著作で全米に衝撃を与え、政府はネーダーの告発を受け入れる立法や施策を実施した。その後、広範な消費者運動に携わり、環境、福祉、政治腐敗などを告発し続けている。）と消費者組合によって設立された非営利の消費者団体であるが、長い間、側面にガスタンクを設置したゼネラル・モータースのトラックは危険であると考えていた。側面から衝突されると爆発する可能性があったからである。同センターはゼネラ

ル・モータースがその車の火災に関する文書を隠匿しようとしているとの情報を得た。同センターの代表者であるクラレンス・ディトローによれば、その計画にはゼネラル・モータースが雇った若手弁護士の集団——愛称は「ファイア・ベイビーズ (fire babies)」——があり、その役割は不利な文書となるゼネラル・モータースの記録を捜し出し、それを破棄ないし隠匿することであった。ある技術者は、どのようにしてキャビネット6箱分の文書を「裁断業者」に送付したかを供述し、それはテープ録音により証拠化された。センターは「ファイア・ベイビーズ」の一人からも情報を得ており、彼は自分のしたことを同僚に自慢していた。行方不明になった文書の中には、側面ガスタンクの構造が最初に検討された当時のゼネラル・モータース役員会の議事録があった。

　センターは事実を公表し、ディトローは司法省に調査を要求した。実際には、ナンシー・フレミングがしたのと同様、政府に対する請願であった。ゼネラル・モータースはスラップ訴訟を提起してこれに応え、ディトロー、センター及びネーダー自身を被告とした。しかし、ゼネラル・モータースはずる賢くも直接の原告とはならなかった。つまり、直接の原告となって提訴することは、ゼネラル・モータース自身の記録をセンター側の真実解明のために証拠開示の対象とすることになるからであった。代わりに、「ファイア・ベイビーズ」計画の統括役の一人であった外部の弁護士ユージン・グレースが原告となって訴訟を提起した。そのため、被告らは一層困難な状況に置かれた。ゼネラル・モータースは訴訟の当事者ではなく、したがって、その文書は通常の証拠開示手続の対象外であったからである。センターがグレースの記録を入手しようとしたら、彼はゼネラル・モータースが当該記録を秘密にしておかなければならない弁護士・依頼者間特権を有しているとの理由で開示を拒否した。

　そのスラップ訴訟は、その後、消耗戦の様相を呈し、グレースの弁護士とゼネラル・モータースの弁護士が前線で戦いに参加することとなった。宣誓供述書の作成には、時にはグレース・ゼネラル・モータース側から四つの異なる弁護団が参加することがあった。すなわち、グレースの代理人弁護士、ゼネラル・モータースの企業内弁護士、ゼネラル・モータースに雇われた外部の弁護士、そして、宣誓供述をする証人を代理するゼネラル・モータースに雇われた弁護士であった。結局、この事件は保険会社によって解決がなされ、保険会社が双方に対し保険証券を発行することで決着した。その一方で、ディトロー、ネーダー及び自動車安全センターは訴訟費用として70万ドルを費やした。

十数州は、スラップ訴訟の被害者を保護するための条項を含む反スラップ包括法を制定した。キャノン教授とプリング教授はモデル法案の起草までした。より強力な反スラップ法を持っている州では、スラップ訴訟の被害者は、応訴費用が膨大になる前に、訴訟の早い段階で、スラップ訴訟を提起した側において訴訟で勝訴の可能性があることを示す証拠を提出するよう申し立てることができる。何人かの弁護士、たとえば、カリフォルニア州オークランドのマーク・ゴールドウィッツは反スラップの異議申立てを専門にしている。ゴールドウィッツは最高裁まで争ったサイエントロジー教会カリフォルニア支部に対するスラップ訴訟で勝訴した。

　反スラップ法制――及び、何がスラップで何がそうでないかを定義した裁判所の判決――は、依然として発展途上にある。反スラップ法の起草に関与したニューヨークの弁護士マイケル・ストークスは、スラップ訴訟が「富裕な被告が資力の劣る原告の請求を打ち破るための被告側のもう一つの武器」になったと考えるようになった。カリフォルニア州は強力な反スラップ法を持っているが、弁護士の中には、「ダビデだけでなくゴリアテまでもスラップ訴訟の被害者であると主張している」と批判する者もいる。つまり、楯と考えられていたものが剣へと変化してきているのである。

　倫理規範はスラップ訴訟を提起する弁護士を懲戒するための根拠としてはほとんど役に立っていない。弁護士は「瑣末な」申立てをすることを禁じられているが、この規程によって懲戒されることは事実上ない。反スラップ法に罰則を加え、スラップ訴訟を提起した弁護士に重大な懲戒処分を課することが正しい方向への第一歩であろう。同時に、立法者は反スラップ法制に内在する欠陥を是正しなければならない。そうすることによって、公的関心事について政府に請願する権利及び言論の自由の権利を行使する人々に本当に必要な保護が与えられることになる。

　スラップ訴訟を規制することに伴う問題は権利濫用的な戦略を規制する際の一般的な問題と同じである。資力のある大企業という支援者があり、かつ、大きな訴訟を担う財力がある弁護士――及び依頼者――は、その行動に対する制裁が得る利益以上にリスクがあることを納得する程度に厳しいものでない限り、通常は、その制度を打ち砕く方策を見出すだろう。現在まで、私たちの法制度はこのメッセージを浸透させるための努力を何もしていない。

エピローグ
デホス事件の顛末

　クランシー・ギャレットがグレゴリー・ナイムと昼食をともにし、エスペランサ・デホスのハラスメント事件の打ち合わせをしたときから3年が経過した。事件は最終的に事実審理に入る3日前に和解で決着した。デホスは自分が考えていた以上のお金をもらったが、それが事件に相応する額であるのか否かは分からなかった。彼女はヒルズマン社のためにほとんどの弁護活動を担当したグレゴリー・ナイムを嫌な奴だと思った。彼は7日間にわたって彼女を宣誓供述書作成のために拘束したうえ、たとえ彼女のかかりつけの医師からの質問だったとしても不快に感じたに違いない個人的な質問をした。それでも、ウィラ・リースは、彼女が質問に答えて最後まで耐えるべきだと主張した。もし、ウィラがこう主張しなかったなら、デホスは数年前に訴訟を断念していたであろう。主に、ウィラの弁護士が頑張ったので彼女も頑張れたのだ。3度、ウィラはヒルズマン社に文書の提出を命ずる証拠開示命令を求めて控訴審まで戦い、3回とも勝訴した。しかし、デホスは、もう一度同じことをやらなければならないとしたら、そうするという自信はなかった。

　グレゴリー・ナイムについて言えば、デホス事件が和解で終結した後ほどなくして、パートナー弁護士になった。確かに、デホス事件はうまくいった。というのも、彼女にはグレゴリーの攻撃に耐えるだけの強靭さをもった弁護士がついていたからだ。しかし、原告の請求原因事実がほとんど同じであった他の事件では、グレゴリーは原告を疲弊させることに成功し、事件に見合わないわずかの涙金で和解することができた。彼はクランシー・ギャレットが「消耗戦」と呼んだことの意味を理解しつつあった。彼は消耗戦が気に入った。彼はその闘いを愛し、勝利することを愛し、相手方が困惑し小額で和解するときに感じる力を愛した。クランシー・ギャレットの教育は成功したのだ。

第4章
頭に拳銃を突き付けられた若手弁護士

多くのアソシエイト弁護士は、被虐待配偶者症候群に似た症状に苦しんでいるような気がする。彼らはパートナー弁護士に虐待され続けている。にもかかわらず、自分自身を責め、そして、もっと虐待されるのを求めて戻っていく。
　——1994年、法律業界誌『アメリカン・ロイヤー』が実施した調査に回答した匿名弁護士の言葉

タイム・チャージをしたことのある弁護士であれば誰でも、タイム・チャージが詐欺を働く豊富な機会となることを知っている。
　——ウィリアム・ロス教授の言葉。彼が行った弁護士の実態調査の結果、倫理規則に反する費用請求の実務が広く行われていることが明らかとなった。

　シャロン・チャウにとって、スウェンソン・アンド・デルーカ法律事務所に来てからの1年半は辛い期間であった。今、彼女は、レイノルド事件に取り組んでいる。シャロンは、勤めてから2年目の半ばであるが、最近、なぜ自分がこの事務所に加わったのかについて多くの時間を費やして考えていた。悪い職場という訳ではない。この法律事務所には堅実な訴訟案件と不動産実務の蓄積があった。環境分野について職域を拡大した際に、シャロンは3年間勤務していた環境保護局の地方法律事務所からスカウトされたのだった。すぐに、彼女は有害物質と汚染物質による不法行為に関する事務所お抱えの専門家となった。最初、シャロンはスウェンソンで働けることを喜んだ。給与は素晴らしかった。年8万5000ドルの基本給は環境保護局の給料よりもずっと高かった。さらにノルマである1950時間を超えて時間当たりの費用請求をするならば、年末に、1万ドルの賞与が加算されることになっていた。事務所は彼女に対して、環境問題の原告及び被告を問わず双方の代理をしていると言っていたが、今までのところ、シャロンは環境問題のクレームを受けた会社の被告側弁護に90％の時

間を費やし、環境保護の利益のために働く時間はたったの10%であった。彼女が環境保護局にいたときには訴追する相手方であった会社のいくつかを、今度は自分が弁護していた。そして、ここには費用請求する時間数のノルマがあった。シャロンはこれまでにないほど一生懸命に働いたが、それでもスウェンソン1年目の請求時間のノルマには100時間足りなかった。

今年、彼女は請求時間のノルマに何とか追いついていたが、それはロースクールの古くからの友達であったビリー・フリーデンのおかげであった。彼はスウェンソン6年目のアソシエイト弁護士であり、シャロンに法律事務所で生きていくコツを教えてくれた。最初、ビリーは彼女に「絶対に仕事を拒否するな」と言った。「君が絶対にしてはいけないことは、どんな時でも君が忙しくないかのような振舞いをすることだよ。彼らは仕事をさせるために君を雇ったんだ。彼らが期待してるのは君が忙しく仕事をすることなんだ」。

ビリーはまたシャロンに、費用請求の「高度な芸術」、つまり費用請求時間のノルマを満たすのに四苦八苦しているアソシエイト弁護士を助けてくれる「取引上のトリック」を教えた。彼は彼女に、どうやったら事件のために費やしたありとあらゆる時間を請求できるかを教えた。「もし僕がジョーンズ事件のことを考えながらシャワーを浴びていたら、それは請求可能な時間さ。『依頼者の事件の戦略を練っていた』あるいは『事実審理の訴訟戦術を検討していた』というわけさ」。彼は彼女に、以前の覚書や意見書をアップデートすることによって、あたかも草稿から始めて仕事を成し遂げたかのように、同じ調査結果を二度請求する方法を教えた。「結局、彼らは僕たちの専門的知識が欲しくて雇っているんだよ。君の専門は環境法。君の行うことに価値がある。もし、ある特定の論点につき君が最初の覚書を作るのに10時間かかったとすれば、同じ論点について助言を求める次の依頼者にとっては、君が半分の5時間分しか請求しなかったとしても、それだけで有利な取引となる。たとえ、君にとっては、アップデートするのに30分しかかからなかったとしてもね」。

事務所の不動産部門のパートナー弁護士の一人であるレジーナ・ダーンが環境問題についてシャロンの助言を求めた時、シャロンは「仕事を漁ること」についてのビリーの教えと「パートナー弁護士に対して、決してノーとは言わない」と繰り返し忠告されたことを思い出して、躊躇せずに引き受けた。レジーナの最大顧客の一人にレイノルズ不動産があった。主として社長のジョージ・レイノルズが株を所有する不動産開発会社である。レイノルズは、何年間にも

わたって、トルザックと呼ばれる化学物質を大量に使用する会社にビルを貸していた。最近この会社が倒産したので、レイノルズはこのビルを売却することを考えていた。購入を希望する買い手が現れたが、レイノルズはトルザックについて話したくなかった。というのも、買い手が購入を取り消すことを恐れたからであった。州はトルザックを有害物質とは認定していなかったが、それが有毒物質であると考えていた人もいた。レジーナはシャロンにトルザックを調査し、それが有害か否かについて意見書を書くように依頼した。

　シャロンはトルザックを調査し、それが確かに有害廃棄物であるとの結論に達した。州はこの認定をしていなかったが、シャロンは、環境保護局がこの問題を知れば直ちに彼女の分析結果に同意するであろうと確信していた。トルザックの有害性については、シャロンが見つけた四つの研究のうち二つが明確に指摘していた。トルザックが有害ではないとする反対の研究の一つは、初期のころの結論に到達していない未完のものであったし、もう一つは、化学工場の補助金を受けて行われた研究であった。

　シャロンは、法律事務所としてレイノルズに対してトルザックの情報を開示するよう助言すべきである旨の意見書を書いてレジーナに渡した。レジーナは翌日のレイノルズとの会談に同席するよう彼女に言った。シャロンがレイノルズに彼女の結論を伝え、有害廃棄物の情報を開示しない場合には、民事上損害賠償の責任を問われることになるし、刑事罰の可能性もあることを説明した。すると、レイノルズが露骨に反対した。

　彼は大声で言った。「そんなことは分かっている。だが、どうしてあんたはそんなに確信をもって言えるのかね？　いいかい、わしはこの物件を売る必要があるんだ。そして、権利証を待っている買い手もいる。わしのほしいのはトルザックが有害ではないというあんたの意見書なんだ。わしはこの場所には多くの資金をつぎ込んだ。もしわしがこの買い手を失うなら、一文の価値にもならんかもしれない。だから、わしの時間を無駄にしないでくれ、そして、仕事に戻れ」。

　レイノルズが立ち去った後、シャロンはレジーナに会った。レジーナはシャロンの疑問を受け入れようとしなかった。「いいこと、レイノルズにとって、ここは400万ドルの価値があるのよ。この物件を売る必要があるのよ」。

　「それは分かってるわ、レジーナ。でも、どうやったらトルザックが有害ではないという意見書を書くことができるのか、私には分かりません」。

「ナンセンス」とレジーナが答えた。「私たちの見解は、四つのうちの二つの研究に基づいているわけではないでしょう？　特に、州が何も規制していない場合にはね、もしあなたが入手した論文がすべてだとしたら、私は、現時点でトルザックが有害物質ではないとする意見書を書くことに何の問題も感じないわ。だから、私は、**あなたが**その意見書にサインすることを求めるわ。ここでは、あなたが有害物質の専門家で、環境保護局に勤めていたのはあなたであって私ではないからね。私たちがあなたを事務所に迎えたのはそのためなのだから」。

「わかったわ」とシャロンは思った。「**私はやっとタイム・チャージ制の軌道に乗ったわ。今、私にほんの少しの猶予を与えてくれる一つの事件に関わって、私は自分がとても我慢できない依頼者のために、完全に誤った意見書を書かなければならないのだ**」。

＊

典型的なアメリカの弁護士は、依頼者が誰であっても法律事務所がその代理業務を引き受け、弁護士が熱意を持って依頼書の代理人として最善を尽くす時、当事者主義原理は機能すると考えている。

1975年に、ワシントンDCの指導的弁護士であるロイド・カトラーの事務所前に一群のロースクールの学生がピケをはった。カトラーはゼネラル・モータース社（GM）を代理しており、議会に対し自動車の安全性に関する規則の制定を延期するように働きかけ、延期を実現していた。カトラーの弁護団に名を連ねた弁護士の中に、長い間ニューヨークで最もよく知られた法律事務所のリーダーの一人であり、当事者主義原理の忠実な信奉者であったサイモン・リフキンドがいた。「『どうしてあなたは、あんな奴を代理することができるんですか？』というのが私に寄せられるよくある質問だ」と、彼は、ニューヨーク市弁護士会のスピーチの中で語った。「あなたがたも知っての通り、不可触選民とされる依頼者には流行がある。ある時期には、それはミシシッピー州の最下層農民であり、次の時期には、それはデトロイトの大企業である。当事者主義制度の観点から見れば、適用される原則は全く同じなのだ」。

リフキンドはピケをはった学生を強く非難した。「彼らが当事者主義制度の意味を完全に理解したならば、彼らの行為が、彼らがこれから入ろうとしている専門職の中核部分を破壊することになると知るだろうに。……学生は、当事者主義的プロセスがどのように行われるかを考慮に入れていない。このプロセ

スの有用性は、何が必要なことであり何が正しいことなのかの判断を依頼者に委ねることで弁護士をその決定から解放する点にあり、それがゆえに、弁護士はより効果的な弁論者と決闘士になれるのだ」。

1990年代に、カトラーとその法律事務所、すなわちウィルマー・カトラー・アンド・ピカリングは再びニュースに登場した。最初は、現在ワシントンの長老議員になっているカトラーがクリントン大統領のホワイトハウスお抱えの筆頭弁護士になることに同意した時であった。前任者はホワイトウォーター疑惑の下で辞任していた。程なくして、ウィルマーとカトラーはゼネラル・モータース事件の時以上に論争を巻き起こした事件の依頼人を代理することを引き受けた。クレディ・スイスと他のスイス銀行がホロコースト生存者に対する支払いを拒否したためクラスアクションにより提訴されていた。特に、クレディ・スイスは収容所で死亡した人に属する金を盗んだとして広く告発されていた。この行為が含意する恐ろしい意味にもかかわらず、ウィルマーとカトラーにとっては、クレディ・スイス及び他の二つの銀行を依頼者として代理することは特別なことではなかった。事務所の「ニュービジネス」委員会はこの代理を承認し、新しい依頼者は事務所のすべての弁護士に配布される「ニュービジネス」という定期刊行物に登場した。

ニューヨークのクラバス・スウェイン・アンド・ムーア法律事務所もクレディ・スイスの代理を引き受けたが、その役割は助言だけにとどめるとした。クラバスは約1000人の被雇用者を抱えていたが、その3分の1がユダヤ人であった。事務所は、銀行が適切な行動をとることができるように戦略的なアドバイスを提供するだけであると主張したが、12人のアソシエイト弁護士——法律事務所のパートナー弁護士ではない若手弁護士たち——は文書によりこの決定に反対した。この代理業務の担当者であるパートナー弁護士は、これらの反対者が「追悼に際して銀行のとった最も忌むべき行為に対して強い憤りを感じており、代理するべきではないと強く願っている」ことを認めたが、この反対意見を却下した。その結果やはり、クレディ・スイスを弁護するための膨大な量の日常業務を担わなければならなかったのはパートナー弁護士ではなく、クラバスのアソシエイト弁護士たちであった。

そのような問題のある依頼者を引き受けるのに、何がクラバスやウィルマーを引きつけたのかを明らかにすることは困難である。最悪の刑事被告人にも劣らないクレディ・スイスであったとしても、すべての依頼者には弁護士の援助

を受ける権利がある。しかし、典型的な刑事被告人と異なり、スイスの銀行は考えられる最善の弁護士を獲得するため必要であれば、いくらでもお金を支払うことができた。そして、典型的な刑事弁護人と異なり、大規模法律事務所のアソシエイト弁護士は事務所がどのような依頼者を代理するのかの決定に口をはさむことは許されなかった。

　最も重要な事実は、大規模法律事務所にとって、大きな企業体となることが第一であり、専門職業人の共同体であることはその次であるということである。ニューヨーク市のオンブズマンであるマーク・グリーンによれば、影響力のある法律事務所が強力な依頼者の代理人として公益に反する方向でロビー活動を行う場合、その弁護士はロビー活動を「個人的な選択の問題として行うのであり、決して専門職業人としての抑えがたい衝動に基づくものではない」。彼は、初期のラルフ・ネーダー支持者であったときの1975年、ウィルマーとカトラーを批判する際にこう書いた。カトラーのような弁護士はその代理を引き受けることの「公衆に及ぼす影響について判断」すべきであり、そのような依頼者に助言を与えることの道徳的な責任を引き受けるべきであると彼は主張した。今日でも、それは真実であるというべきだろう。

　確かに、クレディ・スイスの代理を引き受けたウィルマー・カトラー及びクラバス・スウェインについて、多くの弁護士は同様に「理解できない」と言った。「依頼者がきちんと料金を払うから車を停めなければならないという訳ではないでしょう」とウィリアム・クンスラー法律事務所のアソシエイト弁護士であるロナルド・カービーは、自らをタクシー運転手と区別しながら、こう述べた。

　反対する声はこれだけにとどまらない。『アメリカン・ロイヤー』のオンラインサービスである『弁護士コネクト（Counsel Connect）』上で、この問題につき、国中の弁護士が議論を展開した。ある者は「事件を引き受けた以上、弁護士は誰でもすすんで『自らを完全に依頼者と同一視』しなければならない」と主張した。彼はジャベツ・ストーンを代理したダニエル・ウェブスター（訳注：アメリカの下院議員、上院議員の後に国務長官を務めた。アメリカ史上最も偉大な上院議員5人〔Famous Five〕の一人）に関するスティーブン・ヴィンセント・ベネー（訳注：アメリカの詩人、作家）の有名な物語（訳注：「悪魔とダニエル・ウェブスター」。経済的な援助と引き換えに悪魔に魂を売る契約をした貧しい農夫シャベツ・ストーンの代理人となった実在の政治家・弁護士ダニエル・ウェブスターが、契約の無効を訴え、悪魔に対して陪審員訴訟を起こすという物語）を引用した。その物語では、ウェブスターはストーン

の魂を守ろうと努力することは自らの魂を守ろうとすることと同じだと認識していた。モンロー・フリードマン教授は「私たちは誰も引き受けようとしない事件を引き受けた弁護士をもてはやすが、私たちは「良心に基づいて依頼者を拒絶する弁護士」についても、同様に、賞賛すべきである」と書いている。

　一方、ワシントンDCにある別の法律事務所はウィルマー・カトラーのそれとは異なったアプローチをとった。アーレント・フォックス・キントナー・プロトキン・アンド・カーン法律事務所はヨーロッパのある保険会社から代理人となることを依頼された。その保険会社はホロコーストで亡くなった人の親族から請求された生命保険金の支払いを不当に拒絶したとして訴えられていた。原告は「保険証書に基づく支払いを請求したとき、保険会社は、保険証書原本がない、あるいは、有効な死亡証明書がないといった理由で請求を拒否したが、それは、死の収容所の現実を考えれば不可能なことを強いるものだ」と主張していた。依頼者に同意するのではなく、アーレント・フォックスは誰でも参加できる法律事務所全体の会議を開催した。その会議での活発な議論の後、事務所の経営委員会は全員一致で、この事件の代理を引き受けないことを決めた。

　アーレント・フォックスのとった行動が注目に値するのは、会議が開かれたからではなく、その対応が弁護士業界では極めて異例だったからである。現代のアメリカにおける大規模法律事務所の経営は、実際上、はってでもずってでも、あるいは官憲に追跡されていようとも事務所を訪れるすべての依頼者を引き受けるという決定を意識的に行うように求めている。『アメリカン・ロイヤー』と『ナショナル・ロー・ジャーナル』に掲載された報告書によれば、近年、我が国で最も裕福な法律事務所の一つである370人の弁護士を擁するクラバスの場合、パートナー弁護士一人当たりの年間の総売上は250万ドル以上であり、パートナー弁護士一人当たりの平均利益は100万ドルを超えている。また、250人の弁護士を擁するウィルマー・カトラーの場合、パートナー弁護士一人当たりの総売上は100万ドル以上であり、パートナー弁護士一人当たりの実利益はその半分の50万ドルである。

　「大きな法律事務所に所属する弁護士の給与を5％削減しても彼らはやっていけると私は考えている」と、ABAの前会長であり、かつ、フロリダで最も大きい法律事務所であるカールトン・フィールドの上級パートナー弁護士であるウィリアム・リース・スミス・ジュニアは語る。スミスは、1996年に法律の分野における専門家気質をいかに再活性化するかについての報告書を著した

ABA委員会の委員長を務めていた。

　法的な実務作業の多くは、法律事務所に雇用された弁護士、すなわちアソシエイト弁護士によって行われる。一方には、若い男女が金銭的に非常に恵まれた状態にある。彼らは驚くほど高い給与を得ている。ニューヨークのクラバスに所属する24、5歳の新人弁護士の場合で年俸8万5000ドル、若干物価の安いワシントンDCのウィルマー・カトラーの新人弁護士の場合でも7万4000ドルである。他方では、多くのアソシエイト弁護士が自らの生活をほとんどコントロールできていない。両方の世界で、多くの弁護士は最悪の境遇にあると感じている。すなわち、自分が代理することになる依頼者を自ら決定する権限がないのに、たとえ気に食わない依頼者であってもその依頼者の利益を実現するために必要な最大限の熱意を求められるということに。

　刑事弁護人と同様に、若きアソシエイト弁護士がひとたび事件を割り当てられたならば、その弁護士はその依頼者をできる限りの熱意をもって代理することが求められる。少なくとも事務所のパートナー弁護士が満足するまでそれが求められる。法曹倫理の権威者であるニューヨーク大学のスティーブン・ギラー教授は、こうした環境の下でアソシエイト弁護士がなすべきことについて次のように述べている。「弁護士は、それが適法であり、懲戒あるいはそれと同様の制裁をもたらさない限り、それが何であれ、最もよく目的を達成できることは何でもするようにと教えられる。これが『熱心な弁護』の意味することである。……依頼者の自律性と法を通じて目的を達成する依頼者の権利が要求するのはそのことに他ならない。……弁護士の個人的な倫理についてはどうか？　多くの法律事務所の見解では、いったん依頼者の代理を引き受けたならば、そのようなものは存在しない」。

　シャロン・チャウがレイノルズのための意見書をどのように作成しようかと考え始めた時、彼女はこれらすべての事情を考慮しなければならなかった。彼女は疑いもなく、彼女が負担している学資ローンの4万ドルの残債務とまだ幼い二人の子供のことについても考える必要があった。こうした状況の下で道徳的に正しい決断を下すことは困難な課題であった。

　おそらく、シャロンが直面していた最大のプレッシャーであり、そして多分、大きな法律事務所のアソシエイト弁護士の昇進にあたって最も影響のある要因

は依頼者に費用請求できる時間数である。シャロンの事務所では、彼女が実際に依頼者にタイム・チャージとして請求できる時間として年間1950時間働くように期待していた。この時間には、研修のためのゼミナール参加、営業開発、その他の直接対価関係に立たない仕事の時間は含まれない。シャロンの初任給は7万5000ドルである。事務所は彼女の労働につき1時間当たり150ドルを依頼者に請求するので、事務所にとって彼女はほぼ30万ドルに値する。健康保険、その他の福利厚生費及び補助職員の経費を計上した後でさえ、法の世界におけるシャロン・チャウという存在は、法律事務所にとって大きな利益をもたらす利益センターであった。

時間制による活動顧客勘定は法律事務所が行うサービスの価値を正当化するための改革として始まり、それは依頼者が何に対して対価を支払っているのかを理解するうえでも役に立った。1960年代まで、弁護士は、完了した仕事について、「専門的なサービス料：500ドル」あるいは「スミス対ジョーンズ事件の文書作成準備費用：1500ドル」などのように、単に総額だけを書いた請求書を依頼者に送付していた。依頼者は通常その金額を支払い質問することもなかった。州によっては、請求金額の割合を標準的な法律実務に対応する固定価格として提示する弁護士会もあった。しかし、1975年に、アメリカ合衆国連邦最高裁判所が、この取扱いは反トラスト法に違反するとしたため、姿を消した。

1960年代の消費者意識の高まりに伴い、依頼者は何に対して対価を支払っているのかについてより多くの情報を求めた。1950年代及び1960年代に自動料金算定システム及びそれに続いて登場したコンピューター化された請求方式が利用されるようになって、法律事務所は、事件名、稼働時間、活動内容、どの弁護士が持ち込んだ事件か、どの弁護士が担当する事件か等々を容易に特定できるようになった。すぐに、法律事務所は一人一人の弁護士に対し時間単価を割り当て、個別事件につき弁護士が費やした時間をコンピューターで計算することによって、依頼者に対しいくら請求するかを容易にはじき出すことができることを知った。依頼者も自分たちが何に対して支払っているのかを理解することがより容易になった。

しかし、時間による課金制度（タイム・チャージ制）の明白な利点は間もなく失われ、そのやり方は次第に濫用されるに至った。今日では、この「改革」はしばしば依頼者の利益に反して用いられる道具になっている。証拠開示をめぐる戦いが長期化し延々と続く消耗戦が行われる場合、弁護士はより多くの時間給

を請求できる。30年前であれば2週間で済んだ事実審理が4カ月もかかるようになり、弁護士は数10万ドル、いや100万ドル以上の請求をするまでになった。ABAの定期刊行物である『ABAジャーナル』の1995年の記事は、法律事務所が「熱心な弁護という標語」をタイム・チャージ制の正当化のために用いていると述べている。「タイム・チャージ制が多くの法律事務所の財政的なエンジンであるとすれば、熱心な弁護の義務はそのアクセルである」と。一例として、あるワシントンDCの匿名の弁護士は、彼の部下に対して「もし君がこの法律事務所で成功したいならば、君は費用の請求方法を学ばなければならない。それから、君はもう一度費用を請求し、可能ならば、もう一度費用請求することだ」と言った。また、アラバマ州のカンバーランド・ロー・スクールのウィリアム・ロス教授は「タイム・チャージの時間を積みあげることに対する盲目的な信仰」を弁護士は発展させたと述べている。

　最も極端な例を取り上げて濫用が広く行き渡っていることの証明だと主張することは易しい。しかし、信じられないような費用請求の濫用事例が余りにもたくさんあるので、その中から最も極端な例を選び出すことは難しい。おそらく最もよく知られている最近の例はウェブスター・ハベルの事例であろう。彼はアーカンソー弁護士会倫理委員会の前委員長であり、かつ、リトルロックで高名なローザ法律事務所の経営弁護士であったが、クリントン政権の司法省のナンバー3の地位から刑務所に行くことになった。ハベルは彼の依頼者および彼自身の法律事務所から39万4000ドルを窃取した罪で有罪とされた。すなわち、彼は全く稼働していない時間について依頼者に対し費用請求をしたうえ、個人的な費用を仕事に関連したものであるとして請求していた。その費用の中には、ビクトリア・シークレット店と毛皮サロンでの購入品が含まれていた。

　ハベルだけが唯一の例というわけではない。目に余る過大請求の別の実例として、4年間に渡って、平均して1年間当たり5941時間を請求した高名な大法律事務所に所属する著名なシカゴの弁護士の例がある。これは1年を365日として1日当たり平均16時間20分となる。この弁護士は「4年間1度も休暇を取らなかった」と主張した。しかし、どんな弁護士でも、法の改正について学ばなければならないし、事務所会議にも出席しなければならないし、依頼者と連絡を取り営業活動を維持・発展させなければならない。すべての時間を依頼者に対して費用請求できる時間に置き換えることは不可能だ。長い間、フィラデルフィアの開業弁護士であり、最近、教師に転身したカール・ボーガスによれ

ば、最大、仕事時間の70％が依頼者に対して費用請求できる時間とする「推定基準」をこの弁護士に適用して時間を計算したところ、「この弁護士は1年365日として1日当たり23時間20分を仕事のために必要とし、自宅と事務所を往復するに足る時間を差し引いたら家に入る時間はなかった」という。にもかかわらず、この弁護士の同僚であるパートナー弁護士は、匿名の情報提供者が報道事件記者にこの弁護士の時間給請求書を渡すまで、一切沈黙していた。

　時間による費用請求の濫用は、決して大規模法律事務所についてのみ見られるわけではない。報道によれば、カンサスの小さな法律事務所の弁護士は州の労働者損害賠償基金に対し10日間につき1日当たり平均33時間分を請求していた。ある会計監査人は、南カリフォルニア州の弁護士が一人の依頼者に対し勤務日あたり50時間分を請求していたことを、また、ニューオリンズの法律事務所が1行に相当する文字数につき4時間分の費用を日常的に請求していたことを見出した。

　このような極端な事例にもかかわらず、弁護士が——ホワイトウォーター事件（訳注：クリントン元大統領がアーカンソー州知事時代に、不動産開発会社『ホワイトウォーター』を経営、不正土地取引や不正融資を行ったという疑惑。ウェブスター・ナベルはクリントン政権の司法次官で、アーカンソー州最大の法律事務所のパートナー弁護士として、ヒラリー・クリントンの同僚であった。）の捜査から発覚して起訴された明白なハベルのような有名な例外もあるが——タイム・チャージの濫用につき処罰されることは極めて稀である。ローリーの破産専門弁護士マーク・カービーは不当請求の詐欺16件の訴因で連邦裁判所に訴追された。別の犯罪の中に、彼が1日あたり90時間を請求していた事例があった。1990年6月から1991年7月までの13カ月間、1日当たり24時間、1週間を7日として計算すると9500時間にしかならないのに、カービーは合計1万3000時間を時間給として請求していた。しかし、カービーの裁判は評決不能となった。彼の抗弁は「皆やっている」というものであった。

　カービーは最終的には一つの訴因について有罪を認め、15カ月の懲役刑の宣告を受けた。ハベルは21カ月の懲役刑を受けた。しかし、アーカンソーの前最高裁判所判事であった一人は「過大請求という詐欺は一般的に行われており訴追されることは稀なので、ハベルだけを処罰することは不公正である」と論じた。確かに、「皆がやっている」という正当化理由は法律家の世界では広く用いられている。「問題は一人の弁護士の行動にあるのではなく、法律事務

所の行為である点にある」とボーガス教授はいう。もし弁護士が「複数の仕事」を同時に行うことで、同一の時間を2人、3人、あるいはそれ以上の依頼者に請求することは倫理規則に違反しないから許されると考えているならば、あるいは、実際に行った仕事の時間に比して法的サービスの「価値」の方がはるかに凌駕する場合に、その「価値」を時間給として請求できると考えているならば、カービーのような弁護士は、必然的な結果として、これからも現れてくるだろう。

　1991年、ロス教授は開業弁護士280人と企業内弁護士80人を対象に調査をした。その結果は衝撃的だった。開業弁護士の8人中7人が最初の依頼者のために行った仕事を「再利用」して別の依頼者に費用を請求することは倫理的に許されると答えた。同じ時間帯に行った仕事につき異なった二人の依頼者に費用請求すること、たとえば、ある依頼者のための出張中に別の依頼者のために聞き取り書きを作成するような場合、双方の依頼者に費用を請求したと半数の弁護士が述べた。同様に衝撃的だったのは同僚弁護士の時間給請求の実際についての結論である。55％が、同僚弁護士において、時々、あるいは頻繁に請求すべき時間を「水増し」していると回答した。また、64％が、同僚弁護士において費用請求を水増ししているのに気づいていたと回答した。企業内弁護士の方の調査結果はいっそう明白であった。80％以上が、外部の弁護士においてどれくらいの時間を事件に費やすかにつきタイム・チャージ制が影響を及ぼしていると感じていた。そして74％が、タイム・チャージ制が効率的に働こうとする弁護士の意欲を大いに減殺していると感じていた。

　サンフランシスコの弁護士ウィリアム・ワイヤーは弁護士の費用請求に疑問を持つ依頼者の相談を受けている費用問題の専門家であるが、彼は「事件を扱うにあたって、積極的であると同時に効率的であることは**可能だ**」という。「この問題は一つの簡単な問いに要約できるでしょう。すなわち、その法律事務所は依頼者の最大の利益のために行動していますか？――依頼者の利益を法律事務所の利益よりも先に考えていますか？」答えが肯定であれば、弁護士は誠実かつ公正に費用を請求している。答えが否定であれば、彼らは過大請求をし、発覚を免れている。ロス教授がいうように「費用の過大請求は追跡することが非常に難しいがゆえに完全な犯罪である」。

　多くの弁護士が同僚の不正に目をつぶる結果、それを探知することはより困難を極める。カトリック大学のリサ・レーマン教授は、不正請求を行うパー

トナー弁護士に不快の念を抱く多くの弁護士に対して、こう語った。「しかし、彼らはそれに同調している。なぜなら、彼らがそれに対して何か行動を起こすことは職業的な自殺行為であると見ているから」。そして、法律事務所が大きくなればなるほど、その濫用はより発見されにくくなるのである。

　法律事務所は日常的に時間給の対象となる時間数を高水準に保つために、多くの異なったテクニックを用いる。最も簡単で最も広範に用いられているテクニックの一つが二重請求である。たとえば、ある依頼者のために飛行機で移動している弁護士は機内で別の依頼者の記録を読んで仕事をするのである。弁護士は依頼者双方に時間給を請求する。その理由はこうだ。依頼者Aはたとえ弁護士が映画を観ていたとしても時間給を支払わなければならないから、仮にその映画が1987年のくだらない『イシュタール』（訳注：ウォーレン・ベイティ、ダスティン・ホフマン主演のコメディ映画。映画評論家は駄作と酷評した）であったとしても、Aは文句をいうべきではない。そして、その弁護士は映画を観る代わりに依頼者Bの事件につき働くことを選ぶこともできる。Bも文句をいうべきではない。なぜなら、弁護士は完全にBの事件記録に集中しているからである。しかし、最後に、弁護士は4時間の飛行時間につき別々の二人の依頼者に対し合計で6、7あるいは8時間分の対価を請求するのである。弁護士が二人の依頼者間で負担すべき時間給の割合を分割しない限り、この法の世界の錬金術は4時間という時間を8時間の費用請求が可能な時間に変えてしまうのである。ABAは「弁護士が1時間につき費用請求上合計して1時間以上の時間で請求することは明らかに倫理規則に違反し許されないが、依頼者の同意を得た場合はこの限りではない」という公式意見を発表した。しかし、依頼者が弁護士から同意を求められることはほとんどないし、依頼者同士が互いによく知っているのでない限り、その行為を行っている弁護士を現行犯で捕捉することは困難である。

　飛行機の例はまだそれなりの根拠を持っている。特に、一人の依頼者が弁護士の出張旅費を定額で払っている場合はそうである。しかし、弁護士の中には、論理的には説明できない極端な二重請求を行っている者もいる。ある種の裁判所——たとえば、家族法、遺言検認、労災補償、破産など——では、同じ日の開廷表にいくつかの事件の定型的な口頭弁論を入れることがよく見られる。30分の間に3件ないし4件の短時間の口頭弁論をすることは可能である。もし弁護士が、どのような口頭弁論についても最低1時間分の費用を請求するな

らば、30分につき3ないし4時間の時間給を請求することができるのである。また、ある者は——特に大口顧客の場合——法廷に出頭する移動時間についてもそれぞれの依頼者に費用請求している。そのうえ、さらに自動車で移動中に聞き取り書きを作成したとして別の依頼者に対しても請求するのである。

　二重請求の新しく編み出されたやり方は、弁護士が「価値請求」と呼んでいるものである。すなわち、弁護士がその仕事を完了するのに要した時間にかかわりなく、そのサービスの合理的な価値を考慮した金額を請求する場合である。これは、既に弁護士が特定の争点について調査をしていたり意見書を作成していたりした場合、その成果を再利用し「割り引いた割合の」時間給として請求するというものである。たとえば、その仕事に最初30時間かかったとするならば、2番目の依頼者には15ないし20時間分「だけ」の費用しか請求しないことを意味する。たとえ、その再利用およびアップデートに要した時間が1、2時間しかかからなかった場合であったとしてもである。レーマン教授はある弁護士が次のように自慢するのを聞いてショックを受けた。依頼者がその弁護士に質問をし、弁護士がその答えを既に知っている場合、彼はその回答を膨らませて立派な文書に仕上げて10時間相当の時間給を請求すると言ったのである。

　弁護士の中には、個々の事件の出廷につき最低1時間の時間給を請求する者がいるが、彼らは分を時間に変えるマジックを使っているのだ。どのような行動に対しても10分とか6分という単位ではなく最低15分を請求する弁護士は、6秒単位で計算をするのではなく1分単位で費用を請求する電話会社によく似ている。数分間分を余計に費用請求されても長期にわたる仕事の場合にはさほどの影響はない。しかし、短時間の作業では大きな違いをもたらす。ある弁護士が相手方の弁護士と話をしようとして1日に2度3度と音声メッセージを残したとしよう。この場合、一時間の10分の1の割合で費用請求することは確かに正当化される。しかし、弁護士の中には、午前9時、正午、そして午後3時半の3回音声メッセージを残した場合、それぞれの伝言は違った時間になされた「時間記録」であるとして、それぞれの電話につききっちり15分間相当の費用請求をする者がいるのである。これら3回の伝言はおそらく3、4分間の仕事であるが、今や45分間に「相当する」時間になるのである。同じようなことを毎日定期的に繰り返してこれを増幅してみよ。そうすれば、どうして弁護士が1日当たり24時間以上の費用を請求できるのかの理由も明らかとなろう。

　多くの法律事務所は可能な限り費用を上乗せして依頼者に請求する。コピー

の費用は1頁当たり約2セントであり、商業用自動コピー機を使用すれば数ペニーしかかからないにもかかわらず、FAX1枚につき2ドル、コピー1枚に25セントを請求する法律事務所は珍しくない。法律事務所の中には、コピーおよびFAXのための印刷室を、利益を生み出す「利益センター」と考えるところすらある。大手の法律事務所では、コンピューターを利用したオンライン調査、電話連絡、さらには通常の秘書による補助業務についても定期的に追加料金を加算している。ある依頼者は彼の所に届いたインボイスにHVAC（訳注：heating ventilating air conditioning の略。冷暖房空調設備費）の文字があるのを見て驚いた。その意味は事務所の光熱費の「一部」を負担することであったからである。クラバス・スウェイン・アンド・ムーア法律事務所の上級パートナー弁護士のトーマス・バーは、1992年の『ナショナル・ロー・ジャーナル』の中で、依頼者に対する費用請求が「いんちき」であることをあからさまに語った。「もし、あなたが私に対してある費用を支払わないのであれば、私はあなたに別の費用の名目でもっと請求するでしょう」。ここでも、ABA倫理委員会の公式見解は「法律業務に伴う実際のコストを過大に請求することは倫理規則に違反するが、依頼者の同意があればこの限りではない」と述べている。事実上、ABAは法律事務所がすべての費用削減を依頼者に転嫁することを求めているのである。

　弁護士の費用請求に対する姿勢が大規模法律事務所のビジネス優先の思想と結びつくと、方法の如何を問わず——たとえ、それが偽もう行為を意味しようとも——タイム・チャージ制のノルマを達成するためにシャロン・チャウのようなアソシエイト弁護士が受けるプレッシャーは大きなものとなる。費用問題の専門家であるワイアーは「要求水準を高く設定しすぎると、人を偽もう行為に誘導することになる」という。ワイアーは以前に大きな法律事務所のアソシエイト弁護士とパートナー弁護士であった経験に基づき、こう語る。「私は自分のやり方を維持し、営業活動を発展させ、事務所の他の要求を満たしつつ、年間1800時間の請求可能時間のノルマを達成するために何をしなければならなかったかを知っている。自分自身を殺すことだ。1週間当たり6日あるいは6日半、1日当たり9時間から10時間働くこと、それを私は無理をして2カ月から3カ月間行うのがやっとだった。だから、毎年決まって2200時間を請求している人がいるが、私はその弁護士が不正を行わずにどうやってそれを達成しているか理解できない」。ワイアーは、事務所が請求時間数を勤務評定の基

第4章　頭に拳銃を突き付けられた若手弁護士

99

準とした場合、事務所は「仕事の質は気にしなくてよい」という明確なメッセージを発することになるという。

アソシエイト弁護士が十分な時間給の請求をしないと、すぐに事務所の上司からそれを指摘される。「私はいつも請求時間が足りないと叱られていた」とハーバード・ロースクールの教員リチャード・ゴードンは『ロッキー・マウンテン・ニュース』に語った。「私はこう言われました。『クソするときも、常に依頼者のことを考えろ』とね」。

新しいアソシエイト弁護士が事務所に来ると、彼らはすぐに時間給の請求の仕方を教えられる。法律文書の作成の仕方を教えられるよりも前に、である。法律事務所の中には、新人弁護士が請求する時間給をいかに依頼者に受け入れさせるかを教育するために「費用請求セミナー」を開くところもある。私たちの知人である女性弁護士は事務所運営を担当するパートナー弁護士から受けた助言を思い出した。それは「依頼者は余計な時間について疑いを抱くので、たとえ秘書がコンピューターではじき出した時間であったとしても3.0時間よりは3.1時間というように端数を伴った時間で請求するように。なぜなら、その方が、依頼者が進んで支払うから」というのだった。

若い弁護士は、時にはそれと矛盾するメッセージを受け取ることがある。ニューヨークの大手法律事務所に勤める若いアソシエイト弁護士は、「いんちきな費用請求は犯罪を構成する」と新米弁護士に警告する内容の法律事務所主催の厳しい研修プログラムを紹介している。しかし、依頼者に請求可能な時間のノルマをみれば、同じ事務所が別のメッセージをも発信していることが分かる。「請求せよ！」「私たちには舞台の声と脇でささやく小さな声が聞こえていた」とこのアソシエイト弁護士は語っている。

アソシエイト弁護士は言われたことに対し熱心に注意を払う。なぜなら、彼らの給与、まさに彼らの仕事が費用請求に依存していることを知っているからだ。法律事務所は、新しくアソシエイト弁護士を雇うときには、しばしば請求可能時間のノルマを緩和する。そして、中には「公的な」要求水準はないと主張する法律事務所もあるが、ひとたび雇用された弁護士が仲間に加わるや事務所は依頼者に請求可能な時間のノルマを強く押し付けるのである。そして、多くの法律事務所は「年当たり1850時間から2000時間が要求基準である」と主張するが、その数字は最低限度でしかない。パートナー弁護士の側では、将来を嘱望される弁護士はそれよりはるかに多い時間を請求することを期待している

のである。

　法律事務所の環境に適応して生き残れる弁護士はその事務所の「文化」に順応できる弁護士である。それぞれの法律事務所の文化は固有のものである。法律事務所は得意分野、つまり他の事務所から一歩抜きんでる方法を求めている。費用請求の仕方はこの文化を形作る一つの方法でしかない。法律事務所の文化はその独特の雰囲気、その伝統、その中核となる価値と結びついている。この基本的価値には、事務所の顧客層についての方針、あるいは、相手方に対する事務所の行動の仕方が含まれる。同様に、この価値には当該事務所が「所属する」地域社会に対してどのように関わっているのか、当該事務所が金を稼ぐことにどの程度焦点を合わせているのか、逆に言えば、「生活の質」の論点——パートタイムの協力関係から育児休暇の考え方に至るすべて——をどれくらい考慮しているのかを含んでいる。

　究極的には、法律事務所はその公的な活動及び事務所内部の行動の仕方によってその文化と価値を示している。事務所のパートナー弁護士が語る内容、彼らの行動は若い弁護士にとって重要なヒントとなる。パートナー弁護士が顧客とどのように接しているのか、大金が関わっている事件の依頼者であるから進んで引き受けているのか、どれくらい熱心に顧客を代理しているのかなどすべてが法律事務所の文化を明確化するのに役立つ。

　また、アソシエイト弁護士に対する扱い方もその法律事務所の文化を特徴づける。多くの法律事務所は、はっきり言って、若い弁護士に対しては、体力の限界まで利益をもたらすエンジンとなること以外の価値を見出してはいない。リーガル・コンサルタント事務所ヒルデブラントの副代表であるジョエル・ヘニングによれば、「法律事務所によっては、アソシエイト弁護士に対し、彼らがパートナー弁護士に至るコース上にいることを理解させる努力をほとんどしないところもある」と言う。「それは、サラブレッド競走馬に大金を投資し、その後、ボロボロの馬屋に入れて最低の餌を食わせているのに似ている」とヘニングは『ワシントンポスト』紙に語っている。

　「複数のアメリカの大手法律事務所が中国に移転しているという記事を読んだかい？」と、1997年6月版の業界漫画『J.D.』（訳注：風刺漫画家J.D.Croweによる時事風刺漫画）の中で、あるアソシエイト弁護士がもう一人のアソシエイト弁護士に尋ねている。「信じられない！」と同僚が答える。「君は奴隷労働者や……一人っ子政策の家族によって成り立っているあくどい独裁政治について話しているね。

101

大衆は大きな車輪の歯車でしかなく、指導者層のエリートがこれ以上使えないと判断するまで昇進の希望もなく毎日働いているのさ！　そして、……」と二番目のアソシエイト弁護士が続けた。「中国もかなり酷いと聞いたよ」。

　法律事務所は、時間給のノルマ達成についての評価以外は新米弁護士の要望を吸い上げるような配慮をほとんどしないか、全くしない。年に1回の評価はわずか30分で終わることがよくある。アソシエイト弁護士は評価結果を恐れるが、彼らは仕事の質にまで踏み込んだ評価を得ることはほとんどなく、依頼者に対する費用請求の話ばかり聞かされる。――どれくらいの時間数を依頼者に請求したか、請求書を依頼者に送付する前にどれくらいの回数、パートナー弁護士がそのアソシエイト弁護士の非効率性につき「記録した」かを。多くの法律事務所は、改善を勧告されたアソシエイト弁護士が辞めて他の事務所に移ることを心配する。それは、訓練した費用請求マシーンに辞められることは事務所にとっては損害となるからである。その一方で、成績を上げている期待の星には近い将来パートナーとなる可能性の期待を抱かせ続けなければならないだ。今日の法律ビジネスの世界では、パートナーシップの提供は決して確実なものとみられてはならないのである。

　法律事務所は若い弁護士に事務所の中核的価値を繰り返し教え込むために様々な努力を払っている。しかし、よく行われている「サマークラーク」、すなわちその事務所に採用を希望するロースクール学生のインターンに対する豪華な夕食会は、法律事務所を最高に宣伝する場ではあるものの、ワインとディナーにありつける機会以上のものではない。法律事務所はすべての被雇用者の「絆を固くする」ための機会として修養期間や年次総会などを企画する。それらの代わりに、飲酒、ゴルフ、賭け事といった金のかかる特別な予定が週末に組まれることもよくある。そして、経営会議では事務所経営の健全性や新規事業開拓に焦点があてられる。一般的にいって、新しい方向性や哲学、あるいは最終損益目標額以外の高尚な目標などが考慮され、創造される機会はほとんどない。

　法律事務所の中には、若い弁護士のために先輩の弁護士ないし外部のコンサルタントが仕事の仕方を教える機会を提供するところもある。いくつかの事務所では、上級パートナー弁護士がアソシエイト弁護士のためのモデル役を務め、真剣に指導者の役割を担っている。この訓練や指導は、それが最終損益という価値を超えてなされるならば、新米弁護士にとって非常に大きな助けになるだ

ろう。しかし、パートナー弁護士は自分自身の将来と自らに課せられたノルマを達成するのに精一杯なので、徐々にアソシエイト弁護士のために意味のある援助が提供されることは例外となり、原則とはなっていない。

　つい最近まで、多くのパートナー弁護士は「働き蜂」であったのであり、事務所の数少ない「商売上手なトップ弁護士（rainmaker）」——事務所経営を一手に引き受け事件を開拓するパートナー弁護士——によって持ち込まれた事件を一生懸命に処理してきたのだ。しかし、1980年代後半に事態は変わった。この時期、「自己中心主義の世代」の行き過ぎがアメリカの法律事務所にも浸透し始めた。パートナー弁護士は、もはや年功に応じて給与が支払われるのではなく、弁護士だけに通用する考え方——いわゆる「自助努力（eat what you kill）」の考え方——に依拠して支払われることになった。パートナー弁護士は自分自身のために持ち込む仕事をより多く獲得することとなり、その結果、多くの事件を獲得すればするほど、その弁護士と配下のアソシエイト弁護士の「チーム」が依頼者に対し多くの時間給を請求でき、多くの給与を得ることとなった。次第に、法律事務所は多数の「顧客リスト」を持つパートナー弁護士の引き抜き——他の事務所のパートナー弁護士のヘッドハンティング——をするようになった。こうしたパートナー弁護士は、しばしば配下のアソシエイト弁護士をも連れて行ったので、事務所内部で誰がその仕事を担当するかについて競争をもたらすこととなった。

　その他、法律事務所の中には、合併し、市場の拡大や新規分野への進出を果たし、あるいは、大企業のあらゆるニーズに応える総合法律事務所になったところもあった。しかし、合併については以前から指摘されていたとおり、「七面鳥を丸ごと飲み込むことはできるかもしれないが、それを消化できるか？」といった問題があった。最初は、虹のふもとにある金を手に入れられるという思いに目がくらんで、法律事務所は異なった文化および基本的価値観の違いを考えずに合併をした。すべてではないが、これらの合併のかなりが失敗するか、不満を抱く弁護士の広範な離脱を招くか、という結果に終わった。新しいパートナー弁護士は、法技術を駆使する能力には長けているが給与を支払いすぎていると考えている「古株」を排斥した。古いパートナー弁護士は彼自身の顧客リストについて新しいパートナー弁護士が何を考えているかに疑心暗鬼となり、より高い価格を提示する競争者に丸ごと自らを売却することを考えているような新しいパートナー弁護士と対立した。

法律事務所の文化についてよく書いている前ABA倫理委員会委員長のローレンス・フォックスは「パートナー弁護士の移籍や合併が、法律事務所の健全で倫理的かつ道徳的な環境に対して最も悪い影響を及ぼすことがある」と述べている。彼はこのジレンマについても指摘している。すなわち、弁護士の事務所に対する忠誠心が失われるにつれて、事務所に対する依頼者の忠誠心も失われていくのである。

　法律事務所が回転ドアのように出入りの激しい組織となり、そこで、価値観や伝統よりも自由市場経済や「最近、君は私に何をしてくれたかね？」という質問が幅を利かすようになれば、通常、食物連鎖の末端に位置するアソシエイト弁護士が最も大きなプレッシャーを感じることになる。我が国で最もアルコール依存症の割合が高いグループの一つが弁護士である。端的にいえば、多くの弁護士が働きすぎている1990年調査の対象となった弁護士の半数が1カ月当たり200時間以上働いたと報告した。「非常に満足している。」と回答した開業弁護士の数は1984年から1990年までの6年間で20％も減った。確かに、例外——事務所の基本的価値に最終損益と同様に被雇用者及び地域に対する福祉をも取り込んでいる法律事務所——もある。しかし、法曹界に生きるシャロン・チャウのような弁護士の多くにとって、現実は狭量な価値観しか持たない法律事務所なのである。

　現代のアメリカの法律事務所の生き方を変えることは生易しいことではない。フォックス、前ABA会長のスミス、費用問題の専門家ワイアーを含む多くの者にとっては、解決策は単純であるように思える。それは「法曹がビジネスではなく専門職である原点に回帰しなければならない」ということである。ワイアーが言うように「確かに、弁護士は見苦しくない生活をするべきであろう。しかし、私たちは金儲けのためのビジネスに従事しているのではない。私たちは人々を助けるためのビジネスに従事しているのだ」。この「解決策」は、理論上は簡単だが、いざそれを実行しようとすれば捕まえどころがない。スミス率いるABAのプロフェッショナリズムに関する委員会はこの論点につき数年に及ぶ研究を行ったが、結局、変革のための明確で簡潔な処方箋を示すことはできなかった。

　よりマシな解決策は依頼者の方からやって来るかもしれない。依頼者はもはや、昔からの法律事務所に対し忠実ではない。かつて各家庭に家庭医がいたよ

うにはいかないのだ。1996年、弁護士ビジネスにおける倫理に関する作業部会は費用請求上の倫理を強調する内容の見解を公表した。次第に、大企業は企業内弁護士と外部の弁護士の費用を審査するために外部の会計監査を利用するようになった。今日の大企業は一つないし二つの法律事務所を雇用するのではなく、むしろ複数の法律事務所を雇用している。期待に添わない事務所は解雇されるし、費用請求で不正を働く事務所は監査の対象とされ、場合によっては訴訟を提起されることになろう。

　法人である依頼者も費用請求の方法の改善を要求して反撃に転じた。そして、多くの弁護士は依頼者を失いたくないので、その要求に応えている。依頼者の中には、時間単位で支払えない依頼者のために、かつて用いられていた支払い方法である、達成した仕事の割合を基準に弁護士費用を支払うことを合意したり、それを要求する者すら現れてきた。その他、弁護士と依頼者とが成果あるいは「価値」に対する報酬請求を合意する例があり、その場合には、法律事務所は実現できた結果について特定の総額のみが支払われることになる。また、今日、いくつかの保険会社は、定型的な事件については一律に定額を支払うことを主張している。こうした費用請求の方法は、長い間個人の依頼者を対象とした比較的小規模の法律事務所の定番であった。遺言や生存信託、事実関係に争いのない離婚、あるいは酔っ払い運転の刑事事件の弁護であれ、個人の依頼者はその費用につき「正確に自分が見ていること」を知りたいと考えていたからである。

　法律事務所は依然として大規模化しており、膨大な数の新しい弁護士がロースクールから輩出されてくることを考えれば、21世紀の法律業務の市場は買い手市場となるだろう。法的ビジネスの支配権を掌握したい依頼者は、法的サービスに対してどのように対価を支払うかを指図することができるようになるだろう。これは銀行や保険会社などの法人依頼者にとって容易であると同時に、平均的な個人の能力の範囲内にあるので、個人依頼者も売値を調べ歩きサービスの価値を強く求め、費用が明示された契約書や弁護過誤の場合の損害賠償の担保など合理的な保護を要求することができるようになるだろう。こうした競争的な市場の中で、法曹界にいるシャロン・チャウのような弁護士にとって、より難しい問題は「弁護士が明らかに間違っていると考えていることを依頼者が法的サービスとして要求する場合に、弁護士はそれを提供すべきなのか」ということなのである。

エピローグ
レイノルズ事件の意見書

　シャロンは、週末の前半、彼女の上司であり環境部門担当のパートナー弁護士であるポール・ホリーを捕まえようと努力した。彼女は、ホリーがシャロンに代わってレジーナ・ダーンとの間の仲裁をしてくれることを期待した。ポールなら、なぜシャロンが意見書を書くことに困難を抱えているかにつき、パートナー弁護士同士でレジーナに進んで説明してくれるだろうと考えたのだった。しかし、ホリーは休暇を取ってリュックを背負っての徒歩旅行に出かけており完全に連絡不能であった。シャロンは、週末の後半、ジョージ・レイノルズの希望と正直に仕事をしたいという自らの願いとを両立させる意見書を書こうと努力した。しかし、これは不可能であることが分かった。彼女はどうしても自分の意見をレイノルズの望むとおりに合わせることはできなかった。何度も草稿を書くたびに、彼女は自分の見解を限定したり、あるいは反対の見解を示している報告書とのバランスをとろうとしたりしたが、それでも売買を成立させるためにレイノルズ不動産が考えている内容には程遠いことを悟った。
　日曜日の夜まで、シャロンの心はかき乱された。彼女は、自分が正直に支持することができないのであれば、専門家としての意見書は書かないと心に決めていた。しかし、月曜日の朝にレジーナ・ドーンにそのことを告げたなら、彼女は職を失うこともありえた。月曜日、通勤の道すがら、彼女は一つの考えを思いついた。
　シャロンはレジーナの部屋に入るなり話し始めた。「レジーナ、まだ**あなたが**ジョージの望む意見書を欲しいというのであればあなたに渡すわ。でも、それは事務所に害を及ぼすと私は思うの」。それはどういう意味かとレジーナが聞き返してきたので、シャロンは話し始めた。「州がいずれトルザックを有害物質と言うのは間違いないと私が考えていることはあなたも知っているわね」。レジーナは「あなたの個人的な信念はここでは関係ないってことを、あなた理解しているでしょう？」と一蹴した。
　「それは分かっているわ」とシャロンは続けた。「でも、もし州が間もなくトルザックに関する規制を立法化したら、私が正しかったことになるわ。それを確信しているの。それから後は、買い手はレイノルズ不動産を相手に損害賠償

を請求し、場合によっては提訴すると思うわ。レイノルズは私たちの意見書を振り回して**私たちを信頼した**からだと言うと思うの。もし、レイノルズが訴えられれば、次は私たちの番よ」。

「ということは、ジョージは自分の不始末を隠すために私たちの意見書を得たいと考えているということ？」とレジーナは尋ねた。

「そうよ」とシャロンは答えた。「でも、あなたが彼のことを一番よく知っているわ。あなたならどう思う？」

「分かったわ。両方の意見を入れて意見書を書き直して」とレジーナは指示し、「でも、急いで。今日レイノルズにこれを渡さなければならないのだから」と言った。

「あなたならそうするだろうと思った」とシャロンは言った。「だから、両論併記の意見書を起案してきたわ」。

「すごいわ」とレジーナが言った。今や、緊張緩和の雪解けが始まっていた。

「ジョージのことは心配しないで。彼と交渉するわ。これが得られる最善のものだと彼に言うわ」。

シャロンは、この日新しい自信を得て退社した。彼女はこの数日間で多くを学んだ。彼女は自らの倫理を守り通した。彼女はレイノルズが望んだ意見書を書かなかったが、それを提供しなければならない事態をかろうじて回避したのが実際だった。シャロンは若干の可笑しさも感じていた。それは、事務所が危機に陥るかもしれないと説明した後、「依頼者の望むものは何であれ実現すべきだ」というレジーナの主張が180度変わったからだった。その一方で、既にシャロンは合法的にかなりの時間数を依頼者に請求していた。彼女は若いアソシエイト弁護士からパートナー弁護士に至る危ない綱渡りの方法を学んだような気がしていた。

第5章
アメリカ企業の内部で警告すること

法の世界にのみ存在する、見ることも触ることもできない人工の人間
——アメリカ合衆国連邦最高裁判所のジョン・マーシャル裁判長が1819年の判決の中で法人について記述した表現

企業の不正とは、私の考えでは、個人の罪業の現れである。
——1984年、連邦判事マイルズ・ロードが法廷でA・H・ロビンズ社の社長とゼネラル・カウンセル（法務最高責任者）に対して述べた言葉

誰が責任を取るのかと尋ねるなかれ。それは汝なればなり。
——メリーランド大学教授デイヴィッド・ルーバンの言葉。彼は、公衆の安全を守るために必要であるならば「警告を発す」べき弁護士の道徳的責務を論じた。

ジェス・バレンシアはナショナル・モーター株式会社 (National Motor Corp.) に17年間勤務している。彼は工学の学位をとって大学を卒業するとすぐにNMCに入社し、会社の試験的プログラムに応募して、昼間はエンジニアの仕事をしながら夜間は会社の経費でロースクールに通った。司法試験に合格した後、彼は会社の企業内法務部門であるゼネラル・カウンセル事務所 (Office of General Counsel　訳注：ゼネラル・カウンセルとは組織における法務最高責任者となる弁護士を指す。) に加わった。2度の昇進を経て、ジェスは3年前にゼネラル・カウンセル補佐の肩書をもらい、会社の自動車安全性委員会 (VRC: Vihicle Reliability Committee) に対して意見を具申する主席法務担当者の仕事を与えられた。VRCは主に、上級レベルのエンジニアと中間管理職である経営担当役員によって構成されていた。その委員会は上級経営陣の一員であり副社長のジョセフ・「バック」・パッカードが主宰し、会社内の安全委員会の機能を果たしていた。

ジェスはVRCとともに仕事をすることに喜びを感じていた。彼はいつも安全について関心を抱いていた——彼は自動車が本来的に危険なものであることをよく理解していた——ので、この仕事は彼の工学というバックグラウンド

とその関心を結びつける機会となった。仕事の大半は他のエンジニアがした仕事——デザイン企画、走行試験の証明、事故調査——を技術者の目で審査することであり、ナショナル・モーター車が会社と政府のすべての安全基準に合致していることを確認することであった。彼はナショナル・モーターのために働くことに誇りを感じ、会社内の経歴についても誇りを抱いていた。彼は会社内で、忠実な雇用者であるとともに車の安全性の唱道者としての評判を高めていた。

　ある日の午後、会社の内部監査人 (internal auditor) の一人であるアンジェラ・ジャクソンがジェスに電話をよこし、すぐに面談したいと申し込んできた。監査人は会社の他の部門が適正に業務を遂行しているかを審査する責任を負っていた。アンジェラは特に重要な仕事を担当していた。つまり、彼女は製品の安全性に関わるエンジニアリング仕様書の審査を割り当てられていたナショナル社監査人の一人であった。時々、彼女はジェスに非公式の報告をしてきたが、多くは技術部門が担当している開発中の安全関連の論点を彼に知っておいてもらうためであった。しかし、今回は違って、アンジェラは明らかに、より緊急を要する問題を持ってきた。

　アンジェラはジェスに、NMC車で最も人気のある車の一つであるルクソールⅡの新型モデル・チェンジの定期審査を行っているところだと話した。「それで、デザイン技術部門会議に出ていたら、皆が『気候上の問題』について話しているの」とアンジェラが言った。「私の仕事の一部はたくさんの質問をすることなのは知っているわね。それで、『気候上の問題』って何なの？ と聞いたのよ。そうしたら、こういうことなの」アンジェラは彼女が理解したことを繰り返した。それは、新型モデル・チェンジのために最近行われた走行試験の結果、ある気象条件の下では、ブレーキの給油システムの欠陥によってブレーキが完全に効かなくなり、現在走行中の200万台のすべてにその可能性があるというのだった。

　「それについては何も知らないな」とジェスが言ったが、明らかに困惑していた。

　彼が最も嫌っていたのは、彼が知らない安全性に関する論点であった。

　「彼らは発見したばかりで、まだ報告書を書いていないと思うわ」とアンジェラが言った。

　「じゃあ、君はそのままそこに加わっていた方がいい。そして、直接、私にメモを渡してくれ。ことが大事になる場合に備えて、それを『マジック・レポート』の中に入れておいてくれ。そうすれば、この状況をコントロールできる」。二人とも、「マジック・レポート」がNMC法務部門のために特に作られた報告書

形式であることを知っており、それにより、会社はその情報を弁護士・依頼者間の秘匿特権として守ることができた。「それと、アンジェラ」とジェスが続けた。「この件の一部始終を把握してくれ。故障の可能性と頻度、装備の改良とその作業に要する費用などだ。急いでやってくれ」。

2週間のうちに、アンジェラは、会社の生産ラインの設計者、気象条件に関する技術者、統計の専門家、費用計算グループ、保険数理部門を通じて安全性に関する問題を理解した。彼女は当面知り得た事実をまとめて直接ジェスに渡す覚書として報告書を作成し、教えられたとおりに、**秘密——弁護士・依頼者間の通信**を意味する——のスタンプを表紙に押した。

その報告書は、気象専門家と統計の専門家双方の予測から、完全なブレーキの故障の確率は低いものの重大であることを示していた。すなわち、年間12万台にほぼ1台の割合で事故を起こす、つまり、年間約16件の事故が起きる可能性があるというのだった。ブレーキの部分的な故障の予想は困難であったが、完全な故障以上に発生するであろうことははっきりしていた。これらの事故の結果、どれくらいの死者あるいは重傷者が発生するかを正確に算定することはコンピューターを用いても分からなかった。しかし、誰もが重大な事故が起こることには同意した。経済的な観点からの分析の結果も気がかりな内容であった。修理に要する費用は1台あたり145ドルと見積もられ、完全にリコールすれば、会社にとって2億9000万ドルの費用がかかると算定された。そして、新型モデル・イヤーのデザインチームは次年度車の「確定設計図」をまだ入手していなかった。

アンジェラの報告書を手にするや、ジェスはバック・パッカードに電話をし、緊急の自動車責任委員会を開催するように求めた。次の月曜日に、ジェスはVRCに対して状況を説明した。彼は委員会のメンバーに「管理された状況」にあると述べた。この意味は、唯一の文書は会社の弁護士であるジェスとの間の秘匿情報として保護されているということである。しかし、彼は自らの助言を明確に伝えた。「私たちは、この問題を是正するために新しいモデルを凍結しなければならないでしょう。そして、アンジェラが示した数字が正確であると確認できたならば、速やかに、これらの車をリコールしなければなりません」。

3週間後、VRCは月例会を開催した。ルクソールⅡのブレーキ問題は議題には載っていなかった。ジェスはパッカードに「どうなっているのか」と尋ねた。パッカードは「自分がこの問題の責任者である」と答えた。そして、ジェス

に「まだデータが来ていない。」と言った。「こうした事には時間がかかる。そう急ぐな」。さらに二人のVRCのメンバーがルクソールⅡの話に触れずに通り過ぎた。パッカードは繰り返し、この問題は「検討中である」とジェスに言ったが、ジェスは自分が蚊帳の外に置かれたと感じ始めていた。彼はアンジェラに彼女の知っていることを把握するために電話をした。アンジェラは、彼女が聴いた内容では、事故の数も修理に要する費用も最初の推定に「極めて近い」と彼に回答した。

今や、ジェスは何が進行しているのかについて重大な関心を抱いていた。彼はルクソールⅡのブレーキ安全報告書に関する噂は何も聞かなかったし、新型モデル年のデザイン・チェンジについても知らなかった。新型モデル車は2カ月後には取扱業者のショールームに展示される予定であり、1カ月に平均5万台の販売が見込まれていた。今のところ、新車は古いブレーキの欠陥をそのまま引き継ぐかのように見えた

*

アメリカの弁護士の約10％――8万人から10万人――が「企業内」で働いている。企業内弁護士とは、依頼者の被雇用者であると同時に弁護士でもある者を指し、依頼者のためにあらゆる範囲の法的サービスを提供する。これらの弁護士は誰からも羨望されない立場にいる。彼らは法律事務所の最も地位の低いアソシエイト弁護士ですら決して直面することのないプレッシャーに直面している。彼らの多くは弁護士以上に会社員と共通点が多いと感じている。――彼らの給与、賞与、ストック・オプション（社員持ち株制度）、昇進等すべてが、直接、依頼者によって決定されるのである。彼らは自らが職を辞するのでない限り、依頼者と「縁切りする」ことはできない。

たとえ、ジェス・ヴァレンシアが道徳的責任感の強い稀な弁護士であり、会社の危険な製品について真実を公表し罪のない被害者を守ろうとしても、この信念に従って行動するならば、彼は莫大な損失を被らざるをえないのだ。彼は解雇されるだろう。彼は他の職を見つけるのに大きな困難を覚えるだろう。彼の予想した事態は使用者及び以前の同僚から否定される可能性があるし、その場合には、彼は嘘つきと非難されるだろう。彼は依頼者の秘密を漏洩したとして懲戒請求を受けることすらありうるのだ。

私たちは、第3章で、A・H・ロビンズ社に雇われた外部の弁護士が、欠陥のあるダルコン・シールドという避妊リングに関する文書を発見しようとする原

第5章　アメリカ企業の内部で警告すること

告の努力に対し、いかに非協力であったかをみてきた。ロジャー・タトルによれば、ロビンズ社法務部の中でなされたことはもっと悪質であった。彼はかつてロビンズ社の企業内弁護士であったが、1980年代初めに教職に転じ、タルサにあるオーラル・ロバーツ大学で法律——及び法曹倫理——を教えた。1984年、ロビンズ社の弁護士からの怒気を含んだ抗議や差止請求にもめげず、タトルはミネソタ州において、原告代理人弁護士による宣誓供述書の作成に応じて4日間に渡って宣誓証言を行った。原告側弁護士は、ロビンズ社がダルコン・シールドの危険性を知っていたことを示す決定的な文書を10年以上も隠匿していた事実の全体像を示そうとしていた。

　1974年、ロビンズ社は、増加し続ける訴訟とダルコン・シールドによって傷害を負った女性と自然流産した胎児の存在を示す証拠の山と向き合っていた。1974年6月、ロビンズ社はアメリカ市場からこのリングを撤去した（しかし、信じられないことに、海外では、なおも4年間販売を続けた）。この年以後、食品薬品局はダルコン・シールドの安全性に関する聴聞手続の最初のラウンドを開催した。1975年の初め、タトルの証言によれば、彼はロビンズ社最高位の弁護士であると同時にタトルの上司、すなわちゼネラル・カウンセル（企業法務部門の最高責任者）兼副社長のウィリアム・フォレストからとんでもない要求を受けた。

　フォレストはタトルに「問題のある」文書——それは、ダルコン・シールドの危険性を指摘し、ロビンズ社が早くからこの危険性を認識していたことを示していた——の破棄を完遂するように命じた。タトルは汚い仕事をしたくなかったことと「自分の良心を納得させるために」その仕事を彼の部下に命じた。部下は指示に従い、かつてロビンズ社が品質の落ちた薬品を焼却するのに使用していた焼却炉に沢山の文書を投げ込んで焼毀した。フォレストとタトルの指示の下で行動した者は全員、きっぱりとタトルの告発を否定した。にもかかわらず、それまでに判明していたロビンズ社の嘆かわしい行動を考えれば、タトルがそのような重大な隠蔽工作の共犯関係につきウソをついたと考えることは困難である。「やれ」とフォレストが言い「そして、私は承諾を示す『敬礼』をしました。」とタトルは証言した。

　もし、これらの文書が公になっていたとしたら、避妊リングを使用していた何万人もの女性はその危険性を知るようになり、被害が深刻化する前に取り外すことができ、当然、ロビンズ社を訴えたであろう。宣誓供述において、タトルは原告側代理人から、これらの女性について質問され、「当時、どのような

警告をしたのか」を聞かれた。彼は「何も警告しなかったし、食品医薬品局にも、当時、避妊リングの安全性を検討していた中立の立場の医師たちにも情報を開示しなかった」と答えた。当時、特定の文書の提出を求める明確な証拠開示命令はなかったから、この限りでは、タトルが文書の破棄を正当化できる余地があったと言える。しかし、タトルは宣誓証言において完全な責任を認めた。彼は当該文書の証拠としての価値をよく知っており、それを破棄することが法的にも道徳的にも誤っていることを認識していた。

　なぜ、見るからに正直な男、強い信仰上の確信を抱いている男が、それほど多くの無垢の被害者を傷つける隠蔽工作に加担したのだろうか？　それは、彼が宣誓証言で述べたように、彼の職が危機に瀕していたので「個人的に、反抗する勇気がなかった」からである。「妻と2人の子供を抱えており、今あなたに告白しますが、今日正しいと信じていることを当時する勇気がなかったのです」。

　タトルは完全には彼の道徳心を捨てていなかった。彼は頼まれた文書のすべてを破棄する代わりに、「文書の最も不利な部分」を抽出してコピーを取り、それを自宅の地下室に隠していた。宣誓証言の際、彼はこれらを相手方に渡した。数カ月後、ミネソタ州のダルコン・シールド事件のすべてが和解で終結した。ロジャー・タトルの協力と彼から提供された情報のお蔭であり、その果たした役割は決して小さなものではなかった。

　ロビンズ社の弁護士がロジャー・タトルの証言を阻止しようとした根拠は、タトルがかつてロビンズ社の代理人弁護士であり、前の依頼者との間の弁護士・依頼者関係のゆえに文書破棄について話すことは許されないという論理にあった。この主張は、法人も通常の自然人と同じように弁護士・依頼者間の秘匿特権に依拠する権利――法人がその代理人弁護士に告げた内容は秘密として保護される――を持つという考え方に基づいている。これはすべての法人にとって極めて重要な概念である。もし、アンジェラがジェフに対して書いた「マジック・レポート」のように、首尾よく、様々な会社内部の通信が**弁護士あてに**なされたと主張することができるならば、会社の広範な悪事――少なくとも悪事の証拠――を特権の保護を盾にして隠すことが可能となるのである。

　弁護士・依頼者間の秘匿特権は決して新しい概念ではない。多くの注解者によれば、その起源は古代ローマにまで遡り、そこでは、主人の商業活動を行った奴隷が主人の秘密を明かすことを法によって禁じていた。エリザベスⅠ世時

代の英国においてこの考え方は洗練されて、代理人として行動する者に事情を明かす依頼者に適用されることになった。20世紀初頭まで、この特権が個人的なものであること——秘密裡に話す個人の自律性と尊厳を守るために用いられるプライバシー保護の問題であること——を誰も疑わなかった。個人は、依頼者の秘密の「受託者」、つまり秘密を守る者として行動する弁護士を信頼して、秘密の通信を委ねたのである。

　この特権が個人のための権利であるとする強力な歴史的社会的な根拠がある一方で、これらの根拠は法人には適用されなかった。厳格な信頼関係の下で弁護士に秘密を話す個人の権利という考え方が法人モデルには合致しないからである。法人を代理する弁護士に伝えられる情報は法人自身によって提供されるのではなく、たとえば従業員であるとか、取締役会のような集団であるとか、法人に代わる個人によって提供される。しかし、弁護士に話をする個人ではなく、ジョン・マーシャル裁判長が表現したように、「見ることも触ることもできない人工の」存在がその特権を享有する必要があった。

　では、アメリカ企業はどのようにして弁護士・依頼者間の秘匿特権の権利を持つようになったのだろうか？　それは、ほとんど偶然の産物であったように思われる。1895年、ペンシルベニア州裁判所は、この問題を分析することも熟慮することもなく、ペンシルバニア鉄道には「弁護士あての通信に認められる特権の範囲内で」文書を保持する権利があると判示した。1915年、アメリカ合衆国連邦最高裁判所は、別の論点に対する判決でありながら、当時アメリカで最も強力な公共機関であった鉄道が関係する別の事件で弁護士・依頼者間の秘匿特権に言及して、鉄道会社にこれを認めた。しかし、その9年前には、連邦最高裁は、法人に個人の有するすべての特権を享受する資格があるわけではないと述べて、自己負罪拒否特権が法人にもあるという法人側の主張を退けていたのだ。

　情報を秘密扱いできる法人の権利がはっきりと確立されたのは1963年であり、比較的最近のことといってよい。シカゴの連邦裁判所判事ウィリアム・キャンベルは、いわゆるラディアント・バーナー事件（訳注：Radiant Burners, Inc. v. American Gas Association キャンベル判事が書いた連邦地裁判決（1962）207 F.Supp.771）の判決の中で、「法人は『自然人だけが主張』できる何か、すなわち『歴史的にも本質的にも個人的な性格を有する』秘匿特権を持つ資格が**ない**」と判示した。キャンベルは「会社の全従業員の中で、自分に秘匿特権が適用されると主張できる者として誰がいるだろうか？」と考えた。そして、彼は他の危険性を指摘し

た。「法人が関与している場合、多数の代理人、膨大な量の文書と頻繁な弁護士との交渉が伴うので、緘口令が敷かれる領域が増大する」。彼は、この緘口令が敷かれる領域と「法的助言者と検討したすべての過程を明らかにしたくない」という会社側の思惑が結びつくと、結果的に、会社から情報を得ようとする個人の権利が妨害されると考えた。

連邦控訴審裁判所の裁判長ジョン・ヘイスティングスはこの危険性についてのキャンベル判事の見解に賛同しなかった。彼はキャンベルの決定を破棄する判決（連邦控訴審判決（1963）320 F.2d.314.）の中でこう書いた。「確かに、秘匿特権は会社が隠匿目的で資料や文書を弁護士の手に渡し、それによって証拠開示を免れることを許すものであってはならない」と。しかし、残念なことに、その後に起こったことをみれば、ヘイスティングスが誤っていたことが証明されている。これまで、最高裁がこの論点につき直接判示したことはないが、最高裁がヘイスティングスの見解を見直すことには消極的なので、会社にとっては、何の抵抗もなく、弁護士・依頼者間の秘匿特権の下、どんな秘密であっても隠すことができるのである。

この秘密保護の盾がより広範に用いられて目的を達成した例として、たばこ会社の例がある。1950年代の中葉から1990年代の後半に至るまで、たばこ会社は喫煙の危険性と中毒性という煙草の属性に関する情報を求めた公衆からの開示要求をことごとく拒否してきた、という驚くべき記録がある。その一方で、たばこ会社は「これらの危険性はいまだに証明されていない」と主張していた。

訴訟の相手方当事者がその調査結果を入手するのを阻止するために、たばこ会社はどんな些細な開示請求に対しても徹底的な戦いを挑んできた。「パットン将軍になぞらえて言えば、我々が勝利するやり方はレイノルズ社の資金を使い切ることなのではなく、奴らに奴らの金を使い切るように仕向けることだ」とアール・ジェイ・レイノルズ社のゼネラル・カウンセルJ・マイケル・ジョーダンは、1988年、彼の部下であるたばこ会社代理人弁護士に言った。しかし、テクニックだけでは十分ではない。そこで、たばこ会社は不利な文書すべて——特に業界の調査プロジェクトに関連する文書——を弁護士・依頼者間の秘匿特権の傘の下に置くために多大な努力を払った。

ブラウン・アンド・ウィリアムソン社の企業内弁護士J・ケンドリック・ウェルズは、機密事項を扱う文書が秘匿特権の保護を受けられるように「訴訟を想

定して……準備すべき」と助言した。1979年のウェルズのメモは、会社の弁護士を通じてすべての研究プロジェクトを探し出し、すべての情報を弁護士・依頼者間の秘密通信とするように勧告していた。研究プロジェクトに関する事実記載の後に弁護士あてのメモを記載すれば、そのプロジェクトの存在そのものを隠すことなく、その**メモ**が秘匿特権で保護されることとなるのである。そこで、1984年にウェルズは「計画段階から始まる会社の活動のすべての段階を通じて、喫煙と健康に関する会社の活動に逐一弁護士が直接関与することが必要である」と書いた。このようにして、会社はプロジェクトの全部が証拠開示の対象外であると主張できたのだった。

　たばこ会社はこのテクニックを完成させた。1968年に、たばこ会社の利益を擁護する外部弁護士であったワシントンDCの法律事務所アーノルド・アンド・ポーターは、多くのアメリカ人が既に喫煙の危険性を知っていることを証明するための調査を提案した。しかし、反対の結論が出た場合に備えて、**弁護士が**直接委託し調査結果を受け取ることを提案した。「もし結論が不利であった場合には、提出命令の対象となる［調査者の］記録には何もなかったことになる」とメモには書かれていた。「もし調査結果が弁護士のファイルの中にあれば」、その情報が証拠開示の対象となることは一層困難となるのだ。

　4大たばこ会社を相手取った1992年のニュージャージー州の事件において、ついに文書が明らかとなった。そこには、たばこ調査機構 (CTR: Council Tobacco Research) とその「特別研究」ユニットが記載されており、科学者よりもむしろ弁護士によって監督されていたことが示されていた。科学技術系の従業員の任免と実施すべき研究プロジェクトの選定の双方について弁護士に決定権限が与えられていた。ニュージャージーの2件のたばこ会社事件を担当していたH・リー・サロキン判事は判決の中で、あるCTRメモを引用して、CTRは「たばこ会社の共同戦線を隠す『業界の盾』として設立されたことを示している」と判示し、別のCTR参加者の次の言葉を引用した。「私たちがCTR特別研究を開始したときの考えは、CTRの科学部門責任者がプロジェクトを審査する。そして、その内容が気に入ればCTRの特別研究となり、気に入らなければ、それは弁護士の特別研究となりました。……私たちは弁護士の特権の下でそれを守りたかったのです。私たちはそれが公になることを望みませんでした」。

　サロキン判事が判決を書いた5年後、情報をせき止めていた水門がついに開いた。1997年12月、ミネソタ州の判事ケネス・フィッツパトリックは、たばこ業

界が弁護士・依頼者間の秘匿特権により隠そうとしていた865通のたばこ会社の文書を公開するように命じた。たばこ会社は、科学的調査が「弁護士と依頼者間の秘密通信」の一環であると主張していたが、フィッツパトリック判事はそれを不当であるとして、大手たばこ会社を「談合の罪と科学的調査の隠匿の罪」で告発した。1998年4月下旬、最高裁がフィッツパトリックの命令を破棄しなかったので、下院通商委員会はこれまで秘密とされていた39,000点のたばこ関連文書を公開した。数日後、ニューヨーク州の検事総長は「たばこ調査機構(CTR)はたばこ業界の不正な連合組織であって独立した調査研究機関ではない」という理由で、CTRの非営利法人の許可を取り消す申立てを裁判所にした。5月初旬までに、被告であったたばこ会社が66億ドルを支払うことでミネソタ事案は解決した。

1998年6月の『ビジネス・ウィーク』誌の記事に掲載された弁護士と科学者のインタビューによれば、大手たばこ会社の行為を監督しその内側から糸を引いていたのはカウンセル委員会(Committee of Counsel)であった。それは、1958年に誕生した「シークレット6」として知られる弁護士のグループであり、その後、12名を超えるたばこ業界の企業内弁護士及び外部の弁護士によって構成されるまでになった。多くの健康を擁護する立場の人々は「カウンセル委員会がたばこ業界を実質的に動かし、各たばこ会社の社長に直接指示し、より健康に害のないたばこを開発することに業界として反対する立場を確立した」として非難した。

ミネソタ及びワシントンで開示された文書はこうした主張を強力に裏付けている。委員会の議事録によれば、グループの弁護士は「弁護士が主で、科学者は従だ」というのがルールであると理解していた。アーノルド・アンド・ポーターが秘密の調査を提案していたのもこの委員会に対してであった。そして、1981年に、連邦保健社会福祉省がたばこ業界に対したばこの含有物質のリストを提出するように求めたとき、委員会の一員であったカンサス・シチーの法律事務所ショック・ハーディー・アンド・ベイコンは、業界のテストの結果、特定の添加物が「不利な結果」を引き起こすようであれば、「その添加物を除去し、そのデータを破棄する」ことを勧めた。

他の文書は、どのように科学者が研究の申請に対する許可を弁護士に求めていたか——そして、弁護士が要求するとおりに修正していたか——を明らかにしている。プロジェクトの中には、弁護士によって簡単に拒絶されたものもあった。たとえば、たばこがいかに細胞内遺伝子に悪影響を及ぼすかの研究が

それであった。その理由は、「研究結果が『相手方』つまり『敵』を利することになりかねないから」というものであった。弁護士らは、1970年台の中葉に、たばこから一酸化炭素を取り除く方法を発見しようとした科学者の研究を止めさせた。また、弁護士らは、1953年にまで遡る「喫煙が有害であると『告発した』文書の資料集」を回覧するのを禁じた。ミネソタ州検事総長ヒューベルト・ハンフリーⅢ世が結論したとおり、「たばこ業界の弁護士は科学者でもないのに、喫煙と健康に関する研究を制限する門番であった」。

*

　弁護士・依頼者特権を享受するためには単に弁護士をビジネス上の問題に参加させるだけでは足りず、弁護士が実際に**法的な**助言をすることが必要である。しかし、会社はそのことを意に介さない。現実には、会社が弁護士・依頼者特権を単に**主張する**だけで十分であり、相手方は膨大な時間と費用をかけて論争するのではなく、そこで屈服するのである。これは、特権を持ち出すこと自体が証拠開示の消耗戦における別の武器であることを示している。

　ひとたび、会社を当事者とする弁護士・依頼者特権が前記ラディアント・バーナーズ事件で明確に確立されるや、それは次第に広く用いられるようになった。1970年のある事件では、「会社の業務について法的助言をした弁護士と話をした会社の従業員のほぼすべてに特権は適用される」と判示された。その同じ年、ワシントンD.C.の連邦裁判所は、病院が患者の死亡原因を調査するにあたって、公正な調査を実施するために病院の調査委員会議事録を秘密にすることができると判示した。

　ついに1981年になって、連邦最高裁判所が判断を示した。連邦政府は、製薬会社のアップジョン社が外国政府に対し違法な支払いをしていた容疑で捜査をしていた。アップジョン社はその法務部門であるゼネラル・カウンセル事務所に内部調査をさせていた。弁護士が世界中にいるアップジョン社の従業員から事情を聴き、質問事項に対する回答を検討していた。政府はその調査報告書の提出を命じた。しかし、アップジョン社は「たとえ企業経営陣から遠く離れた下級従業員であっても、**仮に**『雇用の範囲内の行為』について会社の弁護士と話したことがあれば、弁護士・依頼者特権によって保護されるべきだ」と主張した。最高裁はこの考え方を支持し、会社の弁護士が知りたいと考える業務上の事実を知っているすべての従業員に会社の秘匿特権を拡大した（訳注：Upjohn v. United States, 449 U.S. 383 (1981)）。

アップジョン社事件判決以降、企業内弁護士の中には、さらに企業の秘密保護の範囲を拡大することを求める者が出てきた。裁判所はすべてに同意した訳ではないが、この考え方は橋頭保を確保するのに成功した。多くの会社によって「文書保管指針 (Document retention policies)」なるものが開発され、古い文書を何年間保存しなければならないかの指針を明示するようになった。しかしながら、これらの保管指針は違法行為の証拠文書を破棄する道具に転化することが余りにも多かった。文書の保存期間を限定することは、特にたばこやアスベストなどのように損害が顕在化するまでに長い期間を要する製品を扱う会社にとっては好都合であった。
　もうひとつの比較的新しい考え方は会社の「自己評価特権 (self-evaluative priviledge)」というものであり、これは会社が「自己監査」、つまり自己の行動を任意に見直し分析することを実施した場合に適用される。一般には、こうした自己評価は会社の行為を向上させる目的で実施されると理解されている。その評価内容を秘密にすることの背後には、会社の行為に関する忌憚のない情報が自由に寄せられ、その結果、会社が要求された基準に従うに至るという考え方がある。しかし、そのような特権は会社が悪しき行いを自己評価の陰に隠してしまうことをも可能にするのである。そして、内部監査の秘密を守ることと自動車会社のエンジニアが実施した安全性試験や衝突試験の結果は自己評価特権の保護下にあるとして開示を拒否することとの間に大きな違いはないのである。

　会社を当事者とする弁護士・依頼者間の秘密保護の範囲は、それが訴訟における弁護士の保護の限界を画するから重要であるというだけではない。それはジェス・ヴァレンシアが直面している状況に対しても直接に影響を及ぼす。すなわち、弁護士が所属する会社の危険な製品について真実を語ろうとするときに秘密保護の問題が登場するので、「弁護士はどう対処すべきか？」が問題となる。1983年に採択されたABA法律家職務模範規則（モデル・ルール）によれば、企業内弁護士が公衆を害する使用者の行為を阻止する裁量の幅は、刑事弁護人が依頼者の危険な犯罪遂行を阻止しなければならないのに比べて、ずっと狭い。
　個人の依頼者を想定しているモデル・ルールの条項は、弁護士が依頼者による「切迫した死または重大な身体の傷害をもたらす可能性のある」犯罪の実行を阻止するために必要であると自己が合理的に考えた場合に、弁護士は守秘義務から解放されると規定する。しかし、この規則は企業法務に携わる弁護士がど

う対処すべきかについてはより複雑な対応を求めている。すなわち、弁護士が会社において「**会社組織**に対する重大な損害」をもたらすおそれのある方法で法に違反していると考えた場合、その弁護士は「会社組織の最善の利益に必要と合理的に考えられるように行動しなければならない」。しかし、会社組織の最大の利益は——利潤の確保や株価の増大を含めて——多くの場合、社会にとっての最大の利益とはほとんど関係がない。

　ABAモデル・ルールの注釈によれば、コーポレイト弁護士 (corporate lawyers) は、守秘義務及びその例外を定めた一般的規則など他の規則にも留意すべきであるとされる。しかし、会社の規則はたとえ悪質かつ危険な行為であっても弁護士が内部告発することを事実上不可能とするように定められている。弁護士は危険な状況をもう一度見直すべきこと、あるいは別の法的助言を得ることを求めることはできるかもしれない。特に深刻な事態の場合には、弁護士は「会社組織の上層部」に問題を提起することもできる。しかし、「どのような対処方法であれ、それは組織の崩壊と組織外に情報が漏れることを最小限に食い止めるように考案されなければならない」。言い換えると、何が起ころうとも、危険に関する情報が会社の外部に漏れることはないのである。

　十分ありうることだが、弁護士が努力したにもかかわらず会社の姿勢を変えることができなかったならば、その場合に——その場合だけ——、弁護士は究極の「対応策」、すなわち辞職することが可能となる。当然のことながら、この問題はその弁護士にとって究極の行動かもしれないが、外部社会にとっては何の意味も持たない。規制権限を持つ当局と一般公衆は何も知らされないままの状態に置かれるのである。少なくとも、ホフストラ大学の法曹倫理の教授モンロー・フリードマンが指摘するとおり、現に犯罪を行っている個人を代理する弁護士は直ちにその事件の弁護人を辞任することができるのに、企業弁護士は上層部に再考を促し、他の法的意見を聞くよう求めるのに何カ月も要し、その間「会社の犯罪的または詐欺的行為は止むことなく続く」のである。

　どうしてABAモデル・ルールはそのような内容になったのだろうか？　この問題を検証した多くの法学者によれば、それは政治問題に帰着する。オマハの弁護士ロバート・クタックが率いたABAのクタック委員会は1980年に倫理規則を書き換えた。企業内弁護士に関する最初の草案は、会社の「最高幹部 (highest authority)」が法に従って行動することを拒否した場合、弁護士は「必要な範囲内で依頼者の秘密を開示」できるとしていた。これに、コーポレイト弁護士は反対

の声をあげた。

　15カ月後、こうしたコーポレイト弁護士からの圧力を受けて、クタック委員会は規則の第2次案を起草した。この「第1次最終案」もコーポレイト弁護士が内部告発できる余地を残していたが、内容は大幅に希釈されていた。もはや「依頼者の秘密を開示すること」の言葉はなく、代わりに「代理に関連する情報を明かすこと」という曖昧な表現にとどまった。この情報は、弁護士が「最高幹部」において自らの「個人的利益または経済的利益」を追求するために行動していると考えた場合にのみ開示することができた。危険な状態を会社ぐるみで隠ぺいするという事態には何も対応していなかった。

　しかし、これすらもコーポレイト弁護士によって構成される弁護士会には受け入れられなかった。コーポレイト弁護士会は、警告の可能性に言及するのをやめない限り、新しい規則全体に反対票を投ずるとの態度をとった。クタック委員会とその支持者は戦いを続けたが、既に勝敗は決していた。コーポレイト弁護士に関する規則の最終案は事実上、換骨奪胎され、消費者を保護するためのものであったのが、組織体の違法行為を隠すためのものとなった。

　1982年、ヨーロッパ司法裁判所は「いかなるヨーロッパ共同体加盟国（訳注：現EU、当時のEC加盟国）も、弁護士と使用者との間の秘密通信の保護を企業内弁護士に認めてはならない」と判示した。この規則はイタリア、フランス、ベルギー、ルクセンブルグの法律に依拠しており、これらの法律では、企業内弁護士に弁護士会のメンバーになることすら認めていなかった。その理由は、企業内弁護士が被雇用者であると同時に独立した客観的な法律家であることは不可能であるとの考え方に基づく。

　これとは対照的に、1981年、アメリカ合衆国では、前記アップジョン社事件を通じて反対の方向へ向かった。会社を当事者とする弁護士・依頼者特権は、完全に衣替えをしたかのように、最高裁判所で確立されるに至った。そして1983年までに、コーポレイト弁護士のロビー活動によって、合衆国で最大かつ最も強力な弁護士団体であるABAは、企業の弁護士・依頼者間の秘密保護を刑事被告人と弁護人の間に認められる憲法上の秘密保護以上に強力なものとしたのであった。

　企業の弁護士と依頼者間の特権に事実上何の制約もないとすれば、その結末はどのようなものであろうか？　フォード・ピント車の顚末を取り上げてみよう。

121

ピント車とは、安いコストで製造し低価格で販売する目的で1960年代後半に開発された、安価な小型自動車である。ピントはこれらの目的には合致していたが、ある点で余りにも安価すぎた。すなわち、ピントのガスタンクがそれであり、追突事故に対する十分な保護がなされていなかった。追突事故の結果、時速21マイルを超えればタンクに穴があくことがあり、漏れたガソリンに引火すると火災または爆発を引き起こすおそれがあった。

　ピントのエンジニアは1968年からガスタンクの問題を知っていたし、フォード社の役員も1970年からどうすべきかを議論していた。フォード社役員の一人によれば、ピント開発に携わり、かつ、会社の文書を点検していたフォード社のゼネラル・カウンセルも問題状況を「間違いなく知っていた」。しかし、ガスタンクの修理には1台当たりたったの5ドルから11ドルしかかからないという見積であったのに、フォード社は販売済みの車をリコールすることをしなかったし、より安全なシステムを構築することもしなかった。実際には、全く逆方向のことをした。すなわち、1970年及び1971年、フォード社の役員は運輸省高速道路交通安全局（NHTSA）に対し、当時提案されていた燃料タンクの安全基準を含む安全最低基準の施行を延期するように働きかけていた。そして、その目的を達成した。1973年、NHTSAは、1977年まで新しい基準を施行しないことを決めたのである。こうして、フォード社は販売済みの車の修理をしないのみならず、NHTSA規則が発効する年である1977年モデル車まで、適切な火災防止措置を施すことなくピントを生産し続けたのであった。

　それでも1977年までに、ピント車問題という言葉は表面化していた。欠陥ガスタンクについて書かれた『マザー・ジョーンズ』誌の記事は大きな波紋を呼んだ。1972年にカリフォルニアで起きた13歳のリチャード・グリムショーが大やけどをした事件で、少年の代理人弁護士は驚くべき文書を発見した。フォード社の役員が書いたガスタンクを改良した場合の「費用と利益」を計算した報告書であった。

　1台当たり11ドルの1250万台相当として、報告書は、欠陥を修理する方が欠陥ガスタンクをそのままにして火災による被害者及び死亡した場合の遺族に支払う金額よりもはるかに金がかかると予測していた。フォード社は、安全装置を付加しない場合には、180人の死者と180件の重大な火災事故が起きると予測していた。死者1人につき20万ドルの賠償と火災1件につき6万7000ドルの賠償が必要と見積もったうえで、フォード社は、ガスタンクの修理費用1億3700万

第2部　権力とその濫用、つまり「我々は職務を遂行しているだけ」

122

ドルよりも賠償額5000万ドルを支払う方が安く済むと計算していた。1978年初頭、陪審は懲罰的損害賠償金（訳注：punitive damages 加害者に対する懲罰及び一般的抑止効果を目的として、通常の填補額に付加して認められる賠償金）だけで1億2500万ドルを——陪審員はフォード社が教訓を学ぶに足る金額として欠陥を修復するための費用額の全体にほぼ匹敵する金額を認めた——リチャード・グリムショーに支払うように勧告した。

　事実審裁判官は懲罰的損害賠償金について数百万ドルを認めただけで陪審の判断を破棄したが、公衆は、前記グリムショー事件と費用対効果を示したメモに衝撃を受け、自動車業界に新たな警戒の眼を向けるようになった。フォード社が欠陥のあるガスタンクを修理しないことに対して警告する地位にあったフォード社の人間はたくさんいた。すなわち、エンジニア、会社内部の安全性委員会のメンバー、上層部の役員、**そして弁護士である**。

　こうして、ピント事件はデトロイトだけでなく法曹界で有名な事件となった。フォード社の行為を正当化する者も中にはいる。彼らは、軍隊から政府や多くの産業に至るまですべてが人命を犠牲にしていると言う。カリフォルニア大学ロサンゼルス校の法学教授ゲーリー・シュワルツは次のように論ずる。「自動車は強力な草刈機や飛行機と同様、あるいは梯子やナイフでもよいが、本来的に危険を内包した製品である。完全に安全な自動車などというものは存在しない。その前提の上で、消費者は安全性のために費用を支払う。ピントは低廉価格車であるから、誰も最も安全な車だとは思っていない」。

　しかし、デイビッド・ルーバン教授がその著作で指摘するとおり、「ピントは、安全性と価格とがトレードオフの関係に立った事例ではない。それは、大失敗の事例なのだ」。ルーバンはジョージタウン大学法学部の哲学の教授であるが、彼の方が正しい。つまり、ピント車の費用対効果に関する報告書は安全性と価格とを比較したのではなく、既に判明していた安全性の欠陥を持つ車をリコールする費用とを比較したからだ。

　ルーバンは、特にフォード社の弁護士に焦点を合わせた。欠陥車につき「警告を発する」ことのできたフォード社のエンジニアや役員の義務を一旦置いておき、「フォード社の企業内弁護士の義務は何であったのか？」と問う。彼は、弁護士が会社の方針を変えようと努力して失敗したならば、弁護士は「公衆に対してピント車の脅威について警告すべきであった」と結論した。他の責任ある役員や科学者ではなく、なぜ弁護士なのか？　ルーバンは書いている。「誰が責任を

第5章　アメリカ企業の内部で警告すること

123

取るのかと尋ねるなかれ。それは汝なればなり」。

　ジェス・ヴァレンシアのような状況に直面した者を勇気づけるために、ルーバンは次のように主張した。「ABAモデル・ルールは、ピント事件のような状況下で、弁護士が『予防手段としての内部告発』をなすことを認めている」と。しかし、この議論は説得力に欠ける。第一に、モデル・ルールは防止されるべき対象を**犯罪行為**としている。ルーバンは「内部告発の必要性をもたらすのは行為そのものであって法的区分ではない」と述べて、道徳的な観点から規定文言に拘束されないとするがそれは無理である。

　第二に、規則は、当該行為の結果**切迫した死**ないし傷害が生ずることを要求している。ここに会社が除外されるもう一つの理由がある。証人を殺すという刑事被告人の場合であれ、妻を殺すという怒り狂った離婚訴訟の当事者であれ、差し迫った危険はあるが実害が必ず生ずるという訳ではない。弁護士は依頼者を説得して止めさせることもできるし、依頼者自身が冷静さを取り戻すこともありうる。しかし、ジェス・ヴァレンシアの場合には、ルクソールⅡの欠陥によって引き起こされる損害は切迫したものではない——気象条件が完全なブレーキの故障をもたらすには数週間あるいは1カ月かかるかもしれない——が、損害の発生は不可避的である。この結果、フリードマン教授が言うように、規則は「依頼者である会社の秘密に対して、法人化されていない個人が受ける秘密の保護と比べて、極めて広範な保護を与えている」のだ。

　明らかなことだが、弁護士は会社という大きな歯車の一つの部品でしかない。会社が危険な製品を販売する場合、ほとんど常に、会社の科学者、デザイナー、安全性分析の専門家、そして役員のある者はこの事実を知っている。彼らも会社が問題を解決するように説得するか、必要ならば内部告発することのできる立場にある。現代の会社の多くは、アンジェラ・ジャクソンのような内部監査を担当する職員を置いており、彼らの職務には、会社製品の危険性に関する公正な評価を下すことが含まれている。監査人の多くは会社の「倫理管理者 (ethics officer)」に指定されているが、その地位は中間管理職以上のものではなく、経営方針を変更するように上層部の役員と話す権限を与えられていない。もし監査人が倫理管理者でない場合には、会社の法務部門に属する弁護士でもある別の倫理管理者に報告することになる。この場合、議論のあるところだが、違法行為に関する報告書も秘匿特権で保護される情報となるのだ。

試験場のエンジニアであれ、内部監査人であれ、ゼネラル・カウンセル事務所の弁護士であれ、彼らが使用者に対して内部告発することを考えたならば、途方もないプレッシャーにさらされるであろうことは想像に難くない。失業、そして経歴の途絶など危険の度合いは非常に高い。しかし、彼らを援助する手段もある。「道徳性を立法により実現できる」と、経営者、弁護士、政府機関、報道機関を交えた非営利の倫理団体の代表をしている弁護士のマイケル・ジョセフソンは言う。確かに、ここ20年間で、企業が正しい行いをするように動機づけることを目的とした規則や支援制度が著しく増加している。

多くの法人が次第に厳しい政府の監視を受けるようになっている。多くの業界の会社は、たとえば銀行業のように、法令の違反がないことを確認する内容のコンプライアンス（法令遵守）証明書を備えなければならない。この証明書は最高経営責任者である社長個人が保管しなければならない。運輸省高速道路交通安全局の安全基準はピント車事件以来数回にわたって強化され、単なる書面上の体裁だけではなく、コンプライアンスが実際になされていることの証明が求められるようになった。おそらく、最も厳しいコンプライアンスを定めた規則は汚染公害をもたらしたり有害物質を排出したりする企業を規律するものである。環境法のように一世代前には存在していなかった分野の実務が、こうした基準を発展させてきた。

州政府の規則に違反したとして摘発された会社は、民事訴訟を起こされるうえ、次第に巨額の罰金を含む刑事罰を受けるようになった。1991年、連邦政府は、法人に対する量刑指針（Organizational Sentencing Guidelines）を認可し、そこには、法人に対する刑事罰をどのように量定するかが定められている。この指針は刑事被告人の前歴証明と同じ機能を果たす。前に行った違反歴、差止命令の違反歴、または違法行為に対する上層部の承認など会社の違反行為に対して「点数」が加算されて、一定の点数になれば制裁が科される。しかし、会社が良い行いをした場合には、そこから減点されることがある。また、会社が責任を認めて違反行為を自己申告した場合には、罰金の支払いがより低い金額ですむ。会社が実効性のあるコンプライアンス・プログラム──法令の違反を防止するとともに違反を発見するプログラム──を設けた場合には、会社はより軽い制裁を受けることとなる。こうした減刑事情に基づく「点数」制は、企業内弁護士が使用者に対し過ちを開示するように説得するのに利用可能である。

規則と量刑指針が強化された結果、倫理管理者を置く会社の数が爆発的に増

えた。1992年の調査によれば、倫理管理者のおよそ3分の1が上級の企業内弁護士であった。1992年に設立された企業倫理管理者協会 (Corporate Ethics Officers Association) は、企業内監査人協会と同様に、急速に発展した。マイケル・ジョセフソンのような人は、独立した「倫理監査」業務を行うために会社に雇用され、倫理計画や倫理委員会を創設したり、倫理的に行動するための研修プログラムを実施したり、中には、秘密裏に内部告発を受け付けるホットラインを設置したりといった活動をした。倫理管理者の多くはもう一つの仕事——コンプライアンス監督員 (compliance officer) ——を引き受けている。その仕事は州政府の定めた規則に合致していることを確認することである。

　しかしながら、ジョセフソンによれば、倫理は困難な問題を提起するが、コンプライアンスは易しいことだという。すなわち、「美徳が私たちに何を求めるのか？」に尽きる。依頼者の行為の道徳的なコストについて依頼者に助言をすることは紛れもなく弁護士の仕事である。ジョセフソンは「企業内弁護士は会社に対し『美徳はそれ自体が報いである』と助言すべきである」と主張する。会社の意思決定権を持った人の幾人かはこのメッセージに共感を覚えるだろう。だが、他の多くの経営者にとっては、それはアメとムチの問題である。つまり、増加しつつある「優良」企業に対する報奨制度は、ビジネスが社会的な責任を果たすように促すことによって、美徳（企業倫理）に対して援助の手を与えている。その報酬は企業イメージの向上である。

　損得計算抜きの企業活動に対する公衆の良いイメージを評価することは難しい。しかし、会社の法務最高責任者であるゼネラル・カウンセルが会社に責任ある行動をとるように説得しようと考える場合、彼は善玉報奨と悪玉制裁——州政府の定めた刑罰と将来生じうる悪い評判——を説得のための手段として用いることができる。公衆が会社——ナイキ、ゲスやケイシー・リー・ギフォードのアパレル部門などがよく知られた例であるが——の行為に関心を持つならば、会社は襟を正し公衆の関心に留意するだろう。環境保護局も同様に公衆の関心を利用する。オンラインでも本屋でも購入できる年報『有害物質公開一覧』のおかげで、企業のコンプライアンスが進んでいる。これに勇気づけられて、1997年に環境保護局は、石油、金属、自動車、及び紙の各産業に属する数百の工場が排出する汚染物質のプロフィールを公開する計画があると発表した。

　企業内弁護士は「真実を隠蔽すること、特に危険な製品について真実を隠すことが会社役員の考えている以上にはるかに高くつく」と主張することもできる。

企業と社会との関係についての専門家であるジェイムズ・ルカスゼウスキーは「訴訟の視認性 (litigation visibility)」という概念を用いる。彼の見解によれば、視認性が低ければ低いほどよい。この意味するところは、たいていの場合、事件を早急に解決するほど会社の最大の利益になるということである。しかし、ルカスゼウスキーは同時に、会社が訴訟のリスクを減らす戦略をとるべきことを勧める。つまり、被害者を救済するために迅速に行動すること、思いやりを持って話し「隣人らしく」ふるまうこと、そして、「通常組織体には何らかの責任がある」と自覚して長期的な視野に立って対応を考えることである。こうした考え方は責任をとるという概念に直結している。

　ジェス・ヴァレンシアにとっても、突き詰めれば、問題は同じである。つまり、責任を取ることである。会社上層部にルクソールⅡのリコールを進言するだけで、ジェスは解雇されるかもしれない。解雇されないとしても、彼が論じたすべてが受け入れられていないことを考えれば、ジェスにはほとんど選択肢がなかった。もし彼が世間に公表する決断をした場合、誰かが彼を救ってくれると期待することはできなかった。
　今日、多くの州では、内部告発者を保護する法律が制定されている。それによれば、告発者は「報復的な解雇」、つまり会社の隠蔽工作や危険な行為を公表したことを理由に解雇された場合には、会社を相手取って訴訟を起こすことができる。しかし、企業内弁護士は弁護士・依頼者間の秘匿特権に拘束されたままであり、守秘義務の例外は狭い。多くの州において、内部告発者を保護する法律がどの程度まで弁護士に適用されるかははっきりしていない。そして、さらに、Catch-22 (訳注：不条理な規則に縛られて身動きできない状態。ジョセフ・ヘラーの小説『Catch-22』に由来する。Catch-22はアメリカ空軍パイロットに対する軍務規則の条項。主人公は「精神障害に罹患していることを理由に除隊を申し出ると、『自分で判断できるということは精神障害ではない』として除隊を認めてもらえない」というジレンマに陥る。) の不条理がある。すなわち、弁護士が一般公衆を守るために情報を開示することが法的に認められる場合であっても、弁護士は、他の従業員とは異なり、報復的な解雇に対して訴訟を提起することができない。なぜなら、弁護士による公表が正当化されることを証明するため、あるいは、公表したことが解雇の真の理由であることを証明するためのいずれであっても、その訴訟において、弁護士は秘密情報の**さらなる**開示を必要とするからである。

ドナルド・ウィリーはテキサス州にあるコースタル・コーポレーション社の企業内弁護士であったが、1984年、環境問題の監査において虚偽の報告をするのを拒否したこと、及び、会社に対しより強力な環境対策をとるべきと主張したことを理由に解雇された。ウィリーは連邦裁判所に提訴したが、同裁判所は「彼には報復的な解雇に対し提訴する権利がない」と判示した。彼はテキサス州の裁判所に提訴し、州の裁判官は彼に50万ドルの賠償を認めた。しかし、テキサス州の控訴審裁判所は、解雇から12年後の1996年に、ウィリーにCatch-22を突きつけた。すなわち、「彼は報復的な解雇に対して訴訟を提起することはできるが、それはコースタル社に対する守秘義務を侵害しないでなしうる場合に限られる」と述べた。控訴審裁判所は「彼が秘密を開示することなく訴訟を遂行することはできない」と認定し、賠償を取り消した。
　1991年、マサチューセッツ州の弁護士ジェファーソン・デイビット・スチュワートⅢ世はGTE社照明部門の関連子会社の企業内弁護士であったが、解雇された。彼の主張によれば、ある危険な製品につき会社は公衆に警告を発する必要があること、及び、有害な廃棄物を適切に処理することを経営陣に説得した彼の行動が解雇の理由であった。その同じ年、カリフォルニア州の弁護士アンドリュー・ローズは13年間勤めたゼネラル・ダイナミック・コーポレーション社を解雇された。彼の主張によれば、使用者の数多くの不適切かつ違法行為に注意を喚起したことが解雇の理由であった。いずれの州の最高裁判所も「弁護士も報復的な解雇に対し訴訟を提起できる」と判示して、少なくとも理論上は、弁護士の側に軍配を上げた。要するに、マサチューセッツ州の最高裁判所が判示したように、被雇用者が弁護士であっても、内部告発者を保護するという「公益を消失させるものではない」とした。しかし、両方の裁判所とも同じCatch-22の不条理を弁護士に課した。すなわち、「彼らの依頼者・使用者に対する守秘義務は不変であるから、秘匿特権で保護される情報を用いて報復的解雇の請求原因事実を証明することは許されない」と判示した。唯一、ニュージャージー州だけが、企業内弁護士についても他の従業員である内部告発者と同様に扱っている。
　皮肉なことに、この結果、企業内弁護士は、歴史的にみても依頼者の側には秘密を保護すべき根拠がないにもかかわらず、重大な違法行為でさえ開示するには極めて困難な方法を採ることを余儀なくされた。対照的に、刑事弁護人の場合、依頼者の秘密保護の要求は当然のこととされ、古くから明文化されてい

るが、刑事弁護人には、依頼者が行おうとする将来の重大な危害のおそれを開示できる権限が明確に認められている。刑事事件及び家事事件といった感情的になりやすい分野の弁護士を対象としたニュージャージー州の1994年の調査結果によれば、このアイロニーが一層はっきりしてくる。すなわち、コーポレイト弁護士会の面々とは異なり、個人を代理する弁護士の圧倒的多数が、依頼者に対し違法な行為を行わないように強く説得し、**かつ**、説得に成功しているのである。コーポレイト弁護士の場合は、ウィリー、ローズ、スチュワートの例が示すとおり、依頼者に断念するように説得するだけで弁護士は解雇されるのである。

ニュージャージー州の調査対象弁護士の88％が「第三者の死または重大な傷害を避けるために情報を開示する」と回答した。しかし、これらの弁護士は特定の人間に対する特定の危害を想定していた。依頼者が「あの証人を殺すつもりだ」あるいは「俺の前の妻に今度は思い知らせてやる」などと言った場合、その予告された危害は重大であると同時に**個人的なもの**である。会社が従来どおりの営利事業を継続し多くの人を必然的に殺傷する結果となる場合、その害悪は抽象的なものにとどまる―誰に対していつ起きるかわからない事件によって不特定多数の人々が危害を被るのである。この抽象性こそが、企業内弁護士の向う見ずな公表の悲惨な結末と相まって、なぜ企業弁護士の多くが自らを危険にさらそうとしないのかを説明している。

ニュージャージー州の調査結果は、「第三者に対する危害を避けるために依頼者の行動を開示する必要があると回答したほとんどすべての弁護士がそうするのは、州の非常に広範な倫理規定があるからでは**なく**、顔も名前もある被害者に対する個人的な責任のゆえであること」を明らかにした。特定の被害者が判明していないという事実が感情面での距離を遠いものにしているという説明は了解可能である。しかし、欠陥製品による不特定の被害者に対する害悪は、最後の土壇場で態度を和らげるかもしれない個人による意図された被害者に対する危害とは比べ物にならないほど大きい。

Ａ・Ｈ・ロビンズ社とその代理人弁護士が何年もの間ダルコン・シールドの欠陥を隠してきたことを知った後、危険な避妊リングに起因する200件以上のミネソタ州の事件を担当した連邦裁判所判事マイルズ・ロードは、地域の教会協議会でスピーチをし、企業の良心という問題について分かりやすく語った。

「昔の時代であれば、もしあなたが誰かを殺したならば、もしあなたが誰か

を傷つける何かを作ったならば、誰かがあなたを止めたでしょう。……しかし、現在はそうではないのです。今日、私たちは費用対効果という判断基準を持っています。しかし、あなたが価格のつけられないものに価格をつけるとすべてが失われるのです」。ロードは、社会が「私たちの世界の安寧を損なう犯罪者を撲滅する」ための努力を称賛する一方で、より有害となりうる企業の犯罪行為に対処するには異なった基準を用いているという矛盾を十分に理解していた。「会社社長や役員のほぼ全員が、飢えに苦しみ傷を負っている幼子を助けるためであれば何マイルでも歩くことを厭わないでしょう」とロードは述べた。「しかし、その同じ者が事務所に戻るや、その同じ子どもが飲む水に大量の有毒物質を投棄することになる計画を承認するのです」。

　弁護士——裁判所の構成員 (officers of the court) と表現される が——は、自らの職を賭すことになっても、それ以上に良い行いをすべきであるし、そうしなければならない。そして、公衆には、さらに多くを弁護士に期待することが許されるべきである。どの程度まで？　マイケル・ジョセフソンは、アーサー・ミラーの戯曲『オール・マイ・サンズ』の中で一人の息子が父親に求めた基準を弁護士に適用しようとする。その父親は、戦時中欠陥のある飛行機を製造して飛ばした責任を問われた者の一人であった。彼は生き残った息子に嘆願した。「私は国の男たち以上に悪いわけではない」と。父親は「なぜ、**私が**悪いのだ？」と助けを乞うように言った。「**僕は**、父さんが他の男たちよりも悪いとは思っていないよ」と息子が答えた。「でも、もっと父さんはいいことができたと思うんだ」。

エピローグ
内部告発をすること

　新型モデル年の到来に残すところわずか6週間となった時点で、ジェス・ヴァレンシアの主張を入れて、バック・パッカードは次の自動車安全性委員会 (VRC) の議題にルクソールIIのブレーキ安全問題を掲げることに同意した。1週間後のVRC会議において、パッカードは特別に任命されたルクソールII作業部会から提出された1頁の報告書要旨を配布した。その報告書には、アンジェラ・ジャクソンの覚書の言及もなければ他の統計の引用もなかった。代わりに、曖昧な形で、作業部会の「徹底的な評価」について言及されていた。

「慎重な考慮の結果」と報告書には書かれていた。「ブレーキの故障による危険は重大ではない、したがって、リコールの必要はないと判断した。新型モデル車を発表した後の3カ月間、通常のサービス修理を利用することができるものとする。ブレーキの状態をみるために新車モデルの発表を遅らせる必要はないが、通常のサービス修理を受け付ける体制が整い次第、車輛部品の装着を行うことができる」。

　ジェスは怒った。この内容は彼にはすべて初耳であった。彼は一度も作業部会のことを聞いたことがなかった。そして、新たな統計上の証拠が存在しないことも確実と思われた。彼はパッカードに「アンジェラの見積もりは間違っていたのか？」と直接尋ねた。バックは「それはもう問題ではない」と答えた。ジェスは全体委員会において作業部会の報告書を再検討することを求めたが、パッカードは作業部会が既にVRCの承認を得てその結論を取締役会に提出済みであると答えた。

　その夜、ジェスは彼自身が会社の最高意思決定機関である取締役会に対しこの問題を提起するべき時期だと考えた。しかし、彼は行動を起こす前に、次の日の朝、法務部門の最高責任者であるテオドル・ヴァンデヴァーに会いに行き、彼の助言を求めた。ジェスはヴァンデヴァーを高く評価していた——彼はジェスをVRCの地位に就くことを勧めてくれた先輩であり、彼の安全に対する固い信念を持ち続けるように励ましてくれた。しかし、驚いたことに、ヴァンデヴァーはルクソールのブレーキ問題の全容を知っていたようだった。「いいか、ジェス」とヴァンデヴァーは彼に話し始めた。「この件について汽車は駅を出発してしまったのだ。決定はなされた。そのまま成り行きに任せるしかない。会社はできるだけ早くそれを直すはずだ」。

　ジェスはさらに3日悩んだ挙句に、自分の報告書を取締役会に送付した。彼は次のように書き始めた。「私は、役員の皆さんがわが社の車の一つに存在する非常に危険な状態に関する決定的な情報のすべてを把握できるようにすることが私の取締役会及び顧客に対する義務であると考えます」。彼は自らの見解を述べ、アンジェラ・ジャクソンの覚書のコピーを添付した。彼は、取締役会が「わが社の安全性を確実なものとするためにルクソールⅡのすべてにつき改良部品を組み込むか、あるいは、全車をリコールすることによって公衆及びナショナル・モーター社にこれ以上の損害を与えないように行動すべきことを提言して、報告書を書き終えた。次の日、ジェスは解雇された。

数週間、ジェスはナショナル・モーター社を相手取って報復的解雇に対する訴訟を提起することを検討していたが、最終的に訴訟をしないことに決めた。彼は自らが直面する頂上決戦のことを知っていた。州の裁判所はこのような企業内弁護士による訴訟をこれまで認めたことがなかったのみならず、彼の主張する請求原因事実を証明するためには、秘匿情報――すなわち、彼自身がアンジェラ・ジャクソンに「マジック・レポート」を書くように指示した際に秘密とされた情報であり、彼自身がそれに対し守秘義務を負っていた情報――を使用せざるをえなかったのだ。

　3カ月後、ジェスは自分の仕事をするために開設した新しい事務所に向かう列車の中で、高速道路で起こった大きな交通事故の新聞記事を読んでいた。それは、明らかに、ナショナル・モーター社のルクソールⅡが数台の車に激突して起きたものであった。ルクソールを運転していたドライバーはブレーキが完全に効かなかったと述べていた。1人が死亡し、4人が病院に搬送された。その夜のテレビは事故現場の映像と取り乱したルクソールの運転者のインタビューを放映した。翌日、ジェスはここしばらくの間考えていた行動を実行に移した。彼は委員会メモとアンジェラの「マジック・レポート」を運輸省高速道路交通安全局あてに送付し、あわせて、彼の連絡先を明記した書状を添付した。

　1年後、彼は18件のルクソールⅡの交通事故訴訟の原告代理人から証人として召喚された。彼は自らが証言できるのか、また、証言すべきなのかを判断するために助言をしてくれる弁護士を雇わなければならなかった。個人で弁護士を始めた彼の事務所は修羅場と化した。そして、ナショナル・モーター社は彼に対し、依頼者に対する守秘義務に違反したとして懲戒請求を申し立てた。

The Moral Compass of the American Lawyer

第3部
強欲と欺もう、つまり「みんなやっている」

当事者主義システムは、大規模で力のある法律事務所やお金のある企業だけの独壇場というわけではない。それは刑事弁護人の領地でもあるのだ。小規模な法律事務所で働く開業弁護士——個人の損害賠償を扱う原告側弁護士、労働者の権利問題を扱う法廷弁護士、そして中小企業、賃借人、家事事件の当事者などを代理する弁護士——も皆「当事者主義の原理」に従い、それを自らに有利に利用する。自らをゴリアテと戦うダビデとみなす多くの弁護士は、当事者主義原理を決して平等ではない戦いの場を平等化するための一つの方法と考えている。強力な法律事務所はその卓越した資源を用いて当事者主義の下での戦いに大きな影響力を及ぼすことができる。しかし、その一方で、機会の平等という考え方に基づいて、弁護士であれば誰でも行使できる多くの戦術といったものがある。

　事実審理において、専門分野の如何を問わずすべての弁護士は、想像力に富んだ多くの法廷戦術を試みることができる。原告被告を問わず保険専門弁護士（insurance lawyer）は蜜を求めるミツバチのように交通事故の現場に群がってくる。もっと忌まわしい例として、被害者側の弁護士の中には、秘密の取引をし、事故を起こした側の危険な状態を隠すために沈黙する者もいる。その結果、すべては公衆にとっての損出となるのだ。そして、そのようなことを行う弁護士は、依頼者に代わって虚偽ないし不実の意思表示をし、依頼者の欺もう行為の手助けすら行いながら、その一方で、正当化の理由として当事者主義原理を持ち出すのである。ダビデとゴリアテはなれ合いの和解さえするのであり、場合によっては、双方の弁護士が依頼者の利益よりもはるかに大きな利益を得ているのだ。「みんなやっている」というのは決して言い訳にはならないが、残念なことに、この言葉は頻繁に正当化の理由として用いられているのである。

第6章
保険専門弁護士：
事件漁りと金漁り

> アメリカでは、誰もが恥じらいもなく金儲けの話をする。だから、私もそうする。
> ——オハイオ州の人身傷害の民事事件専門弁護士リチャード・フレンチの言葉
>
> これは心理的に強姦に匹敵する行為だと私は思う。私の職業はそれよりもマシだ。
> ——弁護士リチャード・ケスラーの言葉。妻を1996年の飛行機事故で亡くした直後に他の弁護士から受け取った勧誘の手紙に対するコメント
>
> 私は、通常、救急車が来るよりも前に現場にいる。
> ——事件漁りの悪徳弁護士として告発された後のメルビン・ベリーの言葉

　弁護士サム・ハモンドの評判はハイランド市の弁護士の間では芳しくなかった。その理由が彼の事件を獲得する方法が「えげつない」からなのか、それとも単なる嫉妬からなのかは分からない。サムは人身傷害事件の原告側弁護士として相当な額を稼いでいた。彼はテレビの深夜番組に大々的に広告を出し、視聴者に向かって「サム・ハモンドが扱う事件には、訴額が大きすぎて手に負えない事件もなければ、訴額が小さすぎて手を出さない事件もない」と宣伝していた。彼は都市部の電話帳に大きな展示広告を掲載し、さらにインターネット上にホームページを開設し、事務員がフルタイムで訴訟になる可能性のある事件を検索していた。

　彼の事件の多くは小額なもの——軽度の自動車事故及びスーパーマーケットや小売店での転倒事故——であった。しかし、これらの事件の原告は、事務所を訪れた最初の機会を除いて、サムその人に会うことはなかった。依頼者の事件受付はパラリーガル（弁護士補助者）の手に委ねられ、事件の担当はハモンド法律事務所の実戦部隊である若いアソシエイト弁護士の一人に配転された。

　彼はバスや飛行機などの衝突事故といった大型損害賠償事件についても顧

客を獲得しており、この分野では、彼の事務所の「調査員」が警察よりも前に事故現場に到着していることで有名であった。どうして事故直後の顧客漁り(amburance chasing)をしているのかを尋ねられると、サムは「被害者が当然に得るべき損害賠償額を手にすることを助けているのだ」と大声で怒鳴りながら自己を弁護するのだった。「俺だけが、かよわい者をだます保険会社を監視する唯一の人間だ。あいつらは俺が『ヤキ』を入れるためにここにいることを知ってるよ」と彼は主張した。

　保険会社の査定人は、皆一致して、サムを金だけが目当ての恥知らずの守銭奴と見ていた。サムが大型事件の原告代理人の地位を獲得して事件を取り扱う場合には、彼は恐るべき敵となり、保険会社にとっては悩みの種となった。それゆえに、交通機関による大規模な事故や重篤な人身傷害を伴う州間高速道路での大きな交通事故が起きたならば、保険会社はどんな手段を講じてでも、彼が被害者に接触する前に被害者に会おうと努力した。しかし、比較的小額な事件の場合には、保険会社は他の多くの同業者と一緒に、できるだけ早い段階でハモンド法律事務所に赴いた。というのも、彼の事務所のアソシエイト弁護士は被害者の請求を訴訟に持ち込むことなく和解で解決するという評判が定着していたからである。これは、法律事務所にとっては大幅な時間の節約になる反面、依頼者にとっては賠償金がより低い額にとどまることを意味した。サムが主張するような保険会社に与える「ヤキ」などとはとても言えないものだった。

＊

　アメリカ合衆国は地球上のどの国よりも人口比でみた訴訟件数の割合が高い。推計では、人身傷害の損害賠償事件と他の不法行為事件の割合は訴訟案件全体では小さな割合を占めるにすぎず、民事事件の訴訟件数のうち10%未満であるが、これらの訴訟は一般大衆及びマスコミの注目を浴びる事件となる。被害者のある者は、夏の夜に集まる蛾のように飛行機事故や有害物質事故の現場に群がる弁護士によって追い回される。また、被害者のある者はテレビの深夜番組の広告によって攻撃に晒される。それは中古車販売の売り込みに似ており、とても高度な専門職からの公的なサービスの提供とは思えない代物だ。そして、被害者の中には、鞭打症の事件から熱いコーヒーで火傷をした老婦人の訴訟に至るまで不当な評決には納得できないと考え、「不法行為改革」といった宣伝文句に興味を覚える者もいる。改革の意味は、敗訴者が訴訟費用を負担し、「痛みと苦悩」の回復は限定され、成功報酬は実質的に減額されるというのだ。

これらの人々にはある一つの共通点がある。それはアメリカの不法行為訴訟のシステムに幻滅していることであり、彼らはその変革を望んでいる。しかし、「救急車を追いかける悪徳弁護士」というステレオタイプ化したイメージは物語のほんの始まりであって、終わりではない。

　「救急車を追いかける弁護士（ambulance chaser）」は確かに存在する。若干の疑問がないわけではないが、事実、病院の職員、葬儀屋の主任、レッカー車の運転手と結託して事件を漁ることは十分にありうる。この表現それ自体の出現は19世紀という歴史の転換期にまで遡る。今日の交通事故による鞭打症を理由とする損害賠償事件は、19世紀当時、汽車の突然の動きによって引き起こされたと主張する「鉄道脊椎症」による請求に似ていた。

　たちの悪い原告側弁護士と評判の悪い依頼者の物語の中には、自分の思うとおりに骨を脱臼させ、出血させることのできたある女性と1900年代初期にバナナの皮で滑って転んだとして数多くの損害賠償請求をして「バナナ・アンナ」という異名を頂戴するに至った別の女性も含まれている。世界大恐慌という困難な時勢の中で、人々は生きていくために自分の体を傷つけ、果ては「事故による」身体の切断をするまでに自らの体を犠牲にしたのだった。

　事故を偽装する者と事件漁りをする弁護士との結びつきは、今日では、はるかに洗練された水準にまで達した。1997年、ブルックリンの大陪審は、8人の弁護士、2人の医師、3人の医学生と弁護士が雇った手下4人を訴追した。この一味が捕まったのは、一つには、メンバーの一人が救急医療アシスタント用のオンライン掲示板に患者の紹介1件につき200ドル支払う旨の広告を出したことがきっかけであった。ブルックリン弁護士会は「人身事故の損害賠償事件を専門にしている弁護士は誰でも同じことをしている」と述べて、この訴追に反対した。つまり、逮捕された者は「小魚」ですらなく「雑魚」だというわけである。

　今日、「救急車を追いかける弁護士」は、その表現が登場した時とは異なった意味を有している。当初、この表現はエリート主義と人種的固定観念に基づいた軽蔑を表していた。法曹界は長い間エリートの領域であった。13世紀の英国において、富裕層の若者が法律を学び公益に奉仕する専門職業人としての実務を身につける場所として、インズ・オブ・コート（訳注：ロンドンにある英国の法廷弁護士バリスターを養成する自治組織で、リンカンズ・イン、ミドル・テンプル、インナー・イン、グレイズ・インの4つがある。）が設立された。弁護費用とは恩義を感じた依頼者が弁護士に任意に支払うお布施であった。合衆国では、弁護士

は進んで弁護費用を徴収したが、エリート主義的な態度はそのまま20世紀まで残った。1878年に設立されたABAは、その創立者の一人の表現を借りれば、「指導的な人物ないし将来を嘱望される者」に会員資格を制限した。

フィラデルフィアの有力弁護士ヘンリー・ドリンカーは100年前の弁護士会の人種差別主義とエリート主義を体現していた。ドリンカーは忍び寄る弁護士層の多様化を通じて——たとえば「ロシア系ユダヤ人」やその他の下層民が「階層を這い上がって」紳士階級の領域を侵している——、弁護士は専門職業人としての地位を失うのではないかと考え、自らの手で事態を変えようとした。彼は、10年以上もABA職業倫理委員会の委員長として、「ペンシルベニア指導者計画 (the Pennsylvania Preceptor Plan)」の中心的論客となった。そのプログラムは異なった民族的出自を持つ弁護士や下層階級出身の弁護士に会員資格を認めないことにより弁護士会の品位を保つことを目的としていた。

全体として見れば、この計画はかなりうまく機能していたが、1912年に、ABAはうかつにも3人の黒人弁護士に会員資格を与えてしまった。物分かりの良い数人の会員に説得されて、そのグループは3人の会員資格の付与が「間違い」であったことに気づいた後もその資格付与を撤回することなく、再び同じ間違いをしないよう確認するにとどめた。ABAはさっそく「協会の確立された慣行として会員資格は白人の男性のみとする」旨の決議を採択した。

1908年、最初の倫理規範が32の行為準則として起草された年であるが、法制史学者のジェロルド・アウワーバッハによれば、ABAはこうして「その排他性を守る」ための「専門職業人の保護組織」として存在していた。その会員は当時の進歩的な政治家を支持する無数の選挙民よりも金持ちの利益を代弁する弁護士を擁護することに関心があった。ABAが行為規範を設けた理由は、その会員の行為を規制することに目的があったというよりは、1905年にハーバードで国内随一の進歩派であった大統領テオドア・ルーズベルトが行った専門職業人を批判した演説に由来していた。ルーズベルトは法的規制を潜脱する方法を依頼者に助言して生計を立てるコーポレイト弁護士を批判したのであった。しかし、ABAの行為規範は大統領の意見や選挙民の見方よりも裕福な「紳士」である開業弁護士の関心の方を色濃く反映していた。

初期の規範のいくつかは、広告、事件の勧誘、そして弁護料金などについて言及していた。一つには、弁護士が事件を「買う」ためには何でもできるという自由競争の考え方を規制するためにこれらの規定が必要であった。しかし、

これらの規則が制定された背景には、弁護士会が社会的つながりと大企業関連の顧客に依存した弁護士によって構成されていたので、新たにビジネスの世界に進出してくる他の弁護士を制限したいと考えていたという事実がある。このことは、専門職における権力バランスが一握りの権力者の手にしっかりと握られており、それがほぼ19世紀の間を通じて残ったということを示している。

1908年のABA行為規範の準則28はこの二重の目的を反映している。

> 弁護士が訴訟を提起するように任意の助言をすることは職業倫理に反する。……論争や訴訟を慫慂することは職業倫理に反するばかりか、コモンロー上、訴追されることもある行為である。権利証書の欠点や他の請求原因を探索し、訴訟の代理人に雇われるためまたは判決を得るためにそれを教えること、あるいは、依頼者を確保するために人身傷害の損害賠償を求める人または他の訴訟原因を探し出して訴訟沙汰にすること、あるいは、同様の目的のために仲介者または代理人を雇うことは恥ずべきことである。

ABAから疎外された者にとって代替手段は限られていた。1922年に設立された、セントルイスの支配的なアフリカ系アメリカ人によるマウンド・シティ弁護士会（African-American Mound City Bar Association）のような組織は少数民族出身の弁護士に居場所を提供した。企業法務の多くの分野は、ABAや同種の「エリート」地方弁護士会に所属していない弁護士には解放されていなかったので、個人の人身傷害の損害賠償事件はこうした小規模法律事務所の独立した弁護士が扱う主要な分野の一つとなった。

地域社会とのつながりを通して提訴を慫慂することは、民族的出自の如何を問わず、多くの人身傷害事件弁護士の仕事の一部であった。こうした慫慂行為を弁護士会が摘発し、証明し、処罰することは困難であった。しかし、広告の禁止——発見するのが容易であり、禁止するのはもっと簡単であった——は非常にうまく機能した。弁護士の広告禁止は事実上1世紀の4分の3にあたる長期にわたって続いた。

広告の禁止は1960年代の後半及び1970年代の前半には、興味深いことに、消費者運動の高揚に応える形で極限にまで達した。メルビン・ベリーがスコッチウィスキーのデュワーズ社の有名人広告に横顔を載せた際、カリフォルニア州弁護士会は、「自己を美化した」との非行を理由にメルビン・ベリーに30日間の業務停止を命じた。これを知った多くの者は、彼が人身傷害事件の原告側

弁護士として高名であったので狙い撃ちにされたと感じた。ジャコビー・アンド・メイヤーズが、法律事務所に代えて「リーガルクリニック」という名称を付けたことに対して、弁護士会は戒告処分に付したが、裁判所は、「クリニック」という表現は実際には「ローファーム」よりも正確な表現であると判示して制裁を課すことを拒否した。

　ついに1977年、合衆国連邦最高裁判所は、広告が憲法上認められた「商業的言論の自由」の保障を受けることを根拠に、アリゾナ州のリーガルクリニックであったベイツ・アンド・オースチンが「地方新聞に料金表を掲載することができる」と判示した。ハリー・ブラックマン判事は、広告を禁止する規則を「時代錯誤」と述べ、倫理ではなく「エチケットとしての決まり」にすぎないとしたうえで、「広告禁止を求める歴史的な基礎は崩れ去った」と判決に書いた。ブラックマンは「虚偽の、詐欺的な、または誤解を与える広告は依然として処罰の対象となりうる」と述べて、彼の決定に一定の留保をつけたものの、これを機に広告を禁止していた水門は開放された。

　ベイツ・アンド・オースチンの広告——簡単な料金表（「氏名の変更——95ドル、裁判所あて申請書作成につきプラス20ドル」）を載せた正義の秤——が最初の事例であったが、ほとんど注目されなかったようだ。同様に、その翌年、最高裁は、2人の少女と人身傷害の損害賠償事件につき成功報酬契約（contintingency fee contract）を締結したオハイオ州の弁護士アルバート・オーラリックに対する無期限業務停止の懲戒処分を支持したが、これも重大問題にならなかった。この事件は、弁護士がまだ事故後牽引中の少女の病棟に行って契約書にサインさせ、この少女の契約を示して二人目にもサインさせ、翌日、その少女が契約の撤回を申し出たのを拒否したというものであった。

　この規則の歴史を振り返ってみても、たとえ、それが最悪のエリート主義や人種差別主義の性格を持っていたとしても、傷害を負った本人や家族の最も打ちひしがれた状態を利用する人身傷害専門弁護士のえげつない行為を正当化したことはない。1996年、ヴァリュージェット592便とTWA800便が衝突した航空機事故は、災害事故専門弁護士が群がった歴史上最悪の例であった。

　ヴァリュージェット社のDC-9機がフロリダ州の湿地帯に墜落した後、たくさんの弁護士が代理人選任の勧誘パンフレットを被害者家族が滞在していたマイアミのホテルあてに送付した。中には花を贈る者もおり、ある法律事務所

などは、悲嘆にくれている遺族の付添人として若い魅力的な女性の提供まで申し出た。弁護士の中には、ロビーに置かれた観賞用植物の陰で家族に契約書の署名欄にサインを迫る者もいた。「禿鷹が旋回しているわ。人々が深く嘆き悲しんでいるまさにその時に」とある被害者の妹が言った。「少なくとも、私は葬式だけは済ませたいんだ」と別の被害者の父親が言った。「しかるべき時期がきたら、私たちも弁護士を選任するが、絶対にこいつらではない」とヴァリュージェット事故で家族を失った親戚が言った。「これだから、弁護士とはたちの悪い連中だという評判が立つんだ」。

オハイオ州の損害賠償専門弁護士リチャード・フレンチは、これらの言葉を聞いたからといって、決して気おくれすることはない。彼は、航空機事故の1週間以内に被害者の家族に大量の勧誘文を郵送することを認めたうえで、「被害者に当然の権利を知らせることによって公的サービスを提供している」と主張する。「もし私が人々を苦しめているとしたら、本当に、申し訳ないと思う」とフレンチは『ボストン・ヘラルド』紙に述べた。「しかし、衝突事故の被害者に私が提供するサービスは、時には、混乱している誰かにとって役に立つのだから十分によいものだと思っている」と。フレンチは、知名度こそがビジネスに役に立つと考えているようだ。彼は、TWA800便の事故後に、全米の公共ラジオ放送番組『考慮事項（All Things Concidered）』の中で紹介された彼の典型的な手紙の中でこう書いている。

　○○家族の皆様――（ここに氏名を挿入する。）私は、航空機事故による○○様――（ここに氏名を挿入する）――の悲劇的な死に対し心から哀悼の意を表明いたします。私は、皆様方すべてにとって今が最も困難な時であるに違いないと思います。私は、どのような支援であっても、法的観点から私のできる限りの支援をご提供できれば嬉しく思います。最初のご相談につきましては、皆様方には何らの負担も生じません。……もし、あなたに数分間の余裕があれば、私たちがこの件をさらに検討できるように私あてにお電話をしてください。

敬具

「アメリカでは、誰もが恥じらいもなく金儲けの話をする。だから、私もそうする」とフレンチは、ABCの『ナイトライン』で語った。

アメリカの人身傷害専門弁護士のポートレートはこうした航空機の大惨事後

の評価が示す以上に複雑な性格を示している。多くの人身傷害専門弁護士はそこそこの稼ぎにとどまる一方で、一握りの人身傷害専門弁護士は成功報酬として巨額の金銭を稼いでいる。しかし、彼らは、しばしば資金力に勝る敵、すなわち保険会社を相手に、長期にわたる戦いに直面することになる。彼らは依頼者の請求原因の確実性を信じなければならない。なぜなら、彼らが訴訟の全経費——特に、製造物責任訴訟や複雑な大惨事事故の訴訟などの場合、何万ドルにも達するかもしれない費用——を事前に投資しなければならないからである。こうした弁護士の多くは、金銭目的だけで仕事をしているのではなく、真に、「自分の依頼者には公正に損害賠償がなされてしかるべきだ」という信念を持って仕事をしている。他人の過失によって傷害を負った被害者は、しばしば医療費の請求と生計の途絶によって苛酷な経済的な困窮状態に陥っているからである。新聞の1面を飾る事件の場合、文字どおり、傷害に苦しんでおり、今まさに強力な保険会社からの補償を期待しなければならないたくさんの人々がいる。こうした人々を代理する弁護士が、自らを守護神「小さな妖精 (little folk)」とみなしていることも頷けよう。

　また、最も成功しているこうした弁護士の多くが、人々の評価に匹敵する高い自尊心を持っていることも事実である。シカゴのフィル・コルボイの例を見てみよう。現在70歳代になったコルボイは航空機事故の被害者側代理人を務める専門家だが、最も著名な事件は、死の結果をもたらす毒物が混入した解熱剤「タイレノール」のカプセルにつきジョンソン・アンド・ジョンソン社を相手取った訴訟であった。コルボイは訴額が100万ドルないしそれ以上になる250件を超える訴訟事件を担当した。しかし、彼が人々に記憶されているのは、彼が普通の人々のために戦ったからであり、必要な時に依頼者の心を和らげたからであった。彼の依頼者は彼を精神的にも感情的にも共感できる人と考えた。1976年に、彼自身、一番末の息子を交通事故で亡くしていたので、彼が「『あなたがどんな気持かはよく分かる』とは決して言わない。どんな悲劇も個人的なものだ」と語る時、依頼者は彼を容易に信ずることができたのだ。

　献身的な専門家弁護士の対極には、依頼者の不幸に乗じてお金を稼ぐたちの悪い弁護士がおり、その依頼者は困難に見合う成果は何も得られずに終わるのだ。こうした悪徳弁護士のイメージは保険業界とマスコミによって強化される。ヘンリー・ドリンカーのエリート主義の残滓を引きずっているが、このイメージに合致する弁護士が余りにも多いのも事実である。ここにいくつかの例をあ

げてみよう。

● 依頼者に対する過大請求。単純に高額の費用を請求するか、仕事の内容に不釣り合いな費用を請求する。テレビ広告で「人民の弁護士」と自らを呼んでいたカリフォルニアの弁護士は2度弁護士会の懲戒処分を受けたが、1997年の最近の例では、懲戒事由の一つに、小額事件裁判所の管轄に属する事件の依頼者に「助言」しただけで訴額の半分の額を請求していたことが含まれていた。小額事件裁判所では弁護士の代理は認められていないうえ裁判所が無料で助言者をつけるというのに、である。

● 「負傷者の工場」を経営すること。これは、どこにでもある事件――自動車の接触事故や店舗内の転倒事故――の依頼をたくさん引き受け、さっさと低廉な損害賠償額を得て和解することを意味する。保険会社の査定員は相手方にこうした弁護士がつくことを歓迎する。なぜなら、迅速な解決は会社の費用の節約になるからである。弁護士がそうするのは、訴訟を提起し、証拠開示を求め、宣誓供述をとれば依頼者がより高額の賠償金を獲得できる場合であっても、たいして手間をかけずに早く和解で終結し次の事件にとりかかった方がより多くのお金を稼ぐことができるからである。

● 「創意に満ちた」報酬契約及び課金制の実務。弁護士の中には、依頼者に請求する弁護士報酬を賠償金の総額に基づいて計算し、費用相当額だけは依頼者交付額から控除する者がいる。こうした費用には健康保険でカヴァーされる医療サービス提供者の介護費用などが含まれているので、依頼者の手元にはほとんど何も残らない結果となる。

● 同様に、移民社会の地域指導者を「パラリーガル」として使用するという工夫もある。法律事務所が移民社会のリーダーを雇用したということは、その地域の母国語で書かれた新聞に、そのリーダーと弁護士の写真付きの記事となって載る。これによって、多くの事件が舞い込むが、その記事には、その弁護士が依頼者の言語を話せるかどうか、あるいは弁護士が非法律職である「パラリーガル」と弁護士費用を折半しているのか否かといった疑問には全く答えていないのだ。どの州でも非法律職との提携は倫理規則の違反であるというのに。

ヒューストンのジョン・オッキンがこの弁護士像に合致するかと言えば、その判断は難しい。確かに一方では、彼は国内で最も成功している人身傷害専門弁護士の一人である。彼は10億ドル相当の報酬を得た。彼はシリコン豊胸術に関する損害賠償訴訟の中心的なリーダーであり、その成功のゆえに、『フォーブズ』誌と『ウォールストリート・ジャーナル』誌が不法行為改革の旗

手として写真を掲げて掲載したほどである。通常であれば、この種の宣伝広告は弁護士会の同僚弁護士から称賛を受けるが、オッキンに対する反応は明らかに複雑なものであった。業界紙『テキサス・ロイヤー』誌によれば、法廷弁護士で作る全国規模の弁護士会のいくつかは彼に会員資格を認めなかったし、彼自身が所属する州の法廷弁護士会でさえセミナー講演の依頼を取りやめた。

考えられる理由は、オッキンの事件を獲得する方法についての批判にあった。1996年、テキサス州弁護士会は、「オッキンが非法律職を『事故後の事件勧誘者 (accident runner)』として利用し、業務停止中のアソシエイト弁護士に1994年シャーロット近郊に墜落したUA航空機事故の損害賠償事件の勧誘をさせた」として告発した。1997年、オッキンは同じ容疑に基づく軽罪の訴因でサウスカロライナ州裁判所に起訴された。オッキンは以前にもこの種の事件を起こしたことがあった。1987年、テキサス州弁護士会は、彼が8人の「事件屋」を使用して100件以上の事件を勧誘していたとして懲戒請求を申し立てた。彼は、戒告と100時間の社会奉仕、それに懲戒手続費用の支払いを命じられただけで、ほとんど実害を受けずに済んだ。

オッキンは言論の自由を楯に自らの行為を擁護し、「もし、私がUA航空機事故の被害者の家族と契約を交わさなかったならば、彼らは航空会社の代理人弁護士のお情けにすがるほかなかっただろう」と主張した。「これまで、依頼者のために満足のいく仕事をしなかったといって私を非難した者は一人もいない」と彼は1994年ニューオリンズの『タイムス・ピカユーン』紙に語った。評論家の中には、この見解に賛成する者もいて、「仮に、事故の犠牲者が無名の弁護士ではなくオッキンのような知名度のある弁護士の代理という利益を享受したのならば、その方が良かったということになる」と論じた。「もし、弁護士がとてつもない仕事を成し遂げた場合、たとえ彼がその事件を勧誘していたとしても——たとえそれを獲得するのに1万ドルを支払ったとしても——、最後に依頼者のために1千万ドルの賠償金を獲得したとすれば、あなたが言う犠牲者なんてどこにいるのかね？」と、弁護士会の綱紀委員である一人の弁護士が『テキサス・ロイヤー』紙に投稿した。彼の眼に映った唯一の損害とは、その事件の代理人に就任できなかった弁護士なのだった。

合衆国連邦最高裁判所はこの見解に与しなかった。1995年、5対4の僅差で、事故後30日以内は弁護士が依頼者への依頼勧誘行為を行うことを禁じたフロリダ州の倫理規則を支持した。フロリダ州の規則は、ホテルのロビーでの客引

きや隣近所に「事件勧誘者」を派遣するのを禁止する以上の効果——これらの行為は既にどの州でも禁止されていたが、この禁止が法によって強制されるか否かが焦点であった——を持っていた。むしろ、フロリダ州の規則は、特に**郵便による勧誘**を禁止することを目的としていたのだ。

最高裁の判決後、いくつかの州が同様の禁止を検討するか承認するかの対応をとった。しかし、原告側の弁護士及び法曹倫理の専門家の多くはこうした禁止には重大な問題があると考えている。すなわち、これらの規則は、保険会社に対しては、事故の被害者自身に——代理人をつけないように、低額な和解で終結するように、そして最終的には訴訟を提起させないように——働きかける行動の自由を与えるからである。

保険会社とは、法律事務所を別として、アメリカにおいて訴訟案件を扱う数少ないビジネス組織である。訴訟だけをビジネスにしているわけではない——保険会社はまず宣伝し保険を売らなければならない——が、賠償責任保険を販売している会社はどこでも、保険金請求のかなりの割合が必然的に法廷に持ち込まれることを知っている。保険会社が訴訟を回避することが多ければ多いほど、会社が支出する金額も少なくてすむのである。

最近のサンフランシスコ湾岸地域の事例を取り上げよう。一人の女の赤ちゃんが成人のいとこに預けられていた間に、ひどい火傷を負った。いとこの台所は危険な状態であったから、不注意と過失責任は明らかであった。この事故の後ほどなくして、この子供の両親は、いとこの契約保険会社シビル・サービス・エンプロイー保険を代理する査定員から電話を受けた。査定員は「もし子供の両親が訴訟を起こさずに和解をするのであれば、保険会社は親戚にあたるいとこを訴えるのを差し控える」と告げた。査定員は子供が心配であると話し、子供の母親の心情は自分が抱いているクリスチャンとしての心情と同じだと同情を示した。彼は両親の当座の費用の手助けにと1千ドルを直ちに送った。彼は電話を継続的にかけてよこし、いつも親身であった。子供の父親は彼のことを「素晴しい人」だと思った。しかし、この「素晴しい人」は保険会社が想定していた保険金額よりも低い金額で両親に和解させた。その手法は、保険会社に忠実な弁護士を雇って和解することを確定させたうえで、それから、その弁護士を子供の「代理人」として裁判所に出廷させたのだった。

保険請求がなされた時、この男は「両親には費用をかけさせずに法的援助を

うけることができるように弁護士を紹介しましょう」と述べたので、両親は喜んで話に応じた。弁護士は両親と会い和解案の詳細を詰めるのを手伝った。彼は、子供が毎月受け取るべき支給額は十分ではないと年金保険会社に対し不服の申立てまでしていた。年金保険会社は再計算をして見直しに同意した。それから、この弁護士は、未成年者が当事者の場合の必要な手続きの通例として、訴訟外の和解契約を裁判上の和解とするために即決和解の申立ての準備に入った。奇妙なことに、この弁護士は申立書に彼の名前と所属する法律事務所の名前を書いたが、彼は弁護士が代理する当事者の欄を空欄のままにしておいた。そして、その弁護士は両親と子供の主治医の双方に対し、彼がこの事件につき子供を代理して訴訟行為を行うことを明言した。

　両親は、無理からぬことだが、子供の状態が心配であったので、弁護士の言葉を真に受けた。しかし、後になってから、両親は保険会社が一定の金額——もし子供に固有の弁護士をつけていたら保険会社が支払わなければならなかった金額——の返還を受けていたことを知った。両親がこの事実を知ったのはほんの偶然からであった。すなわち、母親が裁判所の審尋の後、弁護士の助言を受けるためにその弁護士に電話をかけた際、彼は事実上保険会社のために働いていることを認めて助言を与えることを拒否したからであった。

　この両親は幸運であった。なぜなら、別の弁護士に救いを求め、保険会社と不当に両親を代理していた弁護士の双方を訴えて勝訴したからである。しかし、多くの場合は、そう幸運に恵まれるものではない。宣誓供述の際、この保険会社の弁護士は「同じようなことを『何度も何度も』行ったが、その都度、発覚することはなかった」と証言した。

　数年前、ペンシルバニア州で、5歳のアーネスト・グンという別の子供がもっと悪質な体験をした。少年が交通事故で重傷を負った後、運転手の保険会社の査定員が少年の母親を自宅に訪ね、母親に対し、少年が医師の手を離れ次第直ちに保険会社は保険金を支払うので代理人弁護士は要らないと告げた。以後の2年間、その査定員はグン夫人と定期的に連絡を取っていた、しかし、アーネストの治療が終了するや、その査定員は突然行方不明となった。最後に、グン夫人は弁護士に相談したが、既に時効期間を徒過していたので、訴訟を提起するには遅すぎた。ペンシルバニア州裁判所は少年の訴訟提起を認めず、保険会社の行為のゆえに法定の時効期間の延長を認めるためには、「原告が詐欺または偽もう行為の**明白な**原因事実を証明しなければならない」と判示

して、時効期間の解釈論を発展させた。

　グン事件とその中で示された解釈基準は1960年代に起きたものである。30年後になっても、ペンシルバニア州ではほとんど変化がない。フロリダ州の勧誘行為禁止規則が支持された後、ペンシルベニア州弁護士会は、原告側代理人の勧誘文書の郵送を禁止するフロリダ式禁止規則を当面支持することを明らかにした。会員の何人かが同じ30日間に保険会社が締結した被害者との和解を無効にする相互規制を創設することを提案したが、ほとんど関心を引かず、十分な賛成票を得ることができなかった。またしても、その効果は保険会社の行動を隠すことになったのである。

　テキサス州では、現在、ジョン・オッキンが訴追されて事実審理の最中であるが、新しい勧誘行為禁止規則は刑事訴追の可能性を内包している。しかし、テキサス州の規則は原告側の弁護士についてのみ適用され、保険会社の弁護士には適用されない。数年前、テキサス州弁護士会の会長であった高名な法律事務所フルブライト・アンド・ジョワルスキーのパートナー弁護士は、「真実班（truth squad）」を組織して事故現場に派遣し、原告側弁護士が現場で代理業務の勧誘をすることは禁止されていることを被害者及びその家族に警告した。こうした努力は改革の一環として広く知れわたったが、後に、真実班の性格が代理人をつけずに被害者自身で手続することを勧めるものであることが判明した。つまり、弁護士会長の所属する法律事務所は被告になる可能性のあった保険会社及び航空会社の代理人であったのである。

　リチャード・ケスラーは弁護士である。そして、彼は被害者でもある——彼は妻をヴァリュージェット機の湿地帯墜落事故で亡くした。悲劇の後5日もたたないうちに、彼は代理人選任を求める弁護士の勧誘を受けるようになった。その中には、事故の写真と一緒の速達郵便もあり、妻が死んだことを思い起こさせた。「それはひどいものだった」と、後に彼は語った。その体験を通じて、彼は「完全に傷つけられ」「情緒的に攻撃されている」と感じた。しかし、彼は、「原告側弁護士による勧誘行為が禁止されるべきである」と考える一方で、「保険会社とその弁護士にも同じ強制力を持ってその禁止は適用されなければならない」と確信している。「双方とも『強制力を用いた策略、恫喝する戦術』を使用している」と、彼は全国版の公共ラジオ放送番組『考慮事項』の中で語った。「そうして、双方が打ちのめされた人々を利用し、そしてまた人々を打ちのめ

すのだ」。彼の解決策はこうだ。悲嘆にくれている人々が悲しむ私的な時間を確保する間は、「活動の場を公平にする」ために**すべて**の当事者の行動を凍結することである。

ケスラーの主張は正しい。遺族の悲嘆を増幅させる勧誘行為に弁解の余地はない。——ただし、それが保険会社とその代理人が被害者に襲いかかるのを阻止する唯一の方法である場合はその限りではない。保険会社がまず損益分岐点を設定し、30日間の制限期間内にありとあらゆる事をして、保険会社の提示する条件で和解していることを示す証拠は山ほどある。

フロリダ州の30日間禁止規定を支持した連邦最高裁の決定の後、オールステイト保険会社は、保険金請求者に弁護士がつく前に和解を承諾させるために攻勢に出た。この保険会社は手紙とともに「私に弁護士は必要か？」と題するパンフレットを送ることから始めた。オールステイト社はクレーム処理担当の代理人を動員し、警察の報告書を閲覧し、事故現場を訪れ、急いで和解するように命じた。

オールステイト社は、事故被害者に対し「たとえ被害者が会社から直接受け取る金額がいささか少なかったとしても、弁護士をつけた場合に弁護士に払う成功報酬を払わなくて済むのだから、結果的に、より多くの金額を得たことになる」と説明した。また、1992年に保険調査機構が行った調査研究を引用して、保険会社と直接和解した人の方が早く和解金を手にしているとも言った。しかし、保険会社は同じ調査機構が1994年に行った調査研究には言及しなかった。同機構は保険業界の調査機関であるが、1994年調査研究の結論は、弁護士が代理人として関与した場合の自動車事故の和解金の平均額が14,700ドルであったのに対し、弁護士の関与がない場合の平均額はたったの4,100ドルであった。この差を見れば、弁護士に対する成功報酬を払ってでも弁護士をつけた方が金額上も有利だし、十分に待つに値することが分かる。

最初、オールステイト社だけがこのような積極的な対応をしていたが、1997年初めには、リバティ・ミューチュアル社も同様に手紙の送付を開始した。原告側弁護士は訴訟を提起し、ある州の検事総長は、保険会社において事故被害者に法的助言を与えているか否か、及び、その説明が誤解を与えるものとなっていないかにつき捜査を開始した。にもかかわらず、保険会社がその計画をやめる兆しはなかった。明らかに、こうした計画は保険会社の弁護士が慎重に起草した原案に基づいて考案されていた。

保険会社とその弁護士によって起きる損害を理解している者はボブ・マニングを置いて他にいない。1997年の半ば、『ニューヨーク・タイムズ』紙は1面に彼の物語を掲載した。彼は1962年に起きた事故の保険金の支払いをまだ受けていなかった。彼は電信柱から降りる際に感電し、歩道に頭から落ちた結果、首から下に麻痺症状が残った。ニューヨーク州労働者災害補償委員会は、2度マニングに対し、給付――1回は120万ドル――を認めた。しかし、ユティリティーズ・ミューチュアル保険会社は支払いを拒否した。問題の核心は、マニングが24時間体制の看護を必要とし、その大半を看護士資格のある妻に依存していたことであった。看護士資格のある配偶者に支払った先例と5人の控訴審裁判官がユティリティーズ・ミューチュアル社に支払いを命じた判決があったにも関わらず、保険会社の弁護士フィリップ・ルーニィは「まだ上訴審で主張する新しい論拠がある」と主張した。

　1988年、保険会社は和解案を提示したが、それは保険会社の条件をそのまま受け入れる場合に限るというものであった。マニングとその代理人弁護士がその提案を拒否するや、保険会社は「新たな訴訟を提起する予定だ」と述べたうえ、「マニングはこの問題となっている事件の明確な決着方針を記憶していない可能性がある」と答弁書に書いた。以来数年間にわたって、マニングは破産に陥るぎりぎりの生活を余儀なくされ、控訴審裁判所が「彼にはもはや理学療法を受けるだけの資力がなく、その結果、彼の健康は悪化している」と認定するまで追い詰められた。1997年5月に、マニングは「私は何が起きているか分かってるよ」と語った。「会社は、もし私が必要な医療を受けられなくなったら直ぐに死ぬことを知ってるよ」。「それは違う」と保険会社の弁護士ルーニィは言う。彼は、「マニングには『多大な同情』を抱くが、彼の依頼者は最高裁の判断を仰ぐまで『いかなる支払いをする義務もない』」と述べた。

　マニングの物語が『タイムズ』紙に登場したその日、ジョージ・パタキ知事はこの事件を「恥辱」と呼び、ユティリティーズ・ミューチュアル社の主張を「馬鹿げている」と論評し、州の検事総長は、保険会社にあてて「上訴手段は尽くされたのだから支払いに応ずる時期である」旨の書簡を送った。間もなくして、マニングの以前の雇用主であったモホーク・パワー社は、公式に保険会社に労災補償金の支払いを請求し、保険会社はそれに応じた。マスコミとニューヨークの高官の権力の方が保険会社及びその弁護士の有する支払いを遅延させる権限よりも勝った。しかし、マニングの特別医療の必要性に関する請求につ

いては、依然として、係争中である。

　残念なことに、マニング事件だけが特殊というわけではない。保険会社は、時間稼ぎが請求者の経済的な危機をもたらすと考えた場合、その雇用する弁護士の助言と同意を得て、保険金の支払いを拒絶することがよくある。最近の例では、修道院が全焼して倒壊した。保険会社は「建築時に実際に現金で支払った既払額のみを補填する」と言った。これはほとんどゼロ回答に近かった。というのも、その修道院はボランティアによる労働と寄進された建材によって建てられていたからである。聖職者の階位にある者が「再建に必要な金額の一部しか補填されないのでは、どうやって再建することができるのか」と聞いた時、保険会社の査定員はこう答えた。「神に奇蹟を願うのですな」。神に祈る代わりに、この修道院は、複雑な保険証書の記載に明るい保険コンサルタントを代理人に雇い、保険金を請求した結果、保険会社は再建費用の全額を支払った。

　保険会社は、請求どおりに支払うことを回避するために、考えられるありとあらゆる主張をすると考えて間違いない。最も予測不能な分野の一つが健康保険である。典型的な例として、フロリダに住む、顔に醜い瘢痕を持った少女の例がある。彼女は、母親に「どうして神様は私をこんな顔にしたの？」と聞くほどに顔の醜状に悩んでいた。母親は、保険金を請求する理由として、「顔に醜状があるために娘は普通の子供として行動できないか、または、社会に受け入れてもらえない」と主張した。しかし、保険会社は、フロリダ・ブルークロス社の医療部長の言葉を引用して、「顔の醜状が『社会生活上の機能ではなく身体機能』に影響を及ぼすのでない限り、それは『美容』の問題にとどまる。したがって、保険によって補填されない」と主張した。この少女は、最終的に、数回の手術費用を補填する保険金を得たが、それは、彼女の代理人弁護士が彼女の視力が危機に瀕していることを証明した後のことであった。同じような顔面醜状を持つ子供たちがこの少女と同じように事がうまく運ぶとは思えない。

　保険会社は保険金の支払いを拒絶することによってお金を稼ぐだけではなく、支払いを遅らせることによってもお金を稼ぐ。現在、約半数の州が、保険金の支払い拒絶に対する不服審査をするため、保険維持機構による再審査委員会を設けている。しかし、これらの審査には時間がかかり、救済がしばしば手遅れになることがある。保険金請求が拒否されたり保留されたりした場合、ほとんどの人は反撃するだけの資力を持っていない。「自分の家を火事で失った場

合に、誰も1年半も待っていられない」と改革法案の共同提案者であるニューヨーク州の上院議員は言った。

　火傷をした赤ちゃんを代理して裁判所に赴いたサンフランシスコの弁護士が、宣誓証言の際に、「誰の代理人か」と尋ねられて当惑した。彼の訴訟ではあったが、彼は依頼者がその女の子であることを否定した。彼は保険会社が彼の弁護費用を支払っていることを認識していた。彼は、一度も建物所有者の保険証券——女の子が火傷を負ったのはいとこの家だった——を所有している人に会ったことがなかった。しかし、このいとこが訴訟の被告として訴状に記載されるべき当事者であった。彼は、少し悩んだものの、保険会社**及び**保険契約者の双方を代理していると結論づけた。しかし、彼は保険契約者とは一度も話したことがなかった。

　保険証券の下で保険契約者となっている人の代理をする弁護士は、普通とは違う困難な状況に置かれる。多くの場合、依頼者は保険会社であるように感じられる。つまり、弁護士を雇っているのは保険会社であり、どの事件を——そして、どれくらいの件数を——法律事務所に送付するかを決定するのも保険会社である。そして、ほとんどの場合、保険証券に基づいて、和解するか否か、またいくら支払うかを決定するのも保険会社であるからである。弁護士が昼食を共にし、依頼者のように扱うのは保険会社の請求窓口の責任者であり、仕事を繰り返し配点してよこすのもその責任者であり、1件だけに関与する個人の保険契約者ではない。にもかかわらず、保険契約者は、損害補填のためだけではなく、提訴された場合に弁護士の代理を受けられるようにするために保険料を支払うのである。個人を対象とする事件では、保険契約者が依頼者——訴訟手続に服し、訴訟当事者として明示され、宣誓供述をし、法廷で証人として宣誓する者——であり、弁護士の誠実かつ熱心な代理を受ける権利を持っている者である。

　保険会社の弁護士は、和解するか否か及びいくら支払うかなど会社が事件について採る方法を決定できるように会社宛の報告書を提出しなければならないが、多くの州では、弁護士の第一義的な義務は、保険契約者、すなわち当該事件の被告個人を代理することであるとの見解に従っている。しかし、ほとんどの場合、保険者と被保険者間の連携というのはそう簡単なことではない。保険会社の目標は、通常、できる限り支出をしないで事件を解決することである。

これに対し、保険契約者の目標はかなり異なっている。つまり、可能な限り費やす時間を少なくすること、自らの生活が乱されるのを最小限にとどめること、宣誓供述書の作成や事実審理に参加することのトラウマを回避することである。この両者の中間に保険契約者の代理人弁護士は置かれることになる。こうした弁護士にとって、保険会社のために働いているという感覚を捨て去ることは難しい。特に、その弁護士が保険会社との間で継続的な関係を築いており、数百件あるいは数千件単位の事件を受けている場合はそうである。それゆえに、1996年、保険業界の弁護士グループが、保険会社にも少なくとも保険契約者と同等の地位を与えるための規則改正案を発表した。

　ほぼ20世紀の間を通して、ALIと称するグループ、いわゆるアメリカ法律協会（American Law Institute）は、「リステイトメント（Restatements）」と呼ばれる法律案の要約を起草してきた。1990年代の中葉、同協会は「弁護士を規律する法律のリステイトメント」についての改正作業を行った。ALIの3000人のメンバーは法律専門職の各分野を横断しているわけでもなく、一般公衆の参加はほとんどない。それは、主に法律学者、裁判官、大規模法律事務所の弁護士によって構成されており、圧倒的に、白人の中年層の男性が多い。法律家でない者から意見が寄せられることはほとんどない。ALIは一般にはほとんど知られていないが、そのリステイトメント自体は多くの州において多くの裁判官に相当な影響を与えている。

　1996年までに、ローヤリングに関するリステイトメント――全部で数百ページの文書――は、既に十数回に及ぶ草稿を経ていた。一つのパラグラフにおいて、ALIは、たとえ保険会社が弁護士を選任した場合であっても、被告を代理する弁護士は保険契約者に対する優越した義務を負うという支配的な見解を受け入れていた。通常の場合、このリステイトメントの目的は、まさしく再確認すること――新たな変更を制定することではなく、法のあるがままの状態を再確認すること――であった。しかし、保険会社の弁護士は、このリステイトメントの場を一つの機会とみて、このパラグラフの変更を望んだ。そこで、保険会社の弁護士は強力かつ巧みにロビー活動を展開し、ALIの精神を変えてしまった。

　まず、複数の弁護士が様々な雑誌に彼らの見解を表明した記事や意見書を書いた。その中に、テキサス大学のチャルズ・シルバー教授がいた。著名な保険法の専門家であり、彼の研究は保険業界の二つの団体から補助金を得ていた。

それから、シカゴのウィリアム・バーカーに率いられた他の弁護士が、プロの保険会社寄りの見解を検討するために、「報告者」、すなわちALIのために事実上の草案のほとんどを起草する法学者を獲得するロビー活動を展開した。続いて、多くの弁護士にとって前例のないことであったが、バーカーとその他の弁護士が、1996年春にワシントンD.C.で開催される会議で保険会社の見解が採択されるように、ALI会員の一人ひとりに働きかけたのであった。通常、総会には会員の10%ほど——約300人——しか集まらなかったので、少数の者が従来の立場を変更することでも結果に影響したのである。「これには若干の投票依頼の側面があった」と後にバーカーは認めた。

　ワシントン会議で、保険会社の弁護士は、彼らの願っていたこと——リステイトメント草案の表現を彼らの提案していた内容に変えること——を実現した。もはや、保険契約者が主位的な依頼者であるとはみなされなくなった。しかし、多くの人はこれらの弁護士の動機とその方法の両方に疑問を提起した。ALI会員の中には、特定の方向に投票するように保険会社から圧力を受けたと報告する者もいた。他の多くの者は、ALIを客観的に法のあり様を報告する団体から法そのものを変える団体に変容させた点を批判したモンロー・フリードマン教授の意見に賛同した。フリードマンは「自己の利益のみを目指したロビー活動」を嘆きながら、「誰も倫理規則から逸脱して契約をすることは許されない」と言った。ALI会員であるルイスビルのドナルド・ビッシュは、より端的にこう述べた。「私は働きかけを受けた。私は愕然とした」。

　明らかなことだが、弁護士及び保険会社の双方が取っている姿勢と立場は、すべて個人の権利——被害者か保険契約者かを問わず——の犠牲の上に成りたっている。依頼者は、時として、別な人間がしている掛け金の高い博打の質草でしかないような気になる。これは改められなければならない。保険会社の第一次的な目的は株主のために儲けることであり、弁護士には相応の生計を営む権利があるかもしれないが、これらの目的はいずれも、より重要な目的を侵害することは許されない。——それは、保険制度を利用する個人の権利は、被害者及び保険契約者双方の側から守られ、**かつ**、**尊重**されなければならないという公益である。

　これを実現するための一つのアイデアではあるが達成され**ない**ものが、いわゆる不法行為改革である。不法行為改革を唱える者は裁判所に滞留しているお

びただしい数の事件数を引用するが、裁判所に係属している事件の圧倒的大多数は交通違反の召喚であり、二番目が刑事事件である。州裁判所全国センターの最近の統計によれば、不法行為の事件数は交通違反事件を除外した事件数の3％未満であり、全民事事件の10％を下回っている。家事事件は不法行為事件のほぼ4倍に達している。不法行為改革の射程には、成功報酬の減額から訴訟費用の敗訴者負担までいろいろなものが含まれる。しかし、これらの「改革」がもたらす唯一の目的は裁判所へのアクセス権の否定である。それは、貧しい者のみならず、単に時間給で弁護士を雇うことのできない普通の人々、あるいは、正当な訴訟提起であっても敗訴した場合に相手方費用を支払えないと考えている人々を裁判所から遠ざけるのである。

　原告側弁護士と保険会社の弁護士との間の主導権争いについて言えば、双方ともが、ジョセフソン倫理協会 (Josephson Ethics Institute) の代表であるマイケル・ジョセフソンが言うところの「相対的堕落の原理 (the doctrine of relative filth)」の下で行動しているように見える。すなわち、「もし、私のしていることがあなたのしていること以上に悪くないならば、私のしていることには問題がない」というわけである。こうした妥協した倫理が浸透していくのを避けるために、アメリカ法律協会（ALI）のような組織は、法律家だけではなく彼らが奉仕する人々を真に代理していることを確認しなければならないし、利益誘導型ロビー活動による党派的駆け引きに左右されるのではなく現にある法を確認することに徹しなければならない。最後に、弁護士会の常設機関は、この戦いのいずれの側も、保険をめぐる戦いの場に巻き込まれた個人を危機に晒すような行為をしないように、対処しければならないのである。

エピローグ

サム・ハモンドの懲戒

　サム・ハモンドは、開業して20年後に初めて、州弁護士会から業務停止を命じられた。何年にもわたって、13人のサムの元依頼者が「彼は十分な弁護活動をしなかった」という理由で弁護士会に苦情を申し立てていた。これらの苦情はいずれも彼の事務職員が処理した小額事件であった。弁護士会は「弁護活動は必ずしも最善のものではなかったが明確に不十分とまでは言えない」として、申立てのすべてを棄却した。

しかし最終的に、サムは3件につき懲戒処分を受けた。3件とも、有害物質が流出した近隣の被害者に訴訟を勧める「事件勧誘者」が関与していた。これら3件とも、申立ては依頼者からではなく他の原告側弁護士からなされていた。業務停止は6カ月間であった。その間、サムはパートナー弁護士を迎え入れ、彼の事務所は業務を継続した。ただ、宣伝広告の顔が変わっただけであった。

第6章　保険専門弁護士：事件漁りと金漁り

第7章
すべての法廷は舞台であり、すべての弁護士は役者である：陪審員を誘導することと誤導すること

訴訟とは、豚として入って行ったのに出てきたときにはソーセージになっている機械
——アンブローズ・ビエルス、『悪魔の辞典』1911年版より。

弁護士は、事実審理において、証拠以外の何でも提出する。
——ミルウォーキーの地区検察官マイケル・マッカンが、1995年に、訴訟戦略の過剰について苦言を呈したときの言葉

皆が陪審員を生来の間抜けのようにみなすのを支障なく止めることができる、と私は思う。
——アリゾナ州判事マイケル・ブラウンの言葉。彼は、事実審理に陪審員がより関与することができる陪審制度の改革を実行した。

エイブラハム・デニンソンはポート市の法廷弁護士として最も成功した者の一人である。マッカーブ・アンド・デニンソン法律事務所は、18人の弁護士を擁して広範な訴訟を扱っており、裕福な夫婦の離婚事件やホワイトカラー犯罪で起訴された会社役員の弁護などの個人の代理から厄介な環境汚染の原状回復を求められた事件や欠陥商品による人身事故の損害賠償事件の大企業の代理までであった。事務所の顧客の多くは町の社会的地位のあるエリートであり、エイブラハム自身がその地域のゴルフクラブの社長でもあった。そのクラブのお蔭で、彼は所属する弁護士事務所を儲けさせる実力者となり事務所経営を発展させることができたし、市で最も格式の高いゴルフ場でナッソー方式のゴルフを100ドルでプレイすることもできた。

エイブラハムは、法廷の外では、口先が器用であったが、法廷では、モゴモゴとしゃべる控えめな人物を装っていた。彼は、依頼者及び友人には、こうすることで陪審員に彼が「田舎者」であるという印象を与え、陪審員の共感を買うことができると説明していた。彼は、法廷に行く時には、普段身につけている

イタリアのデザイナーによるスーツではなく、吊るしの服を着た。彼が異議を出すときは、ためらい、何度も繰り返し、そして簡単な弁明を付け加えるのが常で、彼はこれを「ジミー・スチュワート流のやり方」と呼んでいた。「異議あり。関連性なし」と言う代わりに、エイブラハムは「すいません、裁判長。ですが、私は理解できないのですが……の理由を明確に指摘できないのですが……私には、ちょっと先ほどの質問がこの事件と何か関係があるのか、分からないのです」と言うのだった。エイブラハムは、法曹仲間から「正直者のエイブ」という皮肉をこめたあだ名を頂戴していた。
　エイブラハムは彼の依頼者の洗練された趣味も隠そうとした。依頼者にも、彼らが好む高価な服装よりもむしろ量販店の衣服を着て法廷に来るように指示した。彼は依頼者のために地下鉄とバスの定期券を購入し、それを依頼者のポケットやハンドバッグの見えるところに差し入れた。
　めったにない刑事事件で、エイブラハムは、富裕な友人から強姦罪で起訴された息子の弁護を依頼された。エイブラハムは、この起訴事実——依頼者は白人であり、被害者は中国系アメリカ人であった——では、陪審員は人種間差別があることを敏感に察知するだろうと考えた。その危険を取り除くために、エイブラハムは、その地域のロースクールで彼が担当している訴訟実務クラスの学生の中から魅力的な中国系アメリカ人女性を、事実審理の間、彼のロークラークとして雇用した。彼は、事実審理の間、彼女が被告人と親しく振舞うことの重要性を彼女に力説した。「いじらしさをもって完ぺきに」と。
　エイブラハムは若いアソシエイト弁護士たちにこう言った。駆け引きにおける最も重要な戦略の一つは「偏見のある陪審員を選ぶことだ。どんな事件であっても、公正な偏見のない陪審員を選定するなどという考えを今すぐに捨てよう。ナンセンス！　君の依頼者の側に味方する偏見を持った陪審員を求めることだ。そうすれば勝てる」。最近のある事件で、エイブラハムはメキシコシティから来た2名の裕福な移民が不動産会社から起こされた契約違反事件の被告側代理人を務めた。彼は、メキシコ系アメリカ人が陪審員にならないようにベストを尽くした。「勝つためには、我々は、陪審員の心の中にずっと、貧しいメキシコ人農業労働者というイメージを抱かせておく必要があった。そのイメージを払拭する陪審員が一人でもいることの危険を冒したくなかったのだ」。
　こうしたやり方を、エイブラハムは勝訴を確実にするために必要な「法廷戦術」として正当化していた。「私の依頼者は負けるために大金を払っているので

はない」とエイブラハムは言う。「依頼者は貪欲な弁護士に金を巻き上げられるためにここにいるのではない。最良の防御は的確な攻撃だ。特に、陪審員に何も言わなくても伝えたいことが伝わるような微妙なのがいいのだ」。彼は結論する。「結局、法廷は劇場でなければ意味がない。私は、いつも、いい演劇を楽しんでいるよ」。

＊

　事実審理にまで行く事件はほんのわずかの割合でしかないが、人々が弁護士を最もよく吟味できるのはこの事実審理の期間中である。にもかかわらず、ほとんどの法廷弁護士は、少なくとも率直な意見として、「自らの役割は客観的ないし絶対的な真実を明らかにすることではなく、依頼者の視点から見た真実を明らかにすることである」と言うだろう。「これは当事者主義のシステムが何であるかを示している」とも言うだろう。すなわち、事実を「別の角度から見られるように回転させること」そして、判断を陪審員に委ねることである。
　ある意味で、事実審理を行っている法廷とは、究極的に平等である闘いの場を作る大きな平衡装置 (great equalizer) である。審理前の証拠開示と捜査に費やされた資金の総額、当事者の資力またはその欠如といった事情も、闘いの最中では、決め手にならないかもしれない。法廷では、弁護士は、考え、話し、自分の足で素早く動きながら、自分自身の力で戦うことになる。偉大な法廷弁護士は二つの目標を持っている。すなわち、映画の舞台をコントロールする監督と同じように法廷を支配すること、そして、アドリブもできる役者として主役を演ずることである。通常、法廷技術とは、事件の事実関係と確かな証拠を弁護士がより説得的に提示できるように考案される。しかし、時として、昔の蛇油の売人のように、エイブラハム・デニンソンンのような弁護士は、陪審員の関心を真の争点からそらすことを目的として、一芝居打つのである。
　法廷から劇場の要素を完全にぬぐい去ることは不可能である。『ペリー・メイスン』、『L.A.ロー』や『ザ・プラクティス』といったテレビ番組――または、法廷中継テレビで、実際のO.J.シンプソン事件、ウィリアム・ケネディ・スミス事件やロリーナ・ボビット事件の審理を見たことがある者は誰でも、弁護士が無味乾燥な事実の引用以上の何かをすることを期待する。確かに、1991年フロリダ州の強姦事件の審理でスミスが無罪放免となった後、『オーランド・センチネル・トリビューン』紙は、訴訟当事者を評して「オスカー」を公表した。「ロボットのような」検察官モイラ・ラッシュの演技に対しては、主演女優賞が贈られた。

受賞理由は、質問を逐語的に読み上げたばかりでなく、「少しも感情を顔に表さなかった」ことであった。その他の賞として、「最優秀演技賞」(スミスと被害者の同時受賞)、「最優秀衣装賞」があり、後者は、量販店のカタログでも見られない粗末な衣装を身にまとった裕福なケネディ家の御曹司スミスがまたしても受賞した。もし「最優秀監督賞」があったとしたら、間違いなく、弁護人ロイ・ブラックが受賞しただろう。記事を書いた記者マイケル・ブルームフィールドはこう結論した。「テレビ映画なみに、この裁判はすごく面白かった。本が出るのが待ち遠しいね」。

　最高の法廷弁護士は誰でも、役者として法廷では、少しばかりの人間性を示すのが重要な意味を持つことを認識している。エイブラハム・デニンソンが控えめな振る舞いによって陪審員の共感を得られると考えていても、誰も「それは誤りだ」などとは言えないのだ。前章で言及したシリコン豊胸術過誤訴訟の原告側代理人として保険会社から忌み嫌われたジョン・オッキンは、陪審員に訴えかける努力を意図的に行い、法廷では「田舎者」であるように振舞った。「彼は、そらで『ポリヂメチル・シロクセイン』(埋め込まれた主成分の名称) と言うこともできただろう」とダウ・ケミカル社の弁護士リチャード・ジョセフソンは『フォーブズ』誌に語った。「しかし、法廷では、彼はずっと『その物質』と言い続けたのだ」。こうした役割に応じた演技にはおのずから限界がある。すなわち、陪審員が何か胡散臭いと感じることがないようにどこまで弁護士ができるかである。最高の法廷弁護士がその技術を他者に教える場合、彼らが強調するポイントの一つは「自分自身でなければならない」ということである。

　法廷弁護士の多くが、服装が弁護士像を形作ることに同意する。そして、その中には、エイブラハム・デニンソンのように、高級な服装を避けるべきという者もいる。ジャック・ホフィンガー弁護士は『ニューヨーク・タイムズ』紙にこう語った。「あなたの依頼者について、誰も言葉では言わないけれど『金持ちの豚野郎だ』という非難があると感じられる場合、弁護士として、あなたなら『金持ちの弁護士』として登場し、そのように見られたいと思いますか？」審理が終わった後に陪審員と話をすると、陪審員個々人が、弁護士の服装につき、スーツとネクタイが合っていたかに至るまで観察していただけでなく、そのことを陪審員同士で話し合っていたことがよく分かる。というのも、陪審員は裁判官から事件のことについて話さ**ない**ように警告を与えられているからである。特に、女性の衣装は入念な吟味の対象となる。シンプソン事件の審理のある日、

マルシア・クラークが赤の短いスーツで現れたとき、スーツの色とスカートの長さの方がその日の証言の内容よりもメディアの関心を引いた。

法廷技術を教える者——弁護士のほかに、心理学者、社会学者、そして、もちろん演技指導者——は別のポイントを強調する。すなわち、物語を語る技術である。弁護士は事件の「イメージ」をいかに鮮明に作り上げるかを学ぶ。弁護士は、そのイメージ——たとえば、「これは強欲の物語です」とか、「これは選択の余地がなかった女性の物語である」といったイメージを持って話し始める。それは、テレビ番組『ザ・プラクティス』で私たちが耳にする巧みな弁論と似ていなくもない。そのイメージが視覚化されればされるほど良いのだ。著名なニューヨーク大学の法学教授アービング・ヤンガーは、全国を回って「反対尋問における10の掟」を説いているが、「展示証拠 (demonstrative evidence)」についてこんな風に説明した。「もし依頼者が事故で片足を失っていたなら、そのことを陪審員には話さないこと。その足を手に入れなさい。そして、その時が来たら、法廷に持ち込み、陪審員に*その足を見せる*のです！」

法廷弁護士が勝訴した事件について語る時、その話が「戦争体験談 (war story)」と呼ばれることは決して偶然ではない。両方の言葉とも、当事者がどのように考えているかについて多くを語っている。しばしば、弁護士は自らが用いた策略をあたかも展示するトロフィーであるかのように叙述する。ロジャー・ドッドは自らの体験を語る際、自慢するのを抑えることができなかった。その体験談のポイントは、よく新米の法廷弁護士の教育に引用されること、すなわち、法廷の中に、いかに雰囲気またはムード——風格さえ——を作り出すかであった。

ドッドは、大勢の客のいるバーで喧嘩の末一人の男を殺した女性の弁護をしていた。彼女は、ステーキナイフで、そのナイフが45度ほど曲がるほどの力を込めて、男の胸を刺した。ドッドは、何とか裁判所を説得して、ジュークボックスでかかっていたラップソングのテープと犯行時唯一の灯りであったミケロブ・ビールのネオンサイン、それに、バーの澱んだ匂いを伝えるために開栓されたビールの缶を証拠として法廷に顕出する許可を得た。最終弁論で、ドッドは、法廷内に、酒場の状況を可能な限り再現した。彼は、ミケロブのネオンを点灯し、ラップソングのテープを流し、陪審員席に気の抜けた缶ビールを置いた。彼は、陪審員に対し、この部屋を暗くすることと、「依頼者が、2週間も体験していた温度にまでこの部屋の温度を上げること」は自分の力ではなしえない

と話した。そうして、彼は、陪審員に対し、暗さを疑似体験するために目をつぶるように依頼した。

ドッドは、愉快そうに「依頼者は無罪放免になった」と語った。「我々の最終弁論は、陪審員の感情に直接訴えかけるものだった」と彼は言う。「我々は、『恥を知れ』と裁判官から叱られたよ」。多くの者は「陪審員に一杯食わせた」というドッドのほくそ笑みを評価しないだろうが、ほとんどの裁判官も彼を叱責する以上のことはしないのである。

少なくとも、ドッドはその策略を事件の証拠と結びつけていた。だが、皮肉なことに、法廷弁護士が採る最も効果的な技術の多くは事件の事実関係と直接関係**しない**技術なのである。O.J.シンプソンの殺人被告事件では、主任検察官は被害者の家族との連帯を表すために天使のブローチを身に付けた。そして、弁護人は、陪審員が現場検証に来る前に、シンプソンの家から「好ましくない物を除外する」ために、ガールフレンドの写真をシンプソンの母親の写真と入れ替えたのだ。しかし、陪審員の関心を証拠から他の物にそらすという方法は決して新しいものではない。

次の話はクラレンス・ダロウの話による。20世紀初頭、法廷内での喫煙は自由であった。検察官の論告の間、ダロウは弁護人席に座っていた。彼は大きなハバナ葉巻に火をつけ、それをくゆらせ始めた。地区検察官の主張が進むにつれて、葉巻の灰は次第に長くなっていった。ダロウは葉巻の中心にまっすぐな針金を入れていた。そのため、灰はそれに付着して落ちずに残った。検察官の論告が続く間、陪審員は次第に検察官に対する注意がおろそかになり、葉巻の灰が落ちるか否かに注意を向けた。結局、その被告人は無罪放免となった。

シカゴの著名な保険会社代理人弁護士であるマックス・ウィルドマンは、原告の妻が不法行為で死亡した事件で、一度だけ、原告の後ろに座らせるために魅力的な若い女性を雇ったことがあった。その女性の仕事は、休廷時間の間、原告と親しげに世間話をすることであった。その意図は陪審員に原告の「新しい女性関係」を推測させ、妻を失った彼への同情を失わせることにあった。

法廷弁護士は、常に、陪審員と共有する有利な立場を捜している。事件を担当する弁護士の数ほどに多くの実例があると言って差し支えない。あるものは、一か八かの賭けに似たものであるし、有用であるというよりは馬鹿げたものすらある。しかし、すべては、法廷技術を教える者が繰り返すもう一つの教訓と

一致している。すなわち、「法廷で起こることは何であれ、意味がある。陪審員にどんな影響を及ぼすかは誰にも分からない」のだ。

いくつかの実例を挙げよう。

● ある若い男性弁護士は、事実審理の間中、結婚指輪を外し、陪審員席の女性に流し目を送り、さりげなく遠くから誘惑した。同僚によれば、少なくとも、その陪審員が彼のことを「素敵」と思った限りでは、このテクニックは効果があったようであった。

● あるカリフォルニア州の弁護士は、毎日休廷時間に、『ニューヨーク・タイムズ』紙を読んでいる陪審員が陪審員長になると予想した。同じ新聞紙を持ってくることは余りにも見え見えであると考え、その弁護士は、必要な書類等を『タイムズ』の購読者にはお馴染みのはっきりとタイムズのロゴのある自宅配達用のプラスチック製バッグに入れて法廷に持参することにした。その陪審員は陪審員長になり、その弁護士は勝訴した。しかし、その弁護士は、気弱に「その陪審員がバッグに気づいていたかは分からない」と認めた。

● 弁護士の中には、陪審員に法廷で説明する以上の証拠があるというメッセージを送るために、毎日、書類の箱を手押し車に積んで法廷内に持ち込む者がいる。その弁護士は、実際に関連性のあるほんのわずかな文書を抜き出すために山のような文書からの取捨選択という行為を見せつけるのだ。

エイブラハム・デニンソンの策略のいくつかは同じ類のものである。依頼者にいつものブティックの流行りの洋服ではなくGapとかJCpennyといった大衆ブランドの服を着せることは、ウィルドマンが魅力的な「友達」を雇ったことと同じレベルとは言えないかもしれないが、その方法自体がまやかしであることは同じである。実際にはメルセデス・ベンツを運転している依頼者にバスの定期券を持たせることもペテンである。もし、デニンソンが依頼者に事実審理の期間中実際にバスに乗ることを承諾させたとした場合、虚偽性は低くなるだろうか？　重要なこととして、こうした欺もう行為のもたらす印象がその事件で法廷に提出される証拠と直接の関連を持たないとしたら、こうした行為は禁止される——または禁止されるべきなのだろうか？

多くの州では、弁護士は倫理規則に従わなければならない。通常、その規則は、ABAが制定した文言を基礎にしており、事実審理の神聖さを守ることを目的にしている。こうした規則は、弁護士が「証拠を偽造すること」または証人が

虚偽の証言をすることを幇助すること、弁護士において虚偽と知っている「実質証拠」を提出すること、または「重要な事実につき虚偽の陳述をすること」を禁止している。しかし、こうした規則は、「証拠」及び「重要性 (materiality)」、あるいは私たちが言う関連性といった**法的**概念を強調するが、ここで議論している付随的な欺もう行為を直接の対象にはしていない。

　正直者「エイブ」の法廷戦術——そして、既に見てきた他の策略——を明文の倫理規則の下で禁止できない理由は、陪審員の眼をそらすこれらの企てが**間接的**なものである点にある。エイブラハムは事件の証拠や関連する事実を誤導することを積極的に企てているわけではない。そうではなく、むしろ理論的には関連性はないが、陪審員に相当な影響を及ぼす可能性のある微妙な争点を提起するために「裏技」を用いているのである。弁護士は、事実審理の間、証拠の提出または事件に関する弁論以外に陪審員と言葉を交わすことは許されていないが、エイブラハムのテクニックによれば、会話をしなくとも意思疎通はできるのだ。

　実務の現実として、こうした策略を用いたことを理由に弁護士が懲戒されることはまずない。ありうるのはロジャー・ドッドが受けた非公式の警告くらいのものである。明確な倫理規則がない以上、非倫理的な行動に対して制裁は課されない。ある弁護士の「隠し芸」は他の弁護士によって改良されて新しい法廷戦術となる。人によっては、エイブ・デニンソンンの依頼者の服装を変えさせることやあたかもバス通勤をしているかのように装うことの妥当性を問題にするかもしれない。しかし、刑事弁護人が、身柄を拘束されている依頼者に対し、**留置場**にいることを示すオレンジ色のジャンプスーツに代えて法廷で着る小ざっぱりしたシャツとズボンを差し入れること——連邦最高裁によって承認された戦術である——については、誰も問題にしない。しかし、明確な倫理規準がない以上、両方の弁護士の行為はいずれも同じものと見なされることになろう。

　弁護士が審理中に**直接的**な誤導行為 (不実表示) を行った場合にどうするかにつき、裁判所の対応ははっきりしていない。よく知られた例として、1980年に鮭漁業規則違反に問われた漁師シベットを弁護したソリーンという名の弁護士が関与したワシントン州の事件がある。ソリーンは、シベットを逮捕した州捜査官が依頼者の人物特定をなしうるかを試すことにした。事実審理の間、彼は、

シベットに似たメイソンという男を雇い、彼に格子縞のシャツとチョッキという作業服を着せて、弁護人席の隣に座らせた。ソリーンは、あたかもメイソンが依頼者であるかのように彼に話しかけ、メモを取るための法廷用のノートまで与えていた。訴訟関係者がメイソンを「シベット氏」として言及する時でも、ソリーンは何も言わなかった。一方、シベットの方はビジネス・スーツを着て法廷の傍聴席に座っていた。予想どおり、州の捜査官が証人として証言した際、彼らは誤ってメイソンをシベットとして特定した。検察側の立証の後、ソリーンはメイソンを証人として申請し、身代わりの事実を明らかにした。

州の捜査官が逮捕したのはシベットであり他の者でなかったことに何の疑問もなかったが、ソリーンは、シベットの人物特定に誤りがあった以上、彼を無罪放免にすべきであると主張した。連邦裁判所判事ジャック・タナーはこの主張を快く思わなかった。同判事はシベットに有罪を宣告したのみならず、ソリーンに対し、真実究明のための裁判所の業務を妨害したかどで「法廷侮辱罪にあたる」と判示した。ソリーンは不服の申立をした。連邦控訴審裁判所は、結論としてタナー判事の判断を支持したが、法廷侮辱の評価についてはどっちつかずの態度であった。控訴審裁判官はソリーンの「見事な成果」を「依頼者に対する熱心な弁護の結果である」と称賛した。しかし、下級審裁判所の判断に対して「最も好意的な立場から証拠を評価する」という伝統的な控訴審の判断基準を適用し、タナー判事の決定は「明らかに違法とまでは言えない」という理由で、法廷侮辱罪の成立を支持したのだった。

10年後、イリノイ州の弁護士デイビッド・ソトマイヨールは、事実審裁判官から法廷侮辱罪として500ドルの罰金を命じられた。その理由は、警察停止時に無効になった免許証を携帯して運転していたという軽罪で起訴された依頼者の代わりに別の人間を被告人として出頭させたというものであった。またしても、控訴審裁判所は弁護士に対して好意的であった。州の最高裁判所は、4対3の僅差で、法廷侮辱罪の成立を支持したが、罰金の金額を100ドルに減額した。外見的には、二つの事件は同じように見えるが、ソトマイヨールの行動はソリーンのそれとはかなり違っている。

逮捕した捜査官だけが唯一の目撃者であった。どこの法廷でも被告人を弁護人席に座らせているので、法廷での人定手続は、実際に被告人であることを確認する手続というよりは儀式——茶番——以外の何物でもない。そこで、短時間の事実審理に臨む前に昼食を食べながら、ソトマイヨールは、法廷規則上、被

告人は法廷のどこかに居さえすればよいことを知っていたので、彼の事務所の職員を彼の隣に座らせて被告人をその後ろに座らせた。彼は、一度も隣に座っている人間が被告人であると不実の表現をしたことはなかったし、被告人と代役の服装に細工をするようなこともなかった。二人とも同じようなスーツを着ていた。事実、ソトマイヨールに侮辱罪を認めた事実審裁判官も被告人に対するすべての起訴を公訴棄却にした。刑事専門の法廷弁護士が結集して、ソトマイヨールの防御方法を支持した――全米刑事弁護士会（the National Association of Criminal Defense Lawyers）の会長は、「我々はこの男にメダルを授与すべきである。」と述べた――が、効果はなかった。

真の論点は、「デイビッド・ソトマイヨールの行為――証人が合理的な疑いを超えて人物の特定をなしうるかを試すためになされた――が、直接的ではない方法で、陪審員に誤った印象を与えたり、または誤導したりすることに比べて悪質か」ということである。ソリーンとソトマイヨールはともに、彼らが行ったことは「重要な証拠」につき不実表示（misrepresentation）を禁じた倫理規則の適用を受けるという理由で処罰された。他方、不実表示がさほど中心的な論点に関わっていないのであれば、裁判官は何もしないか、あるいは、弁護士に警告を与えて、陪審員には許容されない証拠を無視するように説示するだけである。

陪審員に対する説示とは次のようなものである。「たった今聞いた証言は、規則上、許容されません。皆さんは、どのような目的であっても、それを考慮してはいけません。私は、皆さんに、それを聞かなかったものとして判断するように求めます」。しかし、多くの弁護士は、裁判官が何を言おうとも、陪審員にとって「ベルは鳴らなかったことにして証言内容を忘れることは不可能である」と考えている。ブラウン大学の心理学教授が1990年代中葉に行った研究によれば、この見解を支持したのみならず、弁護士のメッセージが情緒的であればあるほど、陪審員がそれを無視することが困難になることが明らかとなった。この研究は、同時に、裁判官が陪審員に対して無視するよう説示することによって、事実上「証拠のバイアス効果が高まる」ことも明らかにした。

こうした事情に加えて、倫理規則の文言が限定的であるため適用するのが困難であることを考えれば、弁護士が法廷で何を語り、何をするかにつき自由であると考えるには相応の理由がある。重要な点は、そのテクニックが直接的か間接的か、明白な虚偽陳述か微妙な説得工作か、証拠に関連しているのかそれとも許されない技術的問題だけに関連しているのか等々の違いにかかわらず、

弁護士は、それらのテクニックを使っても懲戒対象にならないと考えがちだということである。

とはいえ、多くの弁護士は限界を知っている。彼らは、こうした限界が何であるのかにつきコンセンサスを有しているようだ。1996年、弁護士向けオンライン・サービスである『弁護士コネクト (the Counsel Connect)』を通じて、著者らが行ったセミナーとの関係で、弁護士らは、ここで述べた法廷戦術のいくつかについて議論を戦わせ、そのうちの三つについての意向投票に応じた。92%の回答者が、マックス・ウィルドマンのように、不法行為訴訟の原告に接近させるために魅力的な若い女性を雇用する弁護士の行為は非倫理的で許されないと答えた。これとは反対に、80%の回答者が、デイビッド・ソトマイヨールのように、目撃者が依頼者を正確に特定できるかをテストするために依頼者を傍聴席に座らせた弁護士の行為は倫理的に許されると答えた。ウィルドマンの策略は裁判手続きに直接影響しないのに対し、ソトマイヨールの策略は直接影響を及ぼす。また、ウィルドマンは処罰されなかったが、ソトマイヤーは処罰された。こうした違いがあるが、私たちもこの結論に同意する。

ソトマイヨールの策略は特定の合法的な目的——被告人を特定した目撃証人の能力を試すという目的に適っている。被告人が法廷の予定された場所に座っていたから犯人だというのではなく、被告人が実際に犯罪を行ったから犯人だというために、人物の特定が重要な意味を持っていた。これに対し、原告に近づく魅力的な女性の欺もう工作にはいかなる合法的な目的もない。その効果は単に陪審員に誤解を与えることだけを目的にしている。それは「重要な証拠」に関わるものではないが、その策略は、「正直者エイブ」デニンソンの策略のように、自らの人物像または依頼者の人物像を入れ替えるだけにとどまらない。相手方当事者は、直接的に、無意識のうちに、そして不公正にこの計画に引きずり込まれたのであり、しかも、それは、その事件で最も重要な論点——賠償額をいくらに算定すべきか——に関連しており、直接影響を及ぼすのである。

法廷は何でも許される場ではない。そうはいっても、弁護士が事実審理において自分流のやり方を試みないだろうと期待するのは無駄だ。私たちは、エイブラハム・デニンソンの行為または彼の依頼者に与える作法上の助言を支持するものではないが、その策略は彼自身の依頼者を対象とするものであり、事件の証拠を変えるものではない。これらは「ゲーム」の一部と考えれば最も分かりやすく、規則で禁止することはほとんど不可能——そして、おそらく不必要——

である。こうした策略が余りにも見事すぎて行き過ぎると、陪審員の説得に失敗するのみならず、却って、陪審員の反発を買うことを私たちはよく理解している。

『弁護士コネクト』セミナーの期間中に行った調査では、たった一つの事例で、意見が分かれた。すなわち、エイブラハム・デニンソンが人種差別のニュアンスがある難しい事件を担当するにあたって彼の手伝いとして中国系アメリカ人のロースクール生を雇ったことは倫理的に許されるか否かについてである。

白人男性の被告人の隣にその学生を座らせること、及び、親しく世話を焼き心配している存在として振る舞うように指示することは完全に自己創造的な工夫である。それは相手方の主張に対する反応ではない。そうではなく、単に、アジア人女性を強姦した容疑で起訴された白人男性の事件を判断する陪審員に影響を与えようとする試みにすぎない。これは、O.J.シンプソン事件の検察官チームにクリストファー・ダーデンが加わった時、彼が黒人だから加えられたとする実証されていない非難に似ている。しかし、弁護士ないしその補助者の人種、民族的出自、または性別を利用することは決して珍しいことではない。何年にもわたって、私たちの知人であるベテランの女性公設弁護人は、実に多くの重大性犯罪事件を扱ってきたが、その理由の一つは、彼女が、女性として、陪審員の眼からみてより効果的な弁論をなしうることを知っていたからであった。

弁護士が、規則の許す範囲内で、勝つために考えられることを何でもするだろうということは了解可能、いや必然的である。エイブラハムのテクニックは倫理規則上禁止されていない。規則はこうしたことを規制対象とはしていないからである。しかし、広い意味で言えば、それは適切な行為と言えるだろうか？　デニンソンが中国系のロースクール生を雇用した理由は、ある人にとっては不快感を与えるものかもしれないが、そのテクニックは有効かもしれない。仮に、弁護士の仕事が可能な限り依頼者を有利な場所に立たせることであり、かつ、その目的の実現に手を貸す学生が**喜んで**その役割を果たすのであれば、それを非難することは難しい。一線を越えるのは、デニンソンが人種、民族的出自、性別の故に、彼の事務職員やアソシエイト弁護士に**命じて**その役割をさせた場合であろう。しかし、多くの弁護士は、その場合であっても、仕事に必要な一部であると考えるだろう

人種問題は言論の自由及び宗教の自由と交錯する。たとえば、特定の衣装が法廷戦術なのか宗教上の表現なのかという問題を提起する時である。ワシントンD.C.の市長であったマリオン・バリーは、麻薬事件の審理中、アフリカのガーナ金糸（ケンテ）のスカーフを身に付けていた。この衣装はアフリカ系アメリカ人の誇りを表現するものであり、「何が起ころうと、破れることはない」を意味すると言われていたので、彼はこうして黒人の苦闘を表現したのだ。しかし、D.C.の弁護士ジョン・ハーベイⅢ世が陪審裁判の始めに同じような布を身につけてきた時、彼は文化的及び宗教上の理由を述べたが、裁判官はハーベイにそれを外すように命じた。D.C.の陪審員のほとんどは黒人であり、裁判官はそのスカーフが陪審員に偏見を与えるものと考えたのだ。

　そのD.C.の裁判官は、弁護士であると同時に牧師である者に対し、事実審理の間、聖職者のカラーを外すように求めたニューヨーク州の事件を指摘した。しかし、4年後、別のニューヨークの裁判所は、「どんな偏見も陪審員に対する説示によって対処できる」と判示して、同じ牧師に聖職者のカラーを付けることを認めた。おそらく、どの裁判所であっても、ケンテ布、カラー、ヤムルカ、ターバン等の着用が、どの程度であれば、宗教上の理由なのか、それとも、単に陪審員に影響を及ぼす目的なのかは判定できないだろう。ここでも、明確な倫理基準と、二つの基本的な憲法上の権利である宗教的表現の自由と公正な裁判を受ける権利の調整規定がないため、裁判所はこうした問題に対処する一貫した方針を示せないのである。弁護士の服装は宗教的色彩のないものと明確に規定されるのであれば、裁判所はもっと積極的に「ノー」と言うであろう。マルシア・クラークが天使のブローチを外さなければならなかったのには数多くの先例があったのであり、その中には、法廷に第二次世界大戦のドイツ軍将校のナチス記章を備えた完全な軍服姿で現れた弁護士に出廷を認めなかったカンザス州の例があった。

　「人種カードを切ること」は、弁護士の法廷での行動について、最も神経を使い、かつ徹底的に議論されてきた問題の一つである。ここ数年、国家的な注目を浴びた事件の多くが主要な人種問題を内包しており、アフリカ系アメリカ人と白人またはアジア人との間の緊張関係を反映した例が多くみられた。ベルンハード・ゲーツによる地下鉄乱射事件、ロドニー・キングとレジナルド・デニーに対する殴打事件、マリオン・バリーの麻薬事件裁判、ニューヨークのハ

ワード・ビーチの黒人男性死亡事件、そしてO.J.シンプソン事件等々である。

　事件の文脈の中に位置づけない限り、「人種カードを切ること」は単なる宣伝文句でしかない。人種問題——または性差別、少数民族差別——が事実審理の一部となる経路はいくつかある。事件によっては、必然的にこうした論点を含むことになる。人種的または民族的な背景を持って事件は起きうるし、実際に起きている。それは、性的ハラスメント、性差別、性犯罪行為についても同じである。これらの事件の中で、弁護士が人種の問題、民族問題、または性差別問題を強調したとしても、誰もことさらに問題視しない。立法府もこの論点を認識しているので、犯罪が人種的または民族的な動機に基づいている場合に特別の訴追を認める法律、すなわちヘイトクライム法を制定したり、強姦被害者の性的前歴に関する証拠の提出を禁止する保護法を強化したりしてきた。

　しかし、エイブラハム・デニンソンが事務員を使って工作したように、人種それ自体が審理の直接的な争点ではない場合に、人種カードを切ることについては、どう考えればいいのであろうか？　O.J.シンプソンが刑事事件で無罪となって釈放されたのち、多くの人は、「主任弁護人であったジョニー・コクランが人種カードを切って事実審理に人種問題を持ち込んだ」として非難した。コクランの共同弁護人であったロバート・シャピロが、同僚を「人種カードをイカサマ的に使った」と批判したことによって、非難は一層激化した。

　しかし、人種カードは法廷戦術のカード中にしばしば見受けられるもので、人種そのものが直接の争点ではない場合にもみられる。結局のところ、アメリカの人種差別主義というものは**間接的**なものである。このカードを切るという決断はそれだけが独立してなされるのではない。経験のある法廷弁護士は、人種問題をその事件の何か——警察が行ったこと、証人が言ったこと、検察官が起訴した事実——に結び付けることなく単に提示するだけでは何も効果がないことを知っている。

　O.J.シンプソン事件では、弁護人チームが「それを持ち出す」ずっと前に、その事件の事実関係だけで既に人種問題の存在は明らかになっていた。有名で非常に人気のある黒人が、過去に虐待したことがあり、後に別れた魅力的な若い白人の前妻を殺害した容疑で法廷に召喚されたのだ。作家トニー・モリソンの言葉を借りれば、この事実だけで十分に人種問題が提起されているのに、これを無視することは現実世界について「全否定」することに他ならない。おそらく、前の連邦控訴審裁判所の首席裁判官であったレオン・ヒッゲンボーザムが語っ

たように、人々は「人種の違いのない社会に住んでいるというレトリックの世界と人種を意識している国家に住んでいるという現実の世界」との間で混乱をきたしたのだ。

O.J.シンプソンの弁護にあたって、ジョニー・コクランは必要な文脈の中で人種カードを使った。彼は、依頼者の人種との関係でそれを使用しようとしただけではなく、警察の言動との関係でそれを使おうと考えた。警察官──**白人警官**──が、合理的に考えて嘘と判断できる虚偽供述をした時に、特に、警官らが宣誓をしたうえで「妻から拒絶された前夫シンプソンを即座に被疑者とは思わなかった」と証言した時に、そのカードは威力を発揮した。ヒッゲンボーザム判事が指摘したように、カリフォルニア州の陪審員は、事実審裁判官から「証人がその証言の重要な部分の一つでも意図的に虚偽を述べたならば、他の部分も信用することができない」と説示されていた。そのカードは、鍵となる警察官証人のマーク・ファーマンが何度も口汚い人種差別的罵りの言葉を吐いていたことが明らかとなった時点で、とてつもない威力を持つことになった。最後の段階で、適切な時期に効果的にそのカードを切ったので、相手方の切札に勝ったのだ。こうした状況の下で、人種カードが無罪放免を導いたことは何ら驚くには当たらない。

シンプソン事件で「人種カードを切ったこと」に対する批判は完全な的外れである。人種は最初からこの事件の要素であった。検察側証人はこの論点を拡大しただけだった。人種に関わる唯一の「論点」が依頼者の皮膚の色だけの他の事件であれば、ジョニー・コクランであっても、効果的な人種カードを切ることはできなかっただろう。しかし、シンプソン事件で、コクランがそのカードを用いた時には、その事件の当然の結果として、自然に、使うべき時期が到来していたのだ。コクランは、効果的に、シンプソンを人種差別主義の犠牲者に仕立て上げ、ハーバード大学のアフリカ系アメリカ人研究プログラムの責任者であるヘンリー・ルイス・ゲイツ・ジュニアが述べたように、事実審理の過程で、「O.J.シンプソン」は「人種による分断の象徴」として見直されることとなったのである。しかし、同じ事実及び同じ警察官であれば、白人黒人を問わず、有能なロサンゼルスの公設弁護人は誰でも、一般には聞いたこともない名前の黒人が訴追された事件であっても、その人種カードを使用したであろう。

シンプソン事件の弁護チームが批判されたのは、陪審員に対する弁論で人種カードを使ったことだけではなく、陪審員そのものの選定についても批判され

た。多くの州の法律では、弁護士は偏見のある陪審員候補者を排除するように裁判官に求めることができる。これを「理由づき忌避」と呼ぶ。そして、その他に、弁護士は自らの主観的判断に基づいて、一定の数の候補者を排除することができる。これを「専断的忌避」という。多くの法廷弁護士において、どのような種類の陪審員――人種、民族的出自、性別、社会的経済的地位――が目的に適うかについて、一定の仮説を持っていることは疑いない。シンプソン弁護団とその陪審員選定コンサルタントは、理由づき忌避と専断的忌避の双方を使って、陪審員団の大部分を黒人が占め、しかも、過半数を女性が占める構成とした。

陪審員選定の最悪の例に目を向ければ、弁護士は容易に人種差別主義者と呼びうる方法で陪審員を選別していた。「忌々しい中国人なんかは、評決で、あなたに一票も入れないよ」と、メルビン・ベリーは1982年の全米刑事弁護士協会で語った。「中国人を陪審員席から除外しなければならない。私が弁護した最近の事件では、私は、中華帝国のこいつらを排除するため、すべての忌避手段を使ったよ」。ベリーの侮辱的性向は法廷弁護士としての仕事ぶりと同じくらい有名であるが、こうした見方は彼だけというわけではない。ジャック・マックマーホンがフィラデルフィアの地区検察官を目指した1997年の選挙戦で撤退したのは、彼の敵方が、マックマーホンが若い検事補に陪審員に黒人を入れない方法を教えている訓練用ビデオテープを公開したためであった。

こうした戦略は適切なのだろうか？　連邦最高裁判所によれば、「弁護士が人種だけを理由として忌避するのでなければ不適切とは言えない」とする。しかし、弁護士が他の合理的に考えられる偏見を主張する限り、裁判官が陪審員忌避の弁護士の真意を見抜くことは不可能である。だからといって、ウソの口実を用いることを正当化するわけではないが、このことは、人種、民族的出自、性別のみに基づく陪審員忌避が、不適切とは言え、比較的容易になしうることを意味している。

ベリーのコメントやマックマーホンのビデオにみられる露骨な陪審員の選定は、倫理規則に抵触し許されないと同時に侮辱的なものである。しかし、多くの優秀な弁護士は賢明なので、そのような戦略は採らない。O.J.シンプソン事件弁護団は、陪審員選定手続きでアフリカ系アメリカ人の陪審員候補者を除外した。他方、検察官チームは白人の候補者を除外した。ジョニー・コクランとその同僚弁護士が、陪審員に加えることもできたのに黒人というだけの理由で、

171

暴力を受けた女性のためのシェルターで働く女性、あるいは、前職が軍警察の司令官で法執行官としての尊厳を固く持ち続けている男性を忌避したと考えるのは間違っている。シンプソン弁護団は警察官の証言の信用性に疑問をさしはさむことのできる陪審員を求めていた。平均して黒人の方が白人よりも多いのは確かであるが、シンプソン弁護団の陪審員選定の戦略にとっては、人種以上に重要なものがあったのだ。

　実務の現実は、たとえ、最も露骨に人種を理由として陪審員を選定したとしても、たかだか陪審員の数席に影響があるにすぎない。シンプソン事件の陪審員は大部分が黒人であったが、それは、陪審員となる候補者の大半が黒人であったからである。それゆえ、地区検察官のジル・ガーセッティーが、事件の裁判管轄地を、主として裕福な白人が住むロサンゼルス西部地区から貧しい黒人がたくさん住む下町に移したとき、多くの人が驚いたのには理由があった。ロドニー・キング殴打事件で起訴された警察官は、州の訴追において、主として白人によって構成された陪審員団によって守られていたが、それは、陪審員選定の方法によったのではなく、その事件が、民族的に多様なロサンゼルスからシミヴァレーという白人中産階級が住む郊外に裁判管轄地を移されていたからである。マックマーホンがフィラデルフィアの下町に住む黒人を除外しようと努力したとしても、ベリーがサンフランシスコの地元で中国系アメリカ人を陪審員から排除しようとした企てと同様、成功しないだろう。彼らは市の陪審員候補者の最大の構成員であるからである。

　そのうえ、多くの陪審員は十分に賢いので、人種に基づく選定手続であることを容易に見抜くことができるし、結局のところ、自分たちだけで選定が完結するわけでもない。相手方の弁護士も法廷におり、陪審員を忌避する同じ機会を有しているので、**その**求める「人物像」に合う陪審員を選ぶことができる。そして、おそらく、相手側の選定理由に問題があると考えたならば、異議を唱えることだろう。人物像を構成する要素の一つが知的能力であることは間違いない。リー・ベイリーの次の言葉はよく引用される。「弁護士が利口な陪審員を選定しようとしているとすれば、彼はその事件につき勝算ありと考えているのだ」。こう述べたあと、ベイリーは、刑事弁護士パーシー・フォアマンと交わした「誰が最も馬鹿な陪審員を見出したか」についての議論を叙述している。しかし、通常、賢い陪審員を求めるのは弁護側であり検察側ではない。フィラデルフィア地区検察官のマックマーホンの悪名高いビデオテープは、黒人の陪審員だけで

はなく、**賢明な**陪審員をも避けるように主張している。「利口な人間は事件の弱点を分析するだろう。彼らは通常よりも高い判断基準を持っている。彼らは『合理的な疑い』という言葉を取り上げ、実際に、それについて考えようとする」。

　O.J.シンプソン事件と第一次メネンデス裁判の後で、陪審員制度に対する批判が一挙に噴出した。メネンデス事件とは、南カリフォルニアに住む二人の若い兄弟が富裕な両親を殺害したという容疑で起訴された事件であるが、陪審員は有罪の評決には至らなかった。イェール大学の刑法教授ケイト・スチスは、シンプソン事件の事実審理中に、「制度としての陪審は時代錯誤である」と『ワシントン・タイムズ』紙に語った。その同じ記事は次のような弁護士の主張も掲載した。その弁護士は、「利口な陪審員は複雑な事実認定上の問題に対処できるかもしれないが、審理が長期間に及ぶ場合、その意味するところは、陪審員候補者が、ある弁護士が表現したように、『1ドルの価値を正しく認識しない失業者』で占められるということである」と述べた。1987年の連邦裁判所の研究によれば、大学卒の陪審員の割合は、短期間の事実審理と比較して長期審理の場合には、3分の1低くなった。

　「愚か者と悪党」で構成される陪審員については、マーク・トウェインがよく引用されるが、現代のコメンテーターは「社会的成功者はいつも陪審員の務めを回避するようだ」というトウェインの観察を引用する。ベイリーとフォアマンとの間の「馬鹿な陪審員」コンテストも引用される。陪審員選定コンサルタントは、テレビのトークショーに出演したり、雑誌の対談に登場したりして、いかに彼らの援助が役に立つか、そして暗に、いかに完全な陪審員を選び出す過程を操作できるかを強調しているが、それは一般公衆のイメージ向上にはほとんど寄与していない。シンプソン事件のコンサルタントであったジョー・エラン・ディミトリウスは、事件の審理中、依頼者のために画面に出ていた時間よりも、テレビキャスターからインタヴューを受けていた時間の方が多かったようだ。

　最近の批判の多くは、直接、このような陪審員選定コンサルタントに焦点を合わせている。1996年のある法律雑誌は、「陪審員選定コンサルタントが『陪審員の評決を予測』できるほどにその分野に精通しているので、倫理規則において陪審員選定コンサルタントの利用を禁止する必要がある」という根拠のない馬鹿げた論文を掲載した。書物に目を転ずれば、法廷弁護士のゲリー・スペンスの戦略に寄与したとされる見解、肥満の陪審員は自己管理ができていないので刑

事被告人に同情的であるか否かとか、ある書評者の言葉を引用すれば、「長老派の信者は組合教会主義者と比較して、……多少なりとも、寛大と言えるか？　ソフトウェア・ライターは心温まる小説家として数えてよいか、それとも『余りに分析的すぎる』のでエンジニアにより近いと言うべきか？」といった論点が取り上げられていた。

　こうしたコメンテーターの多くの結論は二つの要素からなる。一つは、「陪審員は十分に利口であるとは言えず、報酬の高い陪審員選定コンサルタントや口の達者な弁護士にかかると簡単に操作される」というものであり、もう一つは、「陪審員制度には根本的な改革が必要である」というものである。意味のある改革提案の一つに、「法廷からカメラを撤去せよ」というものがある。そうすれば、参加者が金魚鉢のような丸見えの状態を気にするあまり手続が歪められることがなくなるというのである。意味がない改革提案もある。ある者は、法律の訓練を受けた専門陪審員を使用すれば弁護士の策略に引っ掛からないだろうと主張する。しかし、これは同輩である陪審員に代えて非常に問題のある審査員団 (panel of judges) を提案するもののようだ。他には、陪審員の評決は全員一致でなくともよいとするものもあるが、その論者は実際の証拠がこのような提案を支持していないことを考慮していない。シンプソン事件とシミヴァレー事件の評決は全員一致であったが、大抵の場合、評決不能は少数者が多数者の横暴に抵抗した結果である。メネンデス兄弟の**第2次事実審**では、時間をかけずに有罪の評決が下された。

　陪審員の知的能力と操作されやすいという性質についての批判は根拠がない。同様に、現在の陪審員制度を他の審判形態に変えようとすることにも根拠がない。数多くの尊敬すべき有能な法廷弁護士にインタヴューをした結果——検察官または弁護人、民事事件の原告側弁護士及び被告側弁護士を問わず——によれば、彼らはほとんど一致して、陪審員の知的能力に対する敬意を共有している。ウェスト・コーストの法廷弁護士であると同時に法律実務を教えているある者は、「確かに、弁護士は自分のストーリーを『操作』しようと思えばできる。でも、陪審員をだますことはできない。陪審員の文殊の知恵と常識は驚くべきものだ」と語った。現代は、クラレンス・ダロウの時代よりも、あるいは、『ペリー・メイスン』の全盛期と比べても、はるかに洗練された社会になっている。私たちは、インターネット、ケーブルテレビ、そして、6時のニュースで流される実際の法廷ドラマに親しんでおり、CNNの専門家による分析まで耳にす

る。そして、全体としてみれば、50年前と比べて、はるかに多くの大学卒が陪審員席に座っているのだ。

　陪審員は、実際に、非常に利口なので、弁護士の法廷戦術に惑わされず自らを守る保護策を見出すことができる。陪審員は虚偽の見せかけを見抜くのに不思議な能力を発揮する。だからこそ、法廷技術を教える者は、いつも学生に対し、自分自身であることの大切さを想起させるのである。このことは、陪審員が絶対信頼できるとか決して操作されないなどと言っているのではない。しかし、しばしば、陪審員は弁護士の気づかなかった点に気づくのである。陪審員が質問することを認めている州では、陪審員が、弁護士の側で明らかにすることができなかった明白な論点について質問をすることがよくある。たとえば、「その時間に、被害者と被告人だけがいたのですか？」などと。全体としてみれば、陪審員は公正な結論に到達するために最善を尽くす正直な市民のグループである。彼らは素晴らしい仕事をしている。

　法実務は、50年前と比べて、非常に詳細な規則で規律されているが、法廷での行為については、法の他の分野ほどには変わっていない。曖昧な倫理規則の下では、主な公式的なルールは法廷を主宰する個々の裁判官の考え方に基づいている。しかし、弁護士の行動をより効果的にチェックするには、陪審員が虚偽であることを示す策略に対し反旗を翻すことだろう。賢明な弁護士はこのことを知っている。弁護士は策略を用いようとするだろうが、陪審員を見下したり過小評価したりすることのないように注意しなければならない。時として、法廷はなんでもありの劇場となるが、その法廷で、私たちはこれまで以上に陪審員の智恵と常識を必要とするのである。

＊

　エイブラハム・デニンソンの物語にはエピローグはない。彼は弁護士会から懲戒処分を受けることはないだろうし、告発されることもないだろう。ありうるとすれば、裁判官が警告を与えるくらいで、何もしないことの方が多いだろう。最も問題のある彼の策略――中国系アメリカ人学生を雇ったこと――は制裁を受ける可能性のある唯一の例である。どれくらいエイブラハムが懲戒処分を受けずにすむかの予測は、陪審員がどう反応するかに依存するだろう。結局は、陪審員の反応が、エイブラハムに、どの程度事実審のゲームに関してブレーキをかければよいのかを分からせるのである。

第8章
弁護士は嘘ツキ

> 時として、私たちは真実の尖った部分を丸くしなければならない時がある。
> ——オリバー・ウェンデル・ホームズ（ジ・エルダー）の言葉。彼は、医師であり、作家であり、かつ、有名な最高裁判所判事の父親であった。
>
> 私は、両当事者が嘘を述べなかった和解交渉なるものを知らない。
> ——交渉と和解の専門家である法学教授チャールズ・クレイバーの言葉
>
> 私の意見は、嘘は要らないということだ。正直者に加勢せよ。
> ——合衆国治安判事ウェイン・ブラジルの言葉

　マヤ・ジェッターは移民の事件を専門に扱っている弁護士である。ある日、彼女はソロモン・トバリッチと会った。彼は古くからの依頼者であり、マヤは何年にもわたってその一家を支援してきた。

　「マヤ、」とソロモンが言った。「親友のミーシャの家族がウクライナから来るんだ。ミーシャの兄とその嫁さんと美しい娘のエレーナがね。ウクライナにいても何もいいことはないって言うんだ。確かに、昔よりは良くなったという人もいるよ。でも、ユダヤ人にとっては、もっと悪くなったんだ。ミーシャの兄が言うには、自分たちは年を取りすぎて無理だけど、エレーナは20歳でアメリカへ移住したがっているというのさ。でも、移民受入枠はもう一杯で不可能だよ。それで考えたんだけれど、俺は、やもめで、子どもたちも大きくなったし、ちゃんとした職もあるから、エレーナと結婚すればいいんじゃないかってね。彼女はきれいな若い娘で頭もいい。ここに住んで大学へ行けばいいってね」。

　「ソル、分かってる？」とマヤは答えた。「移民枠の制限を避けるために結婚することは重大な犯罪よ」。

　「もちろん、知ってるよ。そんなことを聞くために相談に来たとでも思った

のかい？」
　マヤは、トバリッチの真意が分からず回答する前にもう少し時間が必要だったので、後でもう一度来るように頼んだ。「最近の移民規則を調べてみるから」。
　ジェッターはどうも**偽装結婚ではないか**と考えた。トバリッチがこれまでエレーナに会ったのはほんの数回で、それ以上の交際があったとは思えなかった。しかし、それも推測でしかない。彼女は性急に判断を下しており、状況を読み違えているのかもしれないと思った。結局のところ、20歳になったばかりの女性と60歳の男性の幸せな結婚という組合せはトバリッチが初めてというわけではない。ジェッターは自問した。**確かに、この件は気がかりだわ。でも、だからといって、違法と言える？**
　その日の午後、トバリッチが再び事務所にきた時、彼女は、彼を座らせて、次のように言った。
　「分かったわ、ソル。私は、一歩ずつ手続を進めるわ。この件で鍵となるのは、エレーナとの結婚が除外事由の一つに該当するかどうかということ、つまり、あなたとの結婚がエレーナにとって真実のものか否か、いいかえると、彼女にアメリカで住むことを認める法的な『適格性』を与えることができるかということなの。エレーナがここに住むことができるようにするための結婚なら、それは移民帰化局を騙すことになるわ」。
　「それで、移民帰化局は何をしてくるんだい？」とトバリッチが聞いた。
　「そうね」ジェッターが続ける。「移民帰化局はすべての結婚を調査することはできないけれど、ある程度の数は調べるの。それで、移民帰化局の職員は偽装結婚の『特徴』を備えたかなり疑わしい事例を調査するわ。あなたの場合、年齢差がありすぎることと、もう移民受入枠に余裕がないことを考えれば、間違いなくこの『特徴』にぴったりあてはまるわ」。
　トバリッチが、移民帰化局が調査を始めた場合どうなるのかを聞いたので、ジェッターは、結婚が真実なものか見せかけのものかは「事実の問題」であることを教えた。「移民帰化局は、合法か否かを決定するために、あなた方二人がどういう行動をしているか、どういうことを話しているかを調べることができるの。だから、二人が結婚する前に何カ月も一緒に過ごしたこととか、お互いの思いやりと愛情を示す手紙の交換とか、大切な行事の時にはいつも一緒にいたとかをあなたが証明することができれば、それは、あなた方の結婚が本物だと証明するのに役立つわ」。

「もうひとつ間違いなく言えることがあるの」とマヤはつけ加えた。「調査が始まると、係官は、あなた方と別々に面接して、記憶にあるはずの様々な日のデートについて聞くわ。7月4日の独立記念日、感謝祭、あなたの誕生日、彼女の誕生日などね。面接する直前の1週間についても、あなた方はどこにいたかを聞かれるわ。彼女がどんな歯磨き粉や石鹸を使っているかも聞くわ。もし、あなたの答えが違っていたら、それは、あなたに不利益な証拠として使われるの。でも、二人が本当に一緒であったことが明らかになれば、神に誓ってなされた結婚であることの確実な証明があったとされるの」。

彼女が話し終えると、ソロモンは弁護士の方を向いてほほ笑んだ。「ありがとう、マヤ。とっても役に立ったよ。毎日、もっと彼女に恋するよ」。

＊

弁護士は、長きにわたって、アメリカで最も愛されない人物の一人に位置づけられている。おそらく、真っ先に挙げられる理由は、ほとんどの人が弁護士を嘘ツキと考えていることである。深夜のトークショウで長広舌をするホストや特ダネ記事をスクープした記者から、法学者、裁判官、そして弁護士自身までがそう考えている。

著名なペンシルベニア大学の法曹倫理の教授ジェフリー・ハザードによれば、「当事者主義原理を信奉する弁護士は依頼者の嘘の共犯者となることを進んで受け入れているようだ」という。「真実をぼかし嘘をつくことはほとんどすべての事件で見られると言って差し支えない」とハザード教授は言う。「しかし、それを助長する、この当事者主義のシステムは、私たちが作り上げてきたものなのだ」。裁判官も同じ考え方である。国立司法カレッジ (the National Judicial College) の学長は、偽証――そして「どこにでもある些細な罪のない嘘」ではないもの――は、「ほとんどすべての訴訟」で見られると言う。

当事者主義原理は、弁護士と嘘をつくことについて、少なくとも明確に区別される二つの論点を提示する。一つは、「弁護士が嘘を言うことは正当化されるか」であり、もう一つは、「依頼者の嘘を弁護士が手助けすることは正当化されるか」である。しかし、後者の問いに答えるには、前者の問いに答えなければならない。すなわち、「嘘を言う (lying)」とは何かを定義することである。直接的な嘘は、真実をぼかすこと、あるいは、単に黙っていて誤った印象をそのままにしておくことよりも悪いことなのだろうか？　嘘につき弁護士に責任があるか否かを決定する場合、その嘘が直接的か間接的か、または、口に出し

て言ったのか沈黙によったのかによるべきではなく、むしろ、真実以外の何かを許容する状況があったのか否かによるべきである。

アイオワ大学の法学教授ジェラルド・ウェットローファーは、弁護士が嘘を言っているという事実を素直に認めるとともに、彼の定義する広義の嘘概念の下でも、弁護士は同じことをしていることを認めるべきであると考えている。彼は「自らが抱いている信念とは異なる信念を聴衆に抱かせようとするいかなる努力も嘘に該当する」という。ウェットローファーは、『ランダムハウス辞典』の嘘の定義「誤った印象をもたらすために意図された、または、結果として誤った印象をもたらすことにつながる何か」を引用しながら、直接的な虚偽告知を超えて「事実の秘匿及び省略も同様に嘘である」と主張するのである。彼は、1990年の論文で、弁護士が嘘をつく仕方——弁護士自身が嘘をついていない、または、嘘にはならないと思い違いをしている場合も含めて——を分類した。その多くは、私たちにも馴染みのあるものばかりである。要約してみよう。

● 「私は嘘を言っていない」この表現の中には、「私の供述は文字通り真実です（誤解を与えるかもしれませんが）」、「私は絶対的な真実は存在しないという主題について話しています」。そして、「私は単に最も分かりやすく物事を述べているだけです」という意味が含まれている。

● 「あなたがそれを嘘だと言い張るのであれば、私は嘘を言ったことになりますが、それは……」：この中には、「倫理規範に抵触せず許容される（したがって、オーケイ）」、「適法に」（したがって、オーケイ）、「ちょっとした省略」または「影響がない」、些細な罪のない嘘だから、あるいは、単にそれを信じる者は誰もいないから、という意味が含まれている。

● 「私は嘘を言いましたが、それは事柄の性質上許されるものです」。これには、嘘をつくことがゲームのルールの一部であるとみなされる状況が含まれている。たとえば、和解交渉のように、弁護士の多くが権利行使の目的よりも依頼者に対する忠誠の方が勝ると考えている場合などである。

● 「私は嘘をつきましたが、それは弁護士業の特殊な倫理によって正当化されるものです」。特に、依頼者に対して負う義務により。すなわち、誠実義務、守秘義務、そして、もちろん熱心な弁護の義務。

● 「その嘘は他の誰かが責めを負うものです」。通常は依頼者であり、その結果、弁

護士は「単なる伝達者」となる。
- 「私は嘘をつきましたが、それは相手方が許されない行動をしたからです」。これには、「正当防衛」、つまり相手方が嘘をつく前に「嘘を言わなければならなかった」こと、及び、相手方に教訓を得させるために嘘を言うこと、つまり相手方が許されない行動をしたので公正を期待する権利を喪失したといった理由づけが含まれる。
- 「私は嘘をつきましたが、結果が良かったからいいではないですか」。すなわち、正義は勝ったのだ。

　毎年、私たちは、サンフランシスコのロースクールの新入生に「自らを真実及び正義の探究者であると思うか」と質問する。私たちが「真実を探求することは弁護士の主要な目的の一つか」と尋ねると、「はい」と答える学生は10%に満たない。この学生とは、ロースクールに入学したばかりのオリエンテーション二日目の学生である。しかし、大多数は、弁護士が正義を追求する義務については**確かに**負っていると考えている。では、真実が、日常的に、それほど軽視されていながら、正義を維持することなどできるのであろうか？

　哲学者であり法制度の適確な観察者でもあるシセラ・ボックは、そのようには考えない。彼女は、嘘が許されるならば正義にとどまらない価値が危機に瀕すると考えている。「嘘の無害性については、周知の通り、議論がある」と彼女は書いている。「嘘をついている人が、嘘に害がない、または、利益になるなどと認識しているとすれば、果たしてそうであるかは疑問である」。ボックは私たちの社会全体の文脈の中で嘘をつくことについて調査をし、「社会的信頼を保護しているベニア板は、多くの場合、薄いのだ」と説く。嘘をつくことは、この信頼を傷つけることがあるし、破壊することすらある。信頼が損なわれるとき、地域社会全体が被害を受ける。信頼が破壊される時、「社会は動揺し、そして崩壊する」。正義はその被害を受けるものの一つなのだ。

　それほど悲観的ではない見解の持ち主であっても、「弁護士が、真実に対して同様の信頼を与えることをしないで、正義を追求できるか」については懐疑的である。しかし、実際のところ、わが司法制度は嘘をつくことを多くの方法で助長しているようだ。少なくとも、ウェットロファーやボックが用いた広い定義の下では。いわゆる法律専門職の歴史と伝統は小さな欺もう行為の事例で満ち溢れている。当事者主義の基本的な原理によれば、「弁護士は、相手方または裁判所に対して、完全に誠実である必要はない」ということである。たと

えば、証拠開示手続が機能している場合――相手方がどんな紙切れの開示にでも応ずる用意がある場合――でさえ、情報を求めている弁護士は、やはり望む物を手に入れる前に適切な手段を講じなければならないのである。

　弁護士が嘘をつくことを認められる**べき**場合はあるのだろうか？　ウェットロファー教授の多彩な口実のうちで正当化事由となりうるものはあるのだろうか？　多くの弁護士は、交渉事において真実に完全な意味で忠実であることは不可能であると感じており、ウェットロファーがいう「戦略的な駆け引き(strategic speaking)」を依然として行っている。交渉とは、その性質上、自らの真の立場を隠し相手方に何らかの誤解を生じさせ、そして、はったりをかますという方法を伴うものである――この交渉過程を描写するのに、表情を変えない弁護士特有の話し方がよく取り上げられる。一方で、弁護士は真実に忠実でなければならない。他方で、相手方を誤導すること、少なくとも相手方の誤解を是正しないことは「ゲーム」の必要な一部であると考えられている。交渉とは、「手の内を明かす」ことではないし、これからもそれは変わらないだろう。

　1975年に、当時ルイジアナ州の連邦裁判所判事であったアルビン・ルーバンは、「道義に忠実な開業弁護士」を念頭に置いて論文を書き、交渉において簡単な倫理基準に従うように訴えた。それは、「弁護士は、正直に、誠意を持って行動しなければならない」というものである。彼は、当事者主義を「手段であって、目的ではない」とみなし、「依頼者の貪欲や敵意によって弁護士の良心が支配されることは決してないし、弁護士の倫理がそれらによって決定されるのでもない」と主張した。彼の論文は広く頒布され、多くの弁護士の共感を得た。それがきっかけとなって、交渉の際の倫理に関する議論が始まり、今日まで続いている。弁護士が相手方に対しても誠実であるべきことを求める倫理規則がないことを嘆いた彼の主張のおかげで、嘘に関する新しい、より広範な保護を盛り込んだABA規則が制定された。そして、彼の警句――彼は「ゲーム上の駆け引きは倫理ではない」と断言していた――は、たくさんの人から好意的な支持を得た。

　しかし、ルーバン判事は、おそらく意図的に、基準を高いところに設定したに違いない。ミシガン大学の法学教授ジェームズ・ホワイトが「マキアベリと弁護士会」と題する論文の中で述べているように、多くの人は、積極的に相手方を誤解に導くためには、「交渉の本質」上、「最も率直で、正直で、信頼に値

する交渉者」を必要とすると考えている。

　数年前、雑誌『訴訟の内幕 (Inside Litigation)』は、15人の法学教授、法廷弁護士、裁判官を対象に、訴訟事件の和解交渉において、どの程度嘘をつくかについてインタヴューを行った。対象者群には、「弁護士が直接的な嘘を言わない限り、相手方の誤った印象をそのままにしておくことは許されるか」という質問がなされた。9人が「対面して言った嘘」と「誤解の放置」を区別してこれを肯定し、否定したのはたったの4人であった。にもかかわらず、対象者群の大多数は1960年代初期のミネソタ州で起きた著名な事件スポールディング対ジマーマン事件 (Spaulding v. Zimmerman (1962) 262 Minn. 346, 116 N.W.2d 704) をよく知っていた。

　スポールディング事件では、ある弁護士が10代後半の若者を被害者原告とする交通事故による損害賠償事件の被告側運転手の代理を務めていた。その弁護士は、原告が被告側の推薦する医師の検査を受けるべきであると主張した。その被告側医師は、少年の医師が見落としていたある障害を発見した。それは、いつ破裂してもおかしくない生命にかかわる大動脈瘤であり、交通事故が原因である可能性があった。被告側弁護士は、そのことについて一切言及することなく、仮に相手方が大動脈瘤を知っていたならば確実に取得できたであろう金額よりも低い金額で和解を成立させた。幸いなことに、原告は、後日、入隊時の検査を受けた際にこの状態に気づいて除去手術を受けた。その後、彼は裁判所に対し、和解手続の再開を申し立てた。というのも、その若者は、依然として、法的には未成年であり、裁判官には、当該和解を無効とする権限があったからであり、事実、裁判官はそうした。しかしながら、裁判官は被告側弁護士を懲戒することを拒否した。たとえ、弁護士が大動脈瘤について何も語らなかったために若者を生命の危険にさらすような結果をもたらしたとしても、弁護士には大動脈瘤を明らかにすべき何らの義務もないというのがその理由であった。

　この事件をめぐって、法曹界では、夥しい数の論評がなされた。法学教授たちは、明らかに弁護士において障害を開示すべき道徳上の責務を負う事例——そして、方法が事実を省略したにすぎないとしても、価値的にみて、積極的な嘘と同じ程度に許されない重大な事例——があったと論じた。しかし、スポールディング事件について、弁護士が個人的な責任をとる必要があると大々的に議論を展開していた一人の教授は、『訴訟の内幕』誌の意向投票では、沈黙す

る方に投票した。その理由は、「障害の発見は相手方がすべきことで自分の仕事ではない」というものだった。

その雑誌の座談会では、もう一つの重要な論点が提起されていた。すなわち、「弁護士は、依頼者から特定の金額で和解することの承認を得ている場合、その事実につき嘘をついても良いか？」という論点である。この質問については、対象者群の回答は真二つに分かれた。数人が、ABA倫理規則の虚偽陳述――規則の言う「重要な事実の虚偽陳述」――に関する例外を引用した。つまり、「価格ないし価値の見積もりと受諾可能な和解についての当事者の意図」は、通常「重大な事実の陳述」とはみなされないという例外である。この表現は、仮に弁護士が和解交渉上の地位につき真実を語らなければならないとすれば、交渉自体が成り立たないという実務の現実を反映している。しかし、字義どおりに読めば、この注釈は奇妙である。当事者にとって、当該事案の価値以上に「重要な」事実などありえないからである。

ウェットローファー教授は、弁護士が「自己を偽ることを止め」て、嘘を嘘と言うこと、そして、嘘が成功を収めている現実を認めることを訴えている。ウェットローファーは、一旦、弁護士がこの現実を受け入れるならば、「弁護士は『ゲームのルールに従ったとか依頼者に対する義務に基づく』といった理由では正当化できない嘘に向き合うことができ、嘘が許容される状況を限定できる」と考えている。彼は「多くの嘘は、たとえ規則上直接的には禁止されていなくとも、『許容されない』ものだ」と主張している。

ウェットローファーは正しい。多くの嘘――彼の広い定義を用いての嘘――は、不必要であると同時に不当なものである。それは交渉においてもそうである。他方で、弁護士に対し、弁護士同士がお互いに誠実であることを期待することは現実的でないばかりか賢明でもない。当事者主義原理の影響がわずかでも残っているならば、依頼者は、代理人である弁護士に対し、依頼者の視点から事件を眺め、依頼者の立場を代弁することを要求する権利を持っている。この考え方が完全に放棄されない限り、弁護士はこれからも依頼者に代わって弁論をするし、費用も一定の忠誠の度合いに対応したものとなろう。

興味深いのは、座談会に参加した専門家の間で最大の一致をみたのが、倫理規則を技巧的に読むことによって一つの結論を得ること――それを「ばれずに済む」という心理 (the "I-can-get-away-with-it" response) と呼ぶ――と、そう考えた場合、個人的にそのように行動するかどうかの結論は別だということである。

しかし、平均的な開業弁護士は、その専門分野で来る日も来る日も、契約を締結し、和解の交渉をし、多くの場合、相手方の利益になるから相手方にとっても意味があると考えた事項を相手方弁護士に伝えているので、この区別をしている時間がない。この平均的な弁護士が、相手方代理人は「ばれずに済む」ルールに従って交渉というゲームを行うと考えている限り、このルールがゲームを支配するであろうことは想像に難くない。私たちが、最近のシンポジウムで、弁護士である仲裁人に対し「弁護士は仲裁人との間の個別面談時に真実を語っていると思うか」と質問したところ、全員が一致して「いいえ」と答えたのだ。

このことは、交渉及び調停といった私たちの司法制度について、何を意味しているのだろうか？ 規則を制定する者が「許容できる嘘は何か」といった質問を繰り返している限り、交渉はほとんど何でもありの自由市場であり続けるだろう。弁護士会の規則制定者において、不公正な行為には適当な制裁が伴うように、ゲームの仕方の重要な基本原則を新たに作ろうとする用意があるのであれば、交渉行為が、少なくとも、その実践の過程で真実が伴うような方向に向かう可能性はある。たとえば、依頼者の絶対に譲れない「最低線」を明らかにすることは交渉を終結させることになるかもしれない。しかし、弁護士を「嘘をつかなければならない立場」に置く代わりに、現在、規則がそうしているように、弁護士が相手方に対し、価値についての最終的な立場を尋ねることを単に禁止することで足りるのである。

全国の懲戒委員会に同じ変化がもたらされるまで、弁護士は、自らの公正さの感覚と、真実に忠実であることが実務上も有利に働くという事実——ルーバン判事が「単なる便宜以上のものをもたらす善なる行為」と表現したもの——に大きく依存しながら、自力で対処することになる。もっと単刀直入に言えば、交渉の専門家であるチャールズ・クレイバー教授が言うように、「法曹として実務を行う場合、そこには皆が暗黙裡に了解している一定の忠誠があるに違いない」。しかし、彼は、そう述べる理由の一つとして、誠実であることがしばしば良い戦略となることを認めているのだ。

当事者主義のシステムは欺もう行為を育んでいる。それは、弁護士が交渉に携わっているか訴訟に携わっているかの違い、あるいは、弁護士が与える日常的な助言が取引の企画、遺言や遺産相続計画の起案なのか国の規制に合致するように依頼者会社を指導することなのかの違いなどとは関係がない。マヤ・

ジェッターのように、弁護士は、日常的に、依頼者に法律とそれが依頼者の個別事情とどう結びつくかを説明している。伝統的な表現に従えば、弁護士は、依頼者に対して「代理人であると**同時に法の相談役**」として奉仕しているのである。弁護士の助言がなければ、依頼者は、何をすべきかの決断を、その法的な結末がどうなるかを十分に理解しないままに迫られることになる。この情報を提供することは明らかに弁護士の役割の一つである。

しかし、情報の提供には危険が伴う。すなわち、依頼者は学んだことを不正な目的ないし詐欺的な目的に利用することがあるのだ。すべての弁護士には助言をなす責務があるので、どんなに正直な弁護士であっても、依頼者に対し法律と利用可能な選択肢を助言することと依頼者の欺もう行為に加担することとの間に一線を画する必要を感じるのである。

ホフストラ大学の法曹倫理の教授モンロー・フリードマンは次のような例を提示する。死刑求刑がありうる事実審理中の被告人はポケットナイフで人を殺したが、それは正当防衛であったと主張している。弁護人が依頼者に「ポケットナイフは、どういう時に持っていたのか？」と聞いた。依頼者は「どうしてそんなことを聞くのか？」と尋ねた。フリードマンは言う。依頼者の問いに正直に答えること——すなわち、そのナイフをいつも持っていたならば、ナイフを持っていたことが通常の状態であったことを示すことになるが、その日に限ってそれを持っていたか、たまに持っていたとするならば、殺意を示すことになるかもしれない——は、「全く正当である」と。依頼者の自由にしていたならば、彼は弁護士の質問の重要性を理解しなかったかもしれない。すなわち、彼は「正しい」答えは何かを推量で言わなければならないと考えて、間違った答えをしたかもしれない。それゆえ、「弁護人は、被告人に対し、被告人の答えの持つ意味について知らせなければならない。弁護士が依頼者に対し質問の重要性を告げずに依頼者を抜き差しならない状態に追い込んで、焦って不適当な回答をさせることを要求するような倫理規則は存在しない」のである。依頼者にこうした重要性を助言することは、依頼者が嘘をつくように手助けをするものではなく、依頼者には知る権利があることを告げることに他ならない。

1950年代にミシガン州最高裁判所の裁判官であったジョン・ヴォルカー判事は、依頼者に対する助言と欺もう行為の幇助との境界について、最も著名な例の一つを提示した。それは、ヴォルカー判事の判決文に登場したのではなく、彼がペンネームで書き、後にベストセラーと大ヒット映画となった小説『殺人

の構造（Anatomy of a Murder）』に登場した。映画の中で、ベン・ガザーラという陸軍中尉はバーニー・クイルを殺した罪で起訴された。中尉は、クイルがガザーラの妻を強姦した直後にクイルを殺したのであった。ガザーラの弁護人となったジミー・スチュアートは、依頼者に対して殺人の抗弁事由のすべてを告げるのだが、ガザーラが有していた「法律上の抗弁」のうちたった一つだけが適用できそうであった。スチュアートは、ガザーラに、自分は「法律の文言」を説明しているだけだと言う。しかし、ガザーラは、スチュアートが心の中で何かを意図していると考える。

　　ベン・ガザーラ：　続けて。
　　ジミー・スチュアート：　続けろって何を？
　　ベン：あなたが意図していることは何でも。
　　ジミー：（笑いながら）あなたは聡明な方だ、中尉殿。では、あなたがどれほど聡明かを見てみましょう。
　　ベン：ああ、私はそれを考えていたところだ。
　　ジミー：いいですか、あなたの奥さんが強姦されたので、同情はあなたに寄せられるでしょう。あなたに必要なものは、陪審員があなたの代わりに抱いた同情をつなぎとめることのできる法的な杭なのです。わかりますか？（ガザーラが考え込んでいる間、沈黙）あなたの法律上の抗弁は何ですか？　中尉殿。バーニー・クイルを殺したあなたの法律上の抗弁とは何ですか？
　　ベン：（考えながら）抗弁。ぴったりの抗弁。（立ち上がり、窓に向かって歩く。スチュアートに背を向けて）さて、どんな抗弁があるのかね？
　　ジミー：どうして私が答えられますか？　クイルを刺したのはあなたなのです。
　　ベン：（窓の外を眺めながら、考えつつ）私はカッとしていたに違いない。
　　ジミー：いいえ。短気は抗弁になりません。
　　ベン：（スチュアートの方に戻ってきて）いや、私は正気ではなかったに違いないという意味だ。（間をおいて）そうかね？（ジミーはドアのところに行き、開け始める。）
　　ベン：（断固として）そうだね？
　　ジミー：私があなたの奥さんと話した後にお話しましょう。その間に、どれほどあなたが正気ではなかったかを思い出せるか、やってみてください。

最終的に、ガザーラは「抗拒不能の衝動」の下で殺人を行ったという法的「抗

弁」にたどり着く。「抗拒不能の衝動」とは、一時的な精神異常の抗弁の一種で、スチュアートの法律事務所のアソシエイト弁護士が古いミシガン州の判例集から見つけ出したものであった。

　ポケットナイフの所持人に対する助言とは異なり、この場面には嘘が紛れ込んでいる。スチュアートの示唆は、依頼者の証言を通して提出される虚偽の抗弁を作り出すための能動的な努力に他ならない。しかし、一方で、適法な助言、他方で、欺もう行為と虚偽の幇助となりかねない行為を区別せよというのは、弁護士に、意味論上の違いしかない「危ない綱渡り」をさせているのかもしれない。

　これは単なる映画の中の出来事ではない。1997年、ダラスの原告側アスベスト工場を代理していたバロン・アンド・ブッド法律事務所は、同じ危ない綱渡りをして、結局、転落した。被告代理人は、その法律事務所が依頼者に対し助言した内容を記したメモを発見した。そこには、弁護士が証言を遮ったときには、「あなたが間違ったことを証言したので弁護士が修正しよう」という意味であるから、「直ちに証言を止めること」と、大きな文字で書かれていた。メモには、弁護士の質問に含まれる「示唆」に注意深く耳を傾けることという依頼者に対する指示が書かれており、例が示してあった。すなわち、「あなたの言いたいことは、絶縁セメントが配管の上に用いられていたということですね？」とか「あなたは、1960年代よりも前には、その製品を見ていなかったということで、間違いないですか？」といった誘導質問であった。ヴォルカー判事であっても、これ以上の脚本は書けなかっただろう。

　ここに、いかに、この危ない綱渡りの区別をするかについてのABAのコメントがある。

　弁護士には、依頼者の行為の結果生じうる実際の結末について、正直な意見を依頼者に与える義務がある。依頼者が助言を犯罪行為または欺もう行為の企画に利用したという事実があったとしても、それだけでは、弁護士がその行動方針の当事者となったことを意味しない。しかしながら、弁護士は、故意に、犯罪行為または欺もう行為に加担することは許されない。問題のある行為の法的側面を分析した結果を述べることと犯罪または欺もう行為に利用されるかもしれない方法を勧めることとの間には、決定的な違いが存する。

マヤ・ジェッターは、トバリッチに助言をした際に、この「決定的な違い」を正しく区別したのだろうか？　明らかに、彼女は、トバリッチに対して何をなすべきかを正確に告げることによって、直接だます方法を教えることもできた。すなわち、「エレーナが観光ビザでここにいる間中、いつも彼女と一緒にいなさい。休日や誕生日には彼女と一緒に過ごしなさい。一緒に新居を探しなさい。そして、内装をしなさい。彼女にラブレターを書きなさい。彼女にも同じことをさせなさい」と。しかし、彼女がトバリッチに与えた助言は彼の事案の事実関係に関連する法律の文言を説明しただけであり、ABA規則が許容する一種の法的分析のように見える。確かに、トバリッチは欺もう行為を行うかもしれないし、それはジェッターの助言に基づいて行うのかもしれない。しかし、彼には、少なくとも、客観的な専門家弁護士に相談する権利はあったのだ。
　これは、違いがない「決定的な区別」、単なる意味論上の区別でしかないのではないか？　私たちは「そうではない」と考える。たとえ、そうした区別が意味論上の境界線でしかないとしても、そうした区別がなければ、常に不適切な方法でその情報を利用するとは**限らない**のに、依頼者は自らの弁護士から必要な時に助言を受けられないことになってしまうのだ。こうした場合を想定すれば、ABA規則には、確かに意味があるのである。

＊

　弁護士がいつ境界線を越えて依頼者の違法目的を積極的に手助けしている領域に踏み込んだかを知ることは、弁護士にとって、常に容易というわけではない。弁護士は、当然のことながら、自らの法的技術が欺もう目的で利用されているとの前提に立って依頼者を「我がもの顔で扱う (play God)」ことを嫌う。しばしば、依頼者の本当の動機を「知る」ことは不可能である。しかも、弁護士に与えられている唯一の倫理指針は曖昧である。とりわけ、ABA規則は「重大な事実の虚偽陳述」を禁止するが、この規則が、直接的な不実表示を超えて、直接的ではないが結果として誤解に導く事実の省略にも適用されるのかについては言及がない。この点について、ABA自身が、外観上相反する倫理見解を発表しているように思われる。
　やはり、弁護士は、どこかに境界線を引かなければならないし、その境界線はO.P.M.リース会社を代理したニューヨークの法律事務所シンガー・ハットナー・レビン・アンド・シーマンが引いた境界線よりもずっと明瞭でなければならない。O.P.M.は、1970年代に幼馴染でかつ義理の兄弟であったマイロ

ン・グッドマンとモルデカイ・ワイズマンの二人の独創的な考えから設立された。O.P.M.の営業活動とは、IBMからコンピュータを購入し、それをロックウェル・インターナショナル、AT&Tやポラロイド社にリースするというものであった。O.P.Mがリースをすればするほど、巨大企業とのリース契約を担保として、銀行はさらに多くのコンピュータの購入資金を貸し出した。1970年代の後半までに、O.P.Mは5本の指に入る国内最大級のリース会社の一つになった。そのすべては、会社の名前が示すとおり、O.P.M——他人の金 (other peoples' money)——によってなされたのであった。

たった一つだけ重大な問題があった。それは事業全体が詐欺であったということである。リース契約の多くがニセ物であったのみならず、コンピュータの多くが実際には存在しなかった。同じコンピュータが繰り返し別のリース物件となり、異なったローン契約が結ばれたのであった。O.P.Mの最大の「顧客」であったロックウェルは偽造リース契約書に登場する名前であるが、グッドマンが設立した会社であった。彼がガラス張りのテーブルの下にうずくまって懐中電灯を照らし、その照明を受けて、ワイズマンがニセの契約書の署名欄をなぞったのだった。報道記者スチュアート・テイラーによれば、1978年から1981年までの間だけで、O.P.Mは、ロックウェルの偽造リース契約によって保証された19社の金融機関から総計およそ2億ドルのローンを獲得した。

設立後間もない頃から、O.P.Mはシンガー・ハットナー法律事務所の最大顧客となった。弁護士は不正について何も知らなかったが、1980年6月、グッドマンは初めて、弁護士に対し、秘密遵守を約束させたうえで違法なことを行ってきたことを話した。それは、公認会計士がロックウェルを利用した詐欺を発見し、すべてを公表すると恫喝したからであった。その違法行為による事態の収拾には調達できない莫大な費用が必要であったので収拾は不可能であった。

グッドマンは事実経過を曖昧なままにしていたが、公認会計士は、O.P.Mの代理人弁護士と折衝するために、自らの代理人弁護士ウィリアム・デイヴィスを雇った。デイヴィスは、後に、上席パートナー弁護士のジョセフ・ハットナーと面会した時のことを「身の毛もよだつダンス」として描写している。デイヴィスは詐欺の全体像を明らかにした公認会計士の文書をハットナーに提供したが、ハットナーは「それを望んでおらず、中身を知ろうともしなかった」と彼は言う。デイヴィスによれば、ハットナーの行動は、いまにも「両耳を手でふさぎ、事務所から逃げ出し」そうであった。一方、グッドマンは過去の過

ちを認めつつ、弁護士には「これからは、もうやらない」と断言していた。
　しかし、弁護士は、事はそれほど単純ではないことを理解していた。公認会計士のメッセージは弁護士にも届いていた。すなわち、この時期に作成されたシンガー・ハットナーの覚書には、数百万ドルの詐欺の証拠についての言及があった。その金額を得るために、O.P.Mはローン適格性について法律事務所の「意見書」を利用していたのであり、その意見書もニセの契約書に依拠していた。さらに悪いことに、法律事務所は、公認会計士の意見書の中に「O.P.Mが倒産しないためには同様の違法行為を継続しなければならない」旨の記載があることを知っていた。
　これらすべてを考慮して、シンガー・ハットナーはO.P.Mの代理業務すべてを止めることを検討した。しかし、法律事務所はどこであれ、最大顧客を失いたくないと考えるものである。もしグッドマンの誓約を額面どおり受け取ることができるならば、彼の犯した「過ち」は過去のものであった。弁護士らは法曹倫理の外部の専門家の助言を求めることにした。彼らは、ロースクールの院長の推薦もあって、フォーダム大学で倫理を教えていたヘンリー・パッテル三世を助言者に選んだ。パッテルはシンガー・ハットナーに彼らが望んでいた解答を伝授した。
　第一に、パッテルは、公認会計士の意見書にもかかわらず、シンガー・ハットナーは「進行中の詐欺を示す事実を知らなかった」と結論付けた。それゆえに、法律事務所には、過去に起きた事実について語るべき義務はなく、その中には、銀行に対し**現存する**ローン契約が虚偽情報に基づいていたことの告知も含まれるとした。第二に、グッドマンの新たな誓約に依拠しつつ、法律事務所はO.P.Mのために新規ローン契約を終了させることを継続して行うことができる。第三に、シンガー・ハットナーは、グッドマンが文書により新規の取引が合法的に行われていることを確約する限り、新規取引の逐一を審査する必要はないとした。もちろん、グッドマンは喜んで文書による誓約をした。
　その結果、1980年の夏の間、シンガー・ハットナーは、O.P.Mが新規のローン契約を獲得することの援助を継続した。しかし、弁護士らはいつまでも実情に目をつぶることはできなかった。9月になって、グッドマンが過去の詐欺行為の詳細を認めその総額がほぼ1億ドルに及ぶことを知るや、法律事務所はついに顧問弁護士を辞任した。しかし、パッテルの承認を得て、シンガー・ハットナーは一挙に業務を止めることはしなかった。むしろ、9月から12月に

かけて、依頼者が弁護士のいない状態になることを回避するために段階的な撤退を行った。信じ難いことだが、弁護士らは、グッドマンが6月時点で詐欺を「自白」し改善の約束をした後でさえもO.P.Mが借主を欺いていたことを認めたにもかかわらず——彼が、もう一度、「これからは絶対に止める」と断言したという理由で、引き続き代理人にとどまったのであった。

　O.P.Mは新たに代理人となる弁護士を見つけた。それはピーター・フィッシュベインとその所属する法律事務所カイエ・スカラー・ファーマン・ヘイズ・アンド・ハンドラーであった。10月、フィッシュベインは古くからの友人であるハットナーに電話をして、シンガー・ハットナーが最大顧客を諦める原因となったO.P.Mに何か問題でもあるのかを尋ねた。しかし、パッテルは、ハットナーに対して、彼がフィッシュベインに何かを話すことはO.P.Mとの間の守秘義務に違反すると助言していた。結局、カイエ・スカラーはO.P.Mの過去の行状につき何も知らないまま、詐欺が発覚するまで、ニセのローン契約によりO.P.Mがさらに1500万ドルを獲得するのを手助けした。

　O.P.Mの砂上の楼閣が崩壊し、複雑に入り組んだ訴訟が開始されるや、皆が弁護士を雇った。その当事者の中には、件の弁護士連中、シンガー・ハットナー法律事務所、弁護士の指南役であったパッテルがいた。O.P.Mは破産し、グッドマンとワイズマンは刑務所に送られた。多くの訴訟が提起され、シンガー・ハットナーは、結局、1000万ドルの支払いを余儀なくされた。法律事務所は崩壊したが、中心となった弁護士は引き続き弁護士業を続けており、誰も弁護士会の懲戒処分を受けず、全員が「正当な業務を行った」と主張している。最も聖人ぶった態度を取ったのはパッテルであり、彼の法的信念に基づいて、彼がシンガー・ハットナーに与えた助言を擁護した。すなわち、「当事者主義システムの下では弁護士の第一義的な義務は、依頼者に対するものでなければならず……依頼者が、金持ちか貧乏人か、善人か下劣な者か、正直者か曲者かを問わない」と。パッテルの代理人弁護士は、何度も「嘘つきや盗人のために立ち上がり、彼らを擁護する義務を負っているのが弁護士である」と主張した。しかし、ここで問題にしているのは、パッテルが、シンガー・ハットナーに対し真実に目をつぶるように助言したことであり、それは、弁護士が嘘つきや盗人のために立ち上がり、彼らがより巧妙に嘘をつき、盗みを働くことができるように助けたことを意味しているのである。

*

O.P.M事件は、依頼者の欺もう行為に加担することの危険性につき、すべての弁護士の教訓となるべきものであった。しかし、シンガー・ハットナーが逃げ出した後にO.P.Mと手を結んだ法律事務所は——明確に、経験を通して忘れることのない教訓を学ぶべきであったが——明らかにその意味を理解していなかった。O.P.Mが自己崩壊した5年後、O.P.Mを代理したカイエ・スカラー法律事務所とそのリーダーであるピーター・フィッシュベインはチャールズ・キーティングズ・リンカーン貯蓄貸付組合と顧問契約を締結した。

　1980年代後半の貯蓄貸付組合の不祥事は全米の経済界に汚点を残し、その余波は現在にまで続いている。特に、ジャンクボンド（高利回りの高リスク債権）を購入したことが原因となって、たくさんの貯蓄貸付組合が破綻した。その中には、事業を拡大しすぎたうえに経営者が無能であった例もあるが、多くの組合は不適切な銀行からの借り入れと露骨な詐欺行為のゆえに破綻した。中でも、リンカーン貯蓄貸付組合の事件ほどアメリカ全土の公衆を怒らせた不祥事は他になかった。この事例は経営の失敗に関するものではなく明白な詐欺行為に関するものである。1989年に連邦の銀行業務監督機関がリンカーン貯蓄貸付組合を接収するまで、そのカリフォルニア州に拠点を置く貯蓄貸付組合の被害者を救済するために投じられた公的資金は実に26億ドルに上った。最終的に事態が収束したとき、リンカーンを支配していたキーティングズは既に詐欺罪で刑務所送りになっており、リンカーンを代理していた二つの法律事務所——カイエ・スカラー及び全米の5大法律事務所の一つであるジョーンズ・デイ・リービス・アンド・ポーグ——は、欺もう行為への関与につき9200万ドルの罰金を支払うことに合意していた。

　リンカーンが貸付と投資を通じて一般大衆を欺いていた間、カイエ・スカラーはその隠蔽工作を手伝っていた。リンカーンの従業員は、特定の投資が「適法」と見せかけるために契約書の日付を遡及させて改ざんし、貸付と投資のファイルにニセの調査報告書と取引は適切であるとする査定意見を詰め込み、借主に関する否定的な情報や危険な投資である旨の消極的な情報を削除する方法でファイルを「消毒」していた。弁護士らはこの事実すべてを知っていた。にもかかわらず、弁護士らは、連邦住宅ローン銀行協会の2度にわたる定期審査を妨害するため、あらゆる対抗措置を講じたにとどまらず、その欺もう行為を嗅ぎつけられないように行動したのであった。

　『アメリカン・ロイヤー』誌の報道記者であるスーザン・ベックとマイケル・

オレイの取材に対して、カイエ・スカラーはリンカーンの代理人弁護士と言うよりは「チャールズ・キーティングズ・ジュニアの宣伝事務所」のように振舞った。銀行協会にあてた公式報告の中で、カイエ・スカラーは次のように主張していた。

- 「リンカーンが不安定かつ不健全な状態にないことは疑いがない。反対に、リンカーンの新しい経営陣は驚異的な成功を収めうる財政的に健全な組合を創造している」。
- 「リンカーンは手堅い経営をしており、その結果、不動産賃貸に随伴する危険を極小化している」。
- 「リンカーンの比較優位、健全な投資物件の選定、手堅い審査といった特質は、リンカーンのプログラムが文句なしの成功を収めていることにより証明されている」。

1989年、議会は、貯蓄貸付組合の混乱を収束させるために、貯蓄金融機関監視局 (the Office of Thrift Supervision :OTS) を創設した。1992年3月、OTSがカイエ・スカラーに対し告発の通知をし、その行政権限を用いて法律事務所の資産を凍結したことは、OTSが爆弾を投下したに等しく、その衝撃は大規模法律事務所の弁護士という偏狭な世界の中枢にまで達した。カイエ・スカラーは徹底的な防御策をもって対抗するとともに、当時イェール大学にいたハザード教授によるカイエ・スカラーの行為を支持する旨の長文の供述書を提出した。しかし、数日のうちに、法律事務所は——その資産を凍結され銀行から融資額の支払いを要求されるに及んで——4100万ドルを支払うことでOTSと和解した。そして、フィッシュベインと他の経営弁護士は、今後一切の連邦政府認可金融機関の代理業務を引き受けないことに合意した。

カイエ・スカラーとフィッシュベインは一貫して無実を主張し、OTSの高圧的な戦術、特に法律事務所の資産を凍結して和解に持ち込んだことを非難した。確かに、多くの評者は資金凍結を政府権限の濫用とみた。とはいえ、同じ批評家の多くは、カイエ・スカラーがOTSのやり方に焦点を合わせて非難したことの意図は法律事務所固有の不正行為から調査の矛先をそらすためであったと考えた。

リンカーン貯蓄貸付組合の不祥事とチャールズ・キーティングに対する刑事裁判が全国紙の見出しを飾るようになったのと並行して、カイエ・スカラー事件も法曹界で関心の的となった。シンポジウムやセミナーが開かれたほ

か、「弁護士はどのような場合に真実を提示しなければならないのか」に焦点を合わせた記事が、法律通の記者や弁護士を名乗る者からひっきりなしに寄せられた。カイエ・スカラーがOTSと和解した後に、ハザード教授が書くことになった月刊誌『ナショナル・ロー・ジャーナル』の法曹倫理コラムの初回に、ハザードは彼の依頼者の抗弁を要約して紹介した。この抗弁は、定期的な銀行監査の間、カイエ・スカラーがリンカーンに対する助言にとどまらず、法廷弁護士として対立当事者である銀行協会を相手に戦っていたという前提に立脚していた。ハザードは「『訴訟を担う弁護士』であった以上、当事者主義のシステムの下では、カイエ・スカラーに銀行協会に対し忠誠を尽くす義務はない」と論じた。

カイエ・スカラーの抗議は、ニューヨーク州懲戒委員会がフィッシュベインとその他のパートナー弁護士の行為を調査することを断念させるには至らなかったが、調査は最終的に何らの措置も取られることなく終結した。その後、1993年8月、ABAは次のような倫理見解を明らかにした。すなわち、「銀行監査において依頼者を代理する場合、弁護士は、いかなる状況下においても、積極的に虚偽陳述をしたり重要な事実を省略したりする方法により、係官に対し嘘を言うこと、または、係官に誤解を与えることは許されない」。しかし、この見解は続けて、「依頼者の事件の弱点を開示する義務はなく、換言すれば、秘密情報を開示するいかなる義務も負わない」と述べてバランスを図った。多くの人は、この見解の矛盾する表現をカイエ・スカラー事件訴訟の抗弁の反映と見た。

O.P.M.事件と同様の事実関係に基づいて、丁度1年前に公表されたもう一つのABAの見解はもっと強い姿勢を示していた。すなわち、弁護士の代理行為が依頼者の継続中の欺もう行為または将来の欺もう行為を幇助することになる場合、弁護士は依頼者の代理をすることはできないとしていた。この見解は次のようにも述べていた。もし依頼者が詐欺行為を行うために法律事務所を利用している場合――O.P.Mが保留中のローン契約についてシンガー・ハットナーの好意的な意見書を利用したように――たとえ、弁護士の代理業務が善意で行われた場合であっても、依頼者が欺もう目的で利用することを阻止するために、弁護士はその既に行った業務の成果を公に「否認すること」ができる。

この二つの見解を整合的に解釈することは困難である。カイエ・スカラー

事件に依拠した意見は純粋な理念形の下での当事者主義原理の抗弁である。最初の意見は、「騒々しい辞任 (noisy withdrawal)」として知られているものであり、弁護士が依頼者によって違法目的に利用されることを公的に拒絶することを認める。これら二つの見解の違いがリンカーン事件の二つの法律事務所の存在と何らの関わりもないと考えることは無理である。仮に**二つの法律事務所**が倫理規則に違反したとみなされるならば、全国にたくさんある同じように強力な法律事務所の弁護士にもあてはまることになろう。こうした観点から見れば、ABAが、1993年8月に、OTSが用いた戦術に反対する決議を採択したことは何ら驚くにはあたらない。結局、OTSは、権力に対して権力をもって闘いを挑み、勝ったのであった。

なぜ、カイエ・スカラーはキーティングズとリンカーンの公衆に対する詐欺行為の幇助が発覚しないと考えたのだろうか？ ハーバード大学のデイビッド・ウィルキンス教授は、同法律事務所の首席弁護士であったフィッシュベインが「政府認可機関の代理業務をそれまで一度もしたことのない生粋の法廷弁護士」であったことを指摘する。ウィルキンスは、法律事務所が「最も高名であり、強力で利益をもたらすパートナー弁護士」の行動を審査する手段を欠いていたため、制御することができなかった点を非難する。言い換えれば、フィッシュベインの前に立ちはだかる者は誰もおらず、それに代わる制御メカニズムも存在しなかったのだ。

法曹倫理の専門家であるジェフリー・ハザードについて言えば、1981年、シンガー・ハットナーがO.P.M.の詐欺について警告することもなくO.P.M.の代理業務を止めた後に、それを引き継いだカイエ・スカラーに雇われた。その後、ハザードはシンガー・ハットナーの倫理問題の専門家であったパッテルを厳しく批判した。O.P.M.の弁護士は、カイエ・スカラーに対し、依頼者が詐欺行為を行わないように、情報を開示**すべき**であったとハザードは主張した。しかし、1992年に、リンカーンの詐欺行為を開示しなかったカイエ・スカラーの弁護をするために雇われた時点では、既に、ハザードは完全に見解を変えていた。

1990年代中葉、ニューヨーク州は倫理規則に違反した法律事務所全体を懲戒の対象とすることのできる制度を作った最初の州となった。O.P.M事件及びカイエ・スカラー事件のどの部分が反映されたのかは分からないが、法律事務所に対する懲戒請求につき、ニューヨーク市弁護士会は二つの点に焦点を合わ

195

せている。一つは、法律事務所は独自の文化を発展させており、それは所属するアソシエイト弁護士の法を実践するやり方に相当な影響を及ぼしているということであり、二つには、法律事務所全体が所属する弁護士一人一人の行動について責任を持たなければならないということである。

　交渉以外に弁護士の嘘が正当化される場合はあるのだろうか？——つまり、正義が守られるために真実が犠牲にならなければならないという確かな主張がなされうる場合のことだ。私たちはこの考えに対する批判を既に見てきた。「私は嘘をついた。しかし、その結果はよいものであったから正当化される」というジェラルド・ウェトローファーの口実から、嘘は常に社会構造に損害を与えるという哲学者ボックの主張に至るまでを検討してきた。しかし、嘘をつくことが「より高次の」利益——すなわち正義——が実現されるからという理由で正当化されうるのだろうか？

　1997年3月、ティモシー・マックベイ裁判の陪審員選定手続が始まろうとする直前に、『ダラス・モーニング・ニュース』紙は、マックベイの弁護人が依頼者の書いた自白文書を持っていると報じた。オクラホマ・シティで168人の人が犠牲になった爆発物を積んだトラックをマックベイが運転していたことを認めた内容というのだ。仮にそれが事実だとしたら、その自白が証拠能力を有しないことに疑問の余地はなかった。それは弁護団に対してのみなされたものであり、『モーニング・ニュース』は弁護団の一員からその文書を入手したことを認めていた。このことは、その供述が弁護士・依頼者間の秘匿特権の保護を受けることを意味していた。しかし、その内容は、世論の評価においても陪審員候補者の心の中においても、マックベイの有罪を証明するものであった。主任弁護人のスティーヴン・ジョーンズは、米国の歴史上最悪のテロ事件において「偏見のない」陪審員を選定するためには直ちに悪影響を除去する必要があると感じた。

　最初、ジョーンズは「自白があるというのは嘘だ」——自白は存在しないと言った。その日のうちに、ジョーンズは話を変えて、「『自白』というのは、弁護人が証言を渋っている証人を説得するために考案したものだった」と説明した。「証人とは、自らが容疑者ではないと分かった時に初めて証言するものだ。それゆえ、『自白』は、その証人が弁護側に話しやすくするための誘いとして創作したものだ」とジョーンズは言った。新聞、特に法律業界紙は、直ち

に、「ジョーンズの嘘は正当化されるか」について関心を寄せた。興味深いことに、『ダラス・モーニング・ニュース』の無責任な報道にはほとんど関心が示されなかった。この報道のために、マックベイだけが不利益を被り、陪審員は、誰一人として、暴露された内容を法廷で聞くことはなくなってしまったというのに、である。

　新聞は、いずれにしても、ジョーンズを嘘つきとして描いた。「でっち上げ」の自白を創作し証人をだまそうとした点で彼は嘘を言ったか、あるいは、自白が実際にあったとすれば、ジョーンズは報道機関に対して嘘を言ったことになるからである。この論点をめぐって、法曹倫理の専門家は賛否両論を展開した。多くの論者はABAの倫理規則を引用した。それは、裁判所または相手方のみならず「第三者」に対しても虚偽の陳述をなすことを禁止していた。仮に自白がニセ物であったならば、証人が「第三者」に該当するし、仮に自白が真実だとすれば、報道機関が「第三者」に該当することになる。ジョーンズは所属するオクラホマ州弁護士会の懲戒審査に付されるべきか否か、及び、事実審理が行われたコロラド州弁護士会の懲戒審査に付されるべきか否かの話があちこちで始まった。

　この「自白」が真実かでっち上げかは誰にも分からない。それが真実であり、ジョーンズが報道機関に嘘を言ったとここでは仮定してみよう。この点を批判する者——特に報道機関——は、自らを安全地帯に置いて他人を非難していたに等しい。ジョーンズには、依頼者のために公正な裁判を確保する責任があった。大量の有罪証拠がある恐ろしい事件に直面していた彼は依頼者の自白を開示する必要に迫られた。真実の自白を得ていたジョーンズには三つの選択肢があった。第一は、その真実性を認めること。この場合には、公衆および陪審員候補者の眼には依頼者の有罪の証明となる。第二は、沈黙すること。この場合は、認めた場合と同じ効果を持つことになる。第三は、もっともらしい否定の嘘を創作することである。

　この状況の下では、第三の選択肢が彼の取りうる唯一の方法であった。他の選択肢は、正義よりも真実を優先させるものであり、彼の依頼者に対する義務に反するばかりか、マックベイの公正な裁判を受ける権利をも否定するものであった。ジョーンズには選択の余地はなかった。

　証人に証言をさせるために自白をでっち上げることはもっと難しい問題を提起する。これを認める法曹倫理の専門家の多くは「弁護士が単にその職務

を行ったにすぎない」と言った。「真実が依頼者の救済に役立つのでない限り、弁護士は真実の探究者ではない」とスティーヴン・ギラー教授は言った。他の論者は、検察官がもっと悪質なことをしばしば行っていることを指摘した。ヒューストンの地区検事でさえ、次のように述べて、ジョーンズのニセ物自白という策略を戦略上の問題として正当化した。「もし、母親が生きている限り証言しないという証人がいたら、私は葬儀場から誰かを派遣して、『母親はたった今死んだ』と言わせるだろう」と。しかし、検察官がもっと多く嘘を言うからという理由でジョーンズの嘘が正当化されるという議論は「相対悪の理論」を想起させる。すなわち、「**他の者**はもっと悪いことをしているから、私がそれをして許される」という考え方である。

　しかし、ジョーンズの行為の正当化理由には他に二つのものがある。一つは、私たちの司法制度はこれまで、真実と正義のバランスをとる必要があることを認識してきたというものである。「法的擬制」という用語は、虚偽であることの婉曲語法である。にもかかわらず、この擬制は私たちの法廷の場に蔓延している。たとえば、身柄を拘束されている被告人を、事実審理の間、手錠を外してスーツ姿の状態で在廷することを認めること、ある者が他人に語ったことを内容とする証拠、すなわち「伝聞」という信頼に値しない証言を陪審員に聞かせないようにする規則、「その証拠の持つ証明力を超えて」偏見をもたらすという理由で裁判官が排除する証拠などである。こうした規則は、陪審員が被告人の任意でない自白を聞くことや、強姦の被害者の過去の性的履歴について聞くことを禁ずる。法的な擬制は民事事件においても同様にみられ、多くの事実審理は、法廷に提出されるべき証拠を制限する双方当事者の申立て、すなわち「事実審理前の申立て」から開始される。経験豊かな裁判官は正義を実現するために完全な真実が法廷で明らかになることは決してないことを認めている。

　二つ目は、私たち皆が真実を語ることと害をもたらすこととの道徳上のジレンマに直面する場面には数多くのものがあるということである。これらの状況には、比較的罪のないもの——「どう、私きれい？」という妻の問いに答える場合——から、最も深刻なもの——バスの中に誰かユダヤ人がいるかと尋ねるナチの親衛隊の問いに答える場合——までがある。映画『ライアー・ライアー』の中で、ジム・ケリーは、真実を語る日に「どう、私のドレス、気に入った？」という問いに対して、「君の髪に注目さえしなければね」と正直に答えた。私たちの多くは、良心の呵責を覚えることなく、似合わないドレスや罪のない逃

亡者のいずれについても嘘をつくだろう。しかし、弁護士は、自らが知っている真実と自らが求める正義との間でいずれかを選択しなければならない場合、深刻な道徳上のジレンマに直面するのだ。

モンロー・フリードマン教授がスティーヴン・ジョーンズの行為について尋ねられた時、彼は、住宅を賃貸する際の人種差別事件を扱っていた日々を思い出した。彼は、黒人の夫婦が白人よりも差別的に扱われているかどうかを調べるために、不動産業者と会う「調査員」を雇うことにした。彼はこの調査員が嘘であることを認識していた。すなわち、調査員は住居を求めていたわけではなく、証拠を求めていたからである。フリードマンは「嘘をつくことは嫌だ」という。しかし、弁護士は決して嘘を言ってはならないという絶対的な定言を下すことは困難であると考えている。「私自身、嘘をついたことがある」と彼は認める。「そして、私は、再び、同じことをするだろう」と。

エピローグ
ソロモン・タヴァリッチは移民帰化局の調査を受ける

3カ月後、マヤ・ジェッターは、再びソロモン・トバリッチから電話を受けた。彼はエレーナとたった今結婚したことを告げ、エレーナがこの国に滞在できるようにするため必要な書類の作成にマヤの援助を求めた。

「それで、うまく行ってるの？ ソル」とマヤは聞いた。

「グッド、グッド」とトバリッチは言った。「エレーナは州立大学のクラスに登録したよ。彼女は素晴らしい。ここが気に入ってて、うまく馴染んでいるよ」。

「それで、あなたは？」

「最高だね。すべてうまく行ってるよ。まさに最高だね」。

「ねえ、聞いて。ソル」とマヤが言った。「この件について明日電話をするから、いい？ 今日の午後仕上げなければならない書面があるの」。

その日の夕方、マヤは、自分がこの夫婦の代理をしたいのか否かを考えた。彼女は最初からすべてのことを疑っていた。そして、ソルとの短い会話もこの疑惑を解消するものではなかった。しかし、マヤはトバリッチのことをよく知っており、彼の動機が何であるかが分からない点では、彼が最初に彼女に会いに来た時と何ら変わらなかった。彼の表情を読むことはいつも難しかった。

マヤは悟った。ソロモンとエリーナが彼らの結婚について真実何を感じているのかに帰着する、それは、彼女が決して確信することのできない何かなのだと。それは、倫理規則上、彼女にいずれの道を選ぶのかの自由があることを意味した。すなわち、彼女はその事件を引き受けることができるが、彼女にそうしなければならない義務はないということであった。

　翌日、マヤはトバリッチに電話をし、彼とエリーナと面談する日時の約束をした。彼女はその結婚に納得してはいなかったが、それがニセ物であるか否かを知る手だてはないと自らを納得させた。しかも、トバリッチとその家族はこれまで期日にきちんと費用を支払う良い顧客であった。彼女は自分自身に話そうとした。「私は、面接した結果、その結婚がニセ物であると分かった場合には、いつだってその夫婦の代理を拒絶できるのだ」と。しかし、彼女は、トバリッチがとても賢いので、それは起こりそうもないことも知っていた。彼女が拒否するとしたら、彼らと面談する前しかなかった。確かに、彼女に不安はあった。しかし、結局のところ、彼女は移民専門の弁護士であり、これが移民専門弁護士の行っていることなのだと彼女は思った。

第3部　強欲と欺もう、つまり「みんなやっている」

第9章
秘密にしておくこと（つまり、「知らない」と言うことは公衆を害することになる）

秘密主義と自由は民主的な政府では相容れない。
——ハリー・ツルーマンの言葉。メール・ミラーによる口承伝記からの引用

裁判所を閉ざして手続を公的な監視に晒さないことは法の灯りを閉ざすに等しい。
——テキサス州最高裁判所判事（後に下院議員）ロイド・ドジェットの言葉。彼はテキサス州の公開法廷記録規則を立案した。

私のやるべきことに真実と正義は関係ない。勝つことだけだ。
——ルイスビルの弁護士ゲイリー・ワイスの言葉。彼はプロザック被害を訴えた大規模訴訟において証拠開示を妨害した弁護士の努力を擁護した。

　E.J.ボワイェットはコンピューター・プログラマーであったが、妻と5人の子供を残して48歳で死んだ。いつも行動的で、週に3日仕事をし、週末には大学時代からの仲間とともにボートを漕いだ。47歳の誕生日の直後から、彼は自分が疲れやすくなっているのと、しばしば息切れすることに気づいた。彼を診察した医師の紹介で、彼は心臓内科医に診てもらった。精密検査の後、その心臓内科医は、すべての医学雑誌で高い評価を得ているジョーンズ・ヘニング・ワートン社製の新しい心臓弁を埋め込む外科手術を勧め、彼はその手術を受けた。最初、すべては順調にみえた。ボワイェットは病院を退院し、簡単な作業を開始し、再び水上でボートの仲間に加わることすら夢見ていた。しかし、3カ月後、ボワイェットの健康状態は急速に悪化し始めた。翌月、彼は死亡した。彼の残された妻は、人身傷害による損害賠償事件専門の小さな法律事務所のパートナー弁護士アンドレア・ハーディに相談した。

　アンドレアは大きな法律事務所での実務からスタートしたが、数年後には満足できなくなった。彼女は弁護士としての道を間違えたように感じた。それで、10年後に、彼女は、給与は減ったが、ゲイゼル・アンド・ヤナヒロ法律事

務所に移った。それを後悔したことは一度もなかった。その後、彼女はパートナー弁護士になり、去年、事務所の名称はゲイゼル・ヤナヒロ・アンド・ハーディに変わった。何といっても、アンドレアは腕のいい製造物責任訴訟の専門家となった。彼女は自らの仕事――危険な製品を販売している会社を相手取って訴訟を提起すること――を社会に貢献していると見るようになっていた。ハーディはボワイェット事件を引き受け、ジョーンズ・ヘニング・ワートン社を相手取って不法行為に基づく損害賠償訴訟を提起した。

　1年半たった今、広範囲にわたる開示証拠と大量の文書を検討した後、アンドレアと事務職員は一つのメモを発見した。そのメモには、会社が第1世代の心臓弁の設計に瑕疵があり、患者の中には心臓が悪化して死に至る者もあることを知っていたと推測させる記載があった。彼女と事務職員は抑えきれない興奮を覚えた。そこで、相手方に、新たな特定事項に関してさらに多くの文書を提出するように求める証拠開示請求書を急いで起案した。アンドレアは、その開示対象文書の中に、心臓弁が欠陥品であることを製造者が知っていたことを証明する決定的証拠があるに違いないと考えた。それは、会社の責任を証明するにとどまらず、製造者が危険を知りながら製品を供給したことに対する制裁として支払われる懲罰的損害賠償の可能性をも意味していた。

　相手方代理人のジョージ・バーガーは、いかなる文書開示要求に対しても反撃するタイプの弁護士であった。つまり、彼はあらゆる手段を尽くして戦った。しかし、最終的に、証拠開示手続を主宰した裁判官は、バーガーに対し、それらの文書を提出するように命じた。指定された開示の日に、予期せぬことに、アンドレアはバーガー自身の訪問を受けた。彼は「話ができないか」と尋ねた。

　「みてくれ」と彼は言った。「間もなく君にこの文書を渡すつもりだ。私はこの中に何があるかを君は知っていると考えている。だが、君に考えてもらいたいことがある。直ちにこの事件を和解で終結できるならば、500万ドルを君に支払おう。条件は二つだ。我々が支払う金額については秘密としなければならない。そして、君が我々から得たすべての文書を我々に返還しなければならない。コピーを含めてすべての文書をだ」。アンドレアは驚きのあまり口が聞けなかった。この瞬間まで、バーガーは依頼会社の無過失を主張していたし、和解についてはおくびにも出さなかったのだ。500万ドルは、彼女がこの事件の裁判で得られると考えていた金額よりも、また、懲罰的賠償を含めた金額よりもはるかに高額であった。そして、報酬についても、彼女の法律事務所がこれまで得た金額の

中で最高額となることも容易に想像できた。彼女は、ジョージ・バーガーのブリーフケースの中に、彼女が探し求めていた決定的証拠があることを確信した。

アンドレアは、バーガーに「決断する前に文書を検討し依頼者と協議する必要がある」と告げた。「いいだろう。君に1週間与えよう」とバーガーは言った。その日の遅く、事務職員および事務所のパートナー弁護士が集まったところで、アンドレアはジョーンズ・ヘニング・ワートン社の幹部が書いた三つのメモを読んだ。それらは、製造者がボワイェット氏の心臓弁が埋め込まれる前に心臓弁の設計に欠陥があることを知っていたことを決定的に証明していた。一つのメモは、107事例において、当該心臓弁が患者の死をもたらす原因となったと考えられる旨の要約であった。他の二つは、設計上の瑕疵を会社はいかに扱うべきかに関する議論を記したもので、結局、新しい製品が開発されて旧品と交換するまで、市場から回収すべきではないとされていた。

アンドレアは、ボワイェット氏の未亡人と話さなければならないことを理解していた。しかし、彼女はバーガーの提案を受諾することについて何を助言すればよいかを思案していた。彼女が自分の仕事に満足していたのは、危険な製品を公に明らかにするからであって危険を隠すからではなかった。もし彼女がその文書を秘密にすることに同意すれば、ボワイェット氏のように心臓弁を埋め込まれた人が危険にさらされ死ぬことすら起こりうることを、彼女は理解していた。しかし、同時に、彼女は、指導原則（guiding principle）上、弁護士にとって第1の義務は依頼者に対するものであり、総体としての公衆に対するものではないことも理解していた。そして、依頼者に提示された総額は莫大なものであった。

＊

原告側弁護士にとって、大規模法律事務所を相手に事実審理や証拠開示手続の間、丁々発止の攻防を繰り広げることは、当事者主義のゲームの一コマでしかない。弁護士がこうした場面で情け容赦のない策略を用いることは当事者主義のシステムにとって必要である——そして、原告・被告双方が同等の力と技を持って張り合う相互的関係の場では必然的に起きることである——と、弁護士はもっともらしく論ずる。しかし、当事者主義の原理はもっと陰湿な仕方で機能することがある。特に、お金——大金——が関係している時にはそうである。

金額を上乗せした和解案として弁護士の眼前に大金が置かれる場合、通常の事件処理の場合とは違った何かが関わっている。その何かとは情報——すなわち、一方当事者にとっては不利な証拠となり、他方当事者にとっては将来の金脈に

なるような情報である。もし原告が秘密を守ってくれるならば、被告会社が原告個人に気前よく金を支払うことになる情報である。

陪審員の評決と違って訴訟上の和解では、ほとんどの場合、過誤があった事実の確認は含まれない。しかし、もし一般の人が和解に数百万ドル支払われたことを知れば、多くの人はどこかに過誤があったに違いないと考えるだろう。もし致命的な情報が開示されるならば、一般の人は一層有罪を示す証拠と認識するだろう。さらに、弁護士がそのような情報を入手するならば、彼が担当する訴訟事件は孤立した単一の訴訟事件を超えて共通の問題をテーマとする同種訴訟の一つとなることを意味する。

こうしてみると、欠陥商品を販売した会社や有毒物質を流失させた会社、能力的に未熟な医師を雇った病院、児童虐待で告発された長老を擁する宗教団体や慈善団体が、どんな個人請求に対する和解であっても、トップ・シークレットにすることに非常な関心を示すことも分からないわけではない。こうした事件の被告は和解金額だけではなく、和解に導いた証拠についても沈黙を守ることを求め、時には、和解したことそれ自体を秘密にすることを求める。

秘密和解に賛成する議論の中にも傾聴に値するものがある。第一に、すべての請求が合法的というわけではない。つまり、中には、センセーションを巻き起こすことや世間の関心を集めることを目的としてなされる訴訟もあるし、企業から金銭を得ることを目的になされる訴訟もある。さらには、誠実になされた訴訟であっても、何の利益ももたらさないものもある。自動車に欠陥ブレーキがあったからといって、そのブレーキが運転者の事故の原因とは言えない。運転者は酔っぱらっていたのかもしれないし、単なる不注意だったのかもしれない。たとえ、そのブレーキが事故原因のある部分を構成していたとしても、他にも事故に寄与した原因があるかもしれないのだ。

最も重要なことは、たとえ一個の訴訟上の請求が有効であったとしても、それが同種の請求すべてにあてはまるわけではないということである。ある司祭が一人の子供に猥褻行為をしたかもしれないからといって、ほかにも被害者がいるはずだとは言えない。ある医師が一人の患者に致命的なミスを犯したからといって、別の患者にもミスをしたとは言えない。欠陥ブレーキが運転者1番の事故の原因であった可能性があるからといって、そのことから、同じ製造元と型の運転者2番の車が同じ原因で衝突事故を起こしたとは言えない。必ずしもすべてのブレーキセットが機能しないというわけではない。しかも、すべての和

解がブレーキに欠陥があったことを意味するわけでもない。しかし、どんな会社であっても、真実か虚偽かにかかわらず、会社の名前と欠陥商品とが結びつけられることを嫌う。合理的に考えて——決して確実とは言えないまでも——勝訴する見込みのある原告が会社に対して敵対的ではない場合、和解によって欠陥ブレーキの証拠が秘密にされるのであれば、その者と和解することは賢明であるだろう。

秘密和解に賛成する論者は「仮に個別事案の事実関係が明らかにされた場合、貪欲な原告側弁護士と不誠実な依頼者が些細な理由で訴訟を提起することにつながるのではないか」と考えている。ハーバード・ロースクールのアーサー・ミラー教授はこの見解を最も明確に述べている論者であるが、「『事例証拠 (anecdotal evidence)』、すなわち、彼が言う『ストーリー』を明らかにしなかったからといって、公衆衛生や公共の安全といった論点に関する重要な公的情報が否定されたというわけではない」と主張する。

この見解に一定の真実が含まれていることに疑いはない。訴訟上の主張があるからといって何かが証明されたわけではない。会社が訴訟になったという事実の公表を避けるためにする和解についても、同様のことが言える。また、製品に欠陥があったという陪審員の評決がなされたとしても、それはその特定の事件に関するものであって、すべての事例につき欠陥があったことを証明するものではない。しかし、ミラー教授も製造物責任訴訟の被告側弁護士も——この中には、ミラー教授の研究を資金的に援助している被告会社の代理人も含まれている——和解が公開された結果、現実に些末な訴訟提起が増えたという証拠を提出することはできない。

より重要なこととして、ミラーが言及した事例のいくつかを検討すると、多くは単なる「個別事例」以上の意義を持っていることが分かる。その中には、製品の危険性を示す強力な証拠があるにもかかわらず、会社がその製品を守るために何百という秘密和解をしていた例もある。他の事例も、もし公衆に警告が与えられなければ、重大な被害をもたらす可能性を秘めた巨大で危険な氷山の一角であったようだ。

処方薬ゾマックス、ハルシオン、プロザックの各製造会社は、いずれもそれらの薬品で問題を起こし、和解を秘密にしたことで大きな代償を払った。最終的に、各薬品についての証拠は公になったのだ。ハルシオンについては、障害事例の多くは英国の調査から判明した。ゾマックスの場合は、科学者が生命に

かかわるアレルギー反応について実験し調査実施を決定した後になって初めて、情報の開示がなされた。ゾマックスは、最終的には市場から撤収されたが、それまでの間、10件以上の死亡事例と400件を超える重篤なアレルギー障害を引き起こした。しかし、これらほとんどの事例は薬品製造会社マックニール社によって秘密和解に付され、公にされなかった。

ダルコン・シールド避妊リングも市場から撤去された。しかし、数多くの秘密和解がなされた後であり、訴訟当事者が製品の危険性を知った後も長い間、公衆は製品の危険性を知らなかった。ダルコン・シールドの製造会社であるロビンズ社の代理人弁護士は、原告側弁護士が他のダルコン事件を受任しないことを和解条件にしようとさえした。これは、ほとんどの州の、公益上の理由からこのような弁護士の買収を禁止している倫理規則に明確に違反している。

1984年、マリア・スターンという女性が、シリコン豊胸術によって被った損害の賠償を求めて、ダウ・コーニング社を相手取って訴訟を起こし、170万ドルの賠償額を勝ち取った。控訴審において、ダウ・コーニング社は和解を提案し、その条件として、スターン及びその代理人弁護士は、証拠開示手続を通して得た重大な情報について今後言及しないことを提示された。この時、スターンは「他に選択肢はない」と感じた。彼女は、この条件をのまなければ、相手方の最強の弁護団と数年間控訴審を戦わねばならず、その成果はほんのわずかの金額かもしれないことを理解していた。彼女は、最終的にこの取引を受け入れた。

一般の人は、その後数年間にわたって、シリコンを胸に埋めることの危険について何も知らなかった。食品医薬品局 (the Food and Drug Administration) の局長デイビット・ケスラー医師は、シリコン豊胸術損害賠償事件の訴訟担当弁護士が危険性を認識しながらそれを秘密にしていたことをFDAが知るのに7年もかかったことを悔やんだ。ケスラーは証拠について理解するや、直ちに行動を起こし、「今後シリコンの埋め込みを禁止すること」を宣言した。この禁止以後、埋め込みの結果深刻な傷害を負ったたくさんの女性からの苦情がFDAに寄せられた。シリコンの埋め込みが本当に危険であるか否かについて、なおも法律家と科学者は議論をしていたが、この議論は、より根本的な疑問を提起していた。すなわち、「公衆には、製品を購入する際にどのような危険があるかを知る権利があるか」という問いであった。

多くの弁護士が関与し徹底的に争った製造物責任訴訟の最大の先例はゼネラル・モータース (GM) 社の側面ガスタンク装備の小型トラックをめぐる訴訟

である。本書第3章で、私たちは、GMの弁護士がラルフ・ネーダーや自動車安全センター、その支持者を製品の評判を貶めたとして提訴したことを見てきた。その一方で、他のGMの代理人弁護士は頻繁に起こる側面ガスタンクの爆発に関連する個別案件を秘密裏に和解で処理していた。GM自身の記録によれば、GMは「タンク装備は完全に安全である」と主張しながら、その一方で、およそ200件に及ぶ事件で和解していたのであった。ほとんどすべての和解において、すべての情報が事件当事者以外には秘密とすることが要求されていた。

　危険な薬品やガスタンクの爆発に関する夥しい数の訴訟が和解で終結しているのは、個々の請求が証明できなかったことの結果であるとは言えない。ある地点を超えると、「事例証拠」は明確なパターンを示すのだ。そのパターンが公衆の健康と安全に対する危険の存在——または、そのような危険の重大な**可能性**——を指し示す場合、その時こそ、法制度がそのような秘密を許すことができるのかが問われるのである。

　証拠を隠すことは公衆に対する情報の否定であるばかりか、原告と被告との間の衡平の秤を不均衡にしてしまう。原告側弁護士は、それぞれの担当事件につき先例についての証拠がないまま、情報の共有も思考の共有もできない状態で、担当事件を一から——困難な証拠開示手続の初めから——始めなければならないのだ。一方、被告側弁護士は当該製品に関する訴訟の歴史全体を把握している。彼らは経験から学ぶことができるので、前の事件の原告側弁護士に既に入手した情報を開示しないと約束させることによって、新たな原告側弁護士が同じ情報を得るために越えなければならないハードルをより高く設定するのだ。

　当事者主義の原理は、公衆に将来顕在化するおそれのある危険についての証拠を公にしないという点で重要な役割を果たしている。仮に弁護士の責務が、第一に、依頼者個人の要求に応えることに置かれるならば、公衆の福祉は、弁護士自身の報酬に劣後する第三位とは言わないまでも、せいぜいのところ、ずーっと遅れての第二位ということになりそうである。

　製造物責任訴訟の被告側代理を務める弁護士は「依頼者の過誤を隠蔽する秘密和解をするのは依頼者に対する彼らの義務がそれを**要求するからだ**」という。彼らの行為を規律する規則は、相手方に対しても、公衆に対しても、感情を考慮に入れることを許さない。弁護士は、裁判所に対して嘘を言うことまたは誤導すること以外は何をしてでも依頼者に対して最善の努力を尽くすべきことを

第9章　秘密にしておくこと（つまり、「知らない」と言うことは公衆を害することになる）

教えられる。このことは、被告側弁護士にとって、可能であれば執拗に秘密を追求することを意味する。アンドレア・ハーディのような原告側弁護士も、同じ倫理規則の下で、依頼者に対する同様の義務を負っている。多くの者は、たとえ秘密のゆえに全体としての公衆が損害を被るおそれがあると知っていたとしても、依頼者に対する誠実義務があるので、依頼者の利益となる和解を受諾せざるをえないと感じている。同時に、彼らは、依頼者に何をすべきかを助言できるが、和解すべきか否かの最終的な決定権は依頼者にあることをも理解している。

秘密保護の論点に関わって、もう一人の当事者がいる。それは裁判官である。秘密の合意の多くは和解に先だって行われる。裁判所には「保護命令 (protective order)」、すなわち、一方当事者に対し、裁判所外での利用を禁止するという条件の下で、情報及び文書を他方当事者に開示するよう命令する権限がある。この命令は事件終結の時点で文書を返還することを要求する。保護命令は、通常、次の二つの理由のいずれかに基づいて発付される。すなわち、保護される情報の中に、公開されると競争者によって盗用されるおそれのある最先端のデザインのような「企業秘密」が含まれる場合、または、より一般的に、連邦証拠開示規則の用語に従えば、「迷惑、困惑、圧迫、不当な負荷ないし費用負担から当事者または個人を守るために」認められる場合である。

欠陥車の部品とか薬品の副作用に関する情報が「企業秘密」として保護の対象になると主張するのは無理である。競争会社が他社の欠陥品の情報を盗んで自らそれを利用することはおよそ考えられない。だからこそ、開示証拠を秘密にすることを求める弁護士は依頼者のプライヴァシー権に依拠するのである。「訴訟当事者は、自ら望んだか否かを問わず、法廷の内部に足を踏み入れたからといって、それで、プライヴァシーの権利を放棄したわけではない」とミラー教授は言う。そして、ミラーは続ける。「いかなる原告であっても、訴訟費用を支払ったからといって、被告に対し「極めて個人的で、かつ、秘密に属する情報」を開示するよう強制できると考えるべきではない。裁判所は、『私人間の私的な紛争解決』に奉仕するために存在しているのだ」と。

とはいえ、原告は重要な権利——憲法修正第1条の言論の自由——も同様に有している。ここでの意味は、原告は自らの事件で知ったことを語る権利があるということである。我々の裁判所は常に公衆に開かれてきた。それは、大英帝

国がヘンリー八世の時代の遺物であった秘密主義の星室裁判所（58頁の訳注参照）を廃止して以来の伝統である。自由な表現は裁判所が**公的な場**であることに依存するのであり、ミラーが言うような私的空間であることによるのではない。そして、自由な表現とは、一旦、事件に関する情報を得たならば、誰でも適切と考える方法でその情報を共有してもよいということを意味する。

　我々の裁判所は、アメリカ合衆国連邦最高裁判所を含めて、これら二つの権利——プライヴァシーの権利と表現の自由——が衝突した場合、裁判官において、「重大な政府の利益」を保護するために、当該情報を秘匿する必要があると考える「相当な理由」がない限り、公開性が優越すると推定すべきことを判示してきた。連邦最高裁はこの見解に基づいて、憲法上の権利である信仰の自由を引用して、宗教団体の構成員リストの開示を認めなかった。しかし、「迷惑」や「困惑」からの保護という理由では、到底、憲法レベルの価値に至っているとは思えない。

　この問題を直接扱った判例はほとんどない——公衆衛生や公共の安全が問題となっている判例はさらにない——ので、事実審裁判官は証拠開示の対象から何を保護すべきかについては非常に広範な裁量を有している。残念ながら、必ずしもすべての裁判官がこの課題に取り組んでいるとは言えない。中には、単に決定を下したくないという裁判官もいる。すなわち、弁護士にその問題を解決させるのである。「当事者が合意できない場合、最も安全な対応はすべての情報を秘匿することだ」と考える裁判官もいる。そのような一例として、ハルシオンによる精神の不安定状態の下で実母を殺害した女性被告人の事件において、裁判所がその薬に関するすべての情報の開示を禁ずる命令を出したという例があった。

　多くの裁判官は、弁護士同士が秘密の内容につき合意した場合、「どうして、それに反対しなくてはならないのか」と考えている。ほとんどすべての裁判所に、「和解が奨励されるべきである」というポリシーがある。すなわち、和解は紛争を解決するのみならず、裁判所に滞留している事件を解消するのに寄与するのである。もし秘密を保護することで和解につながるのであれば、裁判官はその合意に介入したくない。評者の中には、「当事者双方が支持するのであれば、10人のうち9人の裁判官は保護命令を出すことに同意するだろう」と考える者もいる。そして、原告側弁護士は、必要な情報を入手するには、それが最も迅速で、最も安価な、最も簡便な方法であるという理由で、保護命令に同意することが

第9章　秘密にしておくこと（つまり、「知らない」と言うことは公衆を害することになる）

209

多いのである。

　ニュージャージー州の連邦裁判所判事として、タバコ会社を被告とする最初の製造物責任訴訟の2件を担当したH.リー・サロキン裁判官は、公衆の意見を聴くために、これらの事件の情報を公開しようと努めた。「私は告白しなければならない」と、数年後に彼は記者に語った。「かなりの期間、通常の出来事として、当事者が同意し弁護士が合意した場合、私は保護命令に同意し署名をしてきた。……しかし、徐々に、私はそこに他の利益が関わっていることを認識するようになった」。他の利益とは、もちろん、公衆に属するものであった。

　秘密和解が利用される場面は、何も製造物責任訴訟に限られるわけではない。そして、訴訟に関する情報が秘密にされる場合には、保護命令や和解後の所有者への原本還付という方法があるので、文書の隠匿が唯一の方法というわけではない。秘密和解のいくつかの例をあげよう。

● ある精神障害者施設は、施設管理者がダウン症の入所者を性的に虐待したとして告発された事件を秘密裏に和解で処理した。施設管理者は他に10人以上に性的虐待行為をしたことを個人的に認めている。
● カトリック教会のシカゴ大司教区は、性的虐待事件につき秘密裏に和解した。表面上は、子どもの保護のためとされているが、その一方で、秘密のベールの陰で少年の両親を批判していた。『シカゴ・ロイヤー』誌の調査によれば、過去10年間で400件の訴訟がカトリック教会によって和解になっており、そのほとんどが秘密和解であるという。
● 国内最大級の法律事務所であるベイカー・アンド・マッケンジーは、映画『フィラデルフィア』を彷彿とさせるエイズ差別事件を、不開示約束を得て和解した。

　医師、弁護士、健康ケア施設、そして教会が訴えられた場合、彼らは和解の事実と証拠を秘密にするだけでは満足しないことが多い。報道記者や関心のある弁護士は地方の裁判所の訴訟記録を調べる方法を知っている。そこで、被告側弁護士は、時として、当事者の名前を実名から匿名に変えるために、たとえば、実在しないドー・アンド・ロー（Doe & Roe）法律事務所とか、XYZ養護ホームのように事件名の表記を変えて合意書面を作成することを原告側弁護士に提案することがある。カリフォルニア州を含むいくつかの州では、当事者が陪審員の評決を覆す内容の合意書面を作成することも認めている。こうして、実際

の勝訴者は対価を得て控訴を回避し、敗訴者は不利な内容の敗訴判決を回避するのである。あるいは、弁護士は、将来の原告が使用できる情報源である判決意見を「公表させない(depublish)」ことを合意書面化するかもしれない。マリア・スターンの豊胸術損害賠償事件では、陪審評決と賠償額の裁定の**後**、ダウ・コーニング社の強い要請で実際にこうした変更がなされた。すなわち、評決を無効とし、裁判記録を公衆の目に触れないようにする合意書面が作成されたのであった。

　名前は変更されるので、どれくらいの頻度でこれが行われているのかを示すことは難しい。しかし、通常の場合、こうした合意書面の作成には裁判所の許可を必要とする。そのような許可はほとんど稀にしか与えられないと想像できる。しかし、一つの事件を和解で処理することは訴訟事件表(docket)から一件削除することを意味するので、裁判官の中には、秘密の理由を精査することもせず、要求に応じてゴム印を押すだけの者も現れるのだ。

　こうした手続において、被告側弁護士は「単に自分たちの仕事をしたにすぎない」と正当化する。彼らは、裁判所内での行為についても、ミラー教授が述べるように、「裁判所は『情報の交換所』として設計されたものではないし、裁判官が公衆のための『情報オンブズマン』となるには相応しくない」として正当化するのである。

　一般的には、原告側弁護士はこうした情報の隠匿に関与することには消極的な姿勢を示すが、関与するしか選択の余地がないと感ずることもしばしばある。彼らは良い条件の和解を受諾する責務を負っているし、多くの場合、彼らは秘密の保護に同意することなしには和解は成立しないと考えている。たとえ、彼らが秘密の保護は道徳的に正当化されないと感じていても、依頼者に対する義務の方がその躊躇よりも優越するのである。また、彼らは、こうした和解を拒否した結果、敗訴する危険のある訴訟に直面するのではないかと恐れる。どんなに筋の良い事件であっても、12名の見ず知らずの陪審員の前で有能な被告側の大弁護団を相手にする訴訟では、常に依頼者が負けるかもしれない危険性はあるのだ。そして、常に、彼らが感じる大きなプレシャーをさらに増幅させるのは、秘密和解を受諾した場合に得られるかなりの額の弁護費用——すべて事件の結果に応じた成功報酬——なのである。

　時として、いくら規則が「依頼者の利益を第一に考えよ」と定めている世界で

第9章　秘密にしておくこと(つまり、「知らない」と言うことは公衆を害することになる)

211

あっても、公衆から証拠を秘密にしておくための努力が行き過ぎることがある。その例をフェントレス対エリー・リリー社事件というルイジアナ州の裁判に見ることができる。

　1989年9月、10年間精神病を患い2度の自殺未遂の経歴を持つ47歳の印刷工であったジョセフ・ウェスベッカーは、AK-47銃で武装して、以前勤めていたルイスビルの印刷工場に入り、銃を乱射した。惨劇が止むまでに、ウェスベッカーは8人を殺害し12人以上を負傷させ、最後は自分の頭を打ち抜いて死亡した。その1カ月前、ウェスベッカーは「プロザック」を服用し始めていた。銃撃の被害者の代理人弁護士は、ウェスベッカーの異常な行動の原因として、すぐにプロザックに注目した。

　ウェスベッカーの被害者の名前を冠してフェントレス事件と称された事件は、プロザックに関して提起された160件の訴訟の中で最初のものであった。リリー社とその弁護士らは、当然のことながら、万難を排してプロザックを擁護することに決めた。1994年秋にフェントレス事件が訴訟に移行するまでに、プロザックは一般的な抗鬱剤になっており、誰もが知っている魔法の薬として100万人が使用していた。プロザックは1994年リリー社の総売上額の3分の1——17億ドル——を占めていた。会社は危機に瀕していた。もしリリー社が敗訴すれば、成行きを注視していた他の訴訟の原告が力を得て同じ解決を求めることは必至であった。しかし、もしリリー社が完璧な形で勝訴すれば、それらの原告が訴訟の継続を見直すことが予想された。

　フェントレス事件は、プロザック関連事件としては、他と比較して原告側不利の事件——リリー社は勝訴できると考えていた事件——とみなされていた。他の訴訟の大多数は薬を飲んだ本人が深刻な副作用に苦しんだことに焦点を合わせていたのに対し、フェントレス事件では、原告自身はプロザックを服用していなかった。すなわち、彼らはウェスベッカーという**第3者**による損害を請求していた。彼らは、ウェスベッカーが取った行動の原因がプロザックにあることを証明しなければならないという困難を抱えていた。

　事件はジェファーソン地区巡回裁判所判事ジョン・ポッターが主宰するルイスビルの事実審裁判所に係属した。彼はハーバード卒の明晰な頭脳の持ち主であり、法廷では物腰の柔らかな南部のマナーを身につけていた。審理の間、原告側の主任弁護士であるダラス市のポール・スミスとイリノイ州のナンシー・ゼットラーは、ポッター判事に、リリー社のもう一つの製品である抗炎症薬「オ

ラフレックス」に関する証拠の提出を許可するように求めていた。オラフレックスは、余りにも危険性が高かったので、1982年に市場から撤去されていた。1985年、リリー社は、4件の死亡事案を含むオラフレックスの副作用に関する報告書を食品医薬品安全局に提出しなかったという25件の訴因につき、有罪を認めていた。会社の研究責任者であった科学者は15件の訴因につき有罪の判決を受けていた。スミスとゼットラーは、オラフレックスについて真実を報告しなかったというリリー社の事実を証拠として利用し、プロザックについても同様のことが行われていることを証明しようと考えた。しかし、ポッター判事は「関連性はせいぜいのところ周辺事実に認められるにすぎないし、それを認めることは、何かを証明するというよりも陪審員に予断を抱かせることになる」と述べて、その事実を法廷に提出することを認めなかった。

　その数週間後、リリー社とその代理人弁護士はとんでもない失敗を犯した。リリー社の役員が「会社は、これまで、薬品の問題事例——役員は婉曲的に「有害事象 (adverse events)」と表現した——を報告することに関して最高の評判を得てきた」と証言したのだ。数年前に、彼の前任者が有罪の判決を受けていたにもかかわらず、リリー社の最高位の科学者が、食品医薬品安全局の見解として、「わがリリー社は有害事象を分析し報告するための最良のシステムを備えていると繰り返し述べていた」と証言したのだった。

　この証言はオラフレックスに関する「有害事象」を報告しなかったリリー社の刑事責任と真っ向から抵触した。原告側の請求原因の多くはその薬の問題性に関するリリー社報告の正確性に焦点をあわせていたので、原告側弁護士は直ちに、オラフレックスの証拠を法廷に提出することの許可を求める申立をした。1994年12月7日、今度は、ポッター判事は「リリー社が事実審理にこの論点を持ち込んだ」と述べて、申立に同意した。

　ポッター判事の決定の後、法廷の周辺はにわかに慌ただしくなった。原告側及び被告側弁護士が、共同して2度にわたり、長時間の休廷を求めた。その後、10数名の若手の弁護士が裁判所にやってきた。そのほとんどはルイスビルから来た地方弁護士であった。報道機関も現場に殺到した。一群の弁護士らが法廷の廊下で秘密の相談を始めた。午後も半ばになったころ、弁護士らは判事に審理を1日延期するように求めた。そのころまでには、和解の雰囲気が色濃く漂ってきた。

　しかし、翌日の午後、ポッター判事が審理を再開するや、彼は原告側の申立

を聞いて驚いた。原告側主任弁護士のスミスは「原告側は、賠償額について議論する審理の第二段階に進むまではオラフレックスの証拠を提出しない」と宣言したのだ。第二段階とは、陪審員が第一段階でリリー社に責任があると判断した場合に初めて開かれるものであった。もし陪審員がリリー社には責任がないと判断すれば、事件はそこで終了し、オラフレックスに関する証拠は決して陪審員の耳には入らないのだ。リスクの大きい原告側の戦略にポッター判事はついていけなかった。彼らは最良の証拠を提出することなしに事件のすべてにつき敗訴するかもしれないのだ。ポッターは、弁護士らに「当事者間で和解が成立したのか」を尋ねた。彼らは明確に「和解は成立していない」と答えた。

　原告側はそのまま事件の審理を続け、翌日、陪審員に向けた最終弁論がなされた。オラフレックスの証拠を許容したポッター決定からたった三期日が経過した後の12月12日、陪審員は評決を下した。9対3で、すなわち、評決が成立する最低基準である4分の3の多数決により、リリー社には責任がないとされたのだ。事件は終了した。1995年1月、ポッター判事は、公式にフェントレス対エリー・リリー社事件につき、陪審員の評決を受けて請求を棄却する旨の決定を下した。

　評決が下されるやいなや、リリー社とその弁護士は全国に勝訴を高らかに宣言した。リリー社の中心的弁護士の一人であった、ニュージャージー州ニューアークのジョン・マックゴールドリックは「我々は、ついに、法廷で肉弾戦を戦い、『証明できるのか、それができないなら黙ってろ』と言うことができた。……これで、この薬に対する濡れ衣を完全に払拭したのだ」と言った。会社の広報担当者のエド・ウェストはルイスビルの『クーリエ・ジャーナル』紙の記者レスリー・スキャンロンに語った。この評決が全国のプロザック被害を訴える他の原告に対しメッセージを送るものであることに言及したうえで、「160件の係属中のプロザック訴訟の多くが『棄却されるか却下される』ことを期待する」と。

　仮に裁判官がジョン・ポッターでなかったとしたら、フェントレス事件はここで終わっていたかもしれない。しかし、ポッターは12月初めの出来事に納得できなかった。彼は、なぜ、弁護士が鍵となるオラフレックスの証拠についてあれほど熱心に戦ったのか、その後、なぜ、最も重要な審理の段階でそれを提出しなかったのかを考えた。弁護士らの言明にもかかわらず、ポッターはある種の取引がなされたのではないかと疑った。彼は、敗訴判決後の常として、原告が控訴の意思を明らかにするか否かを見極めることにした。しかし、原告は

控訴しなかった。

　控訴提起期間が過ぎた後、ポッターは当事者双方の弁護士を裁判官室に呼んだ。弁護士らはやはり和解が成立したことを否定したが、ポッターは秘密裏に事件が解決されたこと——すなわち、リリー社が将来不利に作用するおそれのあるオラフレックスに関する証拠を法廷外に出さないためにお金を支払ったこと——を一層確信した。しかし、事件は終了していた。ポッターには、自らが下した請求棄却の決定以外に何らの裁判権もなかった。1995年4月、ポッターは「本件は和解により解決した以外には考えられない」と述べて異例の文書を作成した。それは、彼の下した陪審評決後の棄却決定を「和解により請求取下げ」に変更するという彼自身の申立てであった。彼は5月に審尋期日を入れた。

　ポッター判事の申立てはルイスビルの法曹界に衝撃を与えるとともに、法曹界を二分した。ケンタッキー州法廷弁護士アカデミーの当時の会長であったリチャード・ヘイは、「もし証拠のために金が動いたとしたら、『ボクシングの試合の八百長』と同様、その裁判は『イカサマ』だ」と記者に語った。しかし、ルイスビルの法廷弁護士ゲイリー・ワイスは『クーリエ・ジャーナル』紙の記者レスリー・スキャンロンに対し「どこが悪いのか分からない」と語った。弁護士の仕事に「真実と正義は関係ない」とワイスは公言した。「勝つことだけだ。……ポール・スミスは、私的な食品医薬品局になるために雇われたのではない。……彼は、賠償金を得るために雇われたのだ」。

　一方、当事者双方の弁護士は沈黙していた。4月後半になって、リリー社の広報担当者エド・ウェストは当事者双方が控訴しない旨の合意をしたことを認めたが、『クーリエ・ジャーナル』紙に「事件につき和解していない」と述べた以外のコメントをすることを拒否した。結局、ここで和解を認めると、事実審理で完璧に勝訴したというリリー社の公式見解の効果は弱くなるのだ。5月半ばまでに、双方の弁護士は共同して、ポッター判事が当事者側で終了したと考えている事件につき審尋期日を指定したことに対し、ケンタッキー控訴審裁判所に不服の申立てをした。

　原告側主任弁護士のポール・スミスは、5月半ばになって、やっと口を開いた。「秘密和解は存在しない。……この訴訟は厳しい戦いだった」。リリー社の弁護士は報道機関に対し沈黙したままだった。ウェストとリリー社の副社長スティーヴン・スティトルだけが会社を代理して発言した。「いかなる合意もないし、陪審員に評決を委ねることをしないで事件を終結させる方法を協議したこ

第9章　秘密にしておくこと（つまり、「知らない」と言うことは公衆を害することになる）

ともない」とスティトルは『クーリエ・ジャーナル』紙の質問に書面で回答した。しかし、スティトルの書面を読んでも、専門家しか分からない法律用語が用いられており、陪審員が真の争点の判断を求められていたのか否か、つまり、陪審員は知らないうちにイカサマ訴訟の片棒を担がされていたのではないかという疑惑については、何も分からなかった。

　フェントレス事件の弁護士によるポッター判事の申立てに対する異議は控訴審裁判所に係属したので、ポッター自身も弁護士を雇用することを余儀なくされた。彼は自らの代理人を新聞から見つけた。ポッターはイカサマ訴訟に関するリチャード・ヘイのコメントを読んでいたので、彼に電話をし、彼が事件についてどれほど憤慨しているかを尋ねた。「わかった、あなたの代理人になろう」とヘイは答えた。ヘイとポッターは一緒になって控訴審裁判所あての書面を書き、率直かつ直接的な意見を述べた。「特に、原告側の主張の中心がリリー社の情報隠蔽にあった本件において、原告が和解を成立させ、その後、それを秘密にするとは信じ難いことである。「公衆への沈黙」が金で買われ、対価が支払われたのである。(略)秘密の保護がプロザックを服用している何百万人の人とプロザックを処方している何千人もの医師にとって重要でないことは明らかだ。彼らは真実を求めているのだ」。ポッターは「プロザックが危険である」とは主張せず、ただ、「公衆には、賛成であれ反対であれ、関連する情報を知る権利がある」とだけ主張した。

　フェントレス事件の和解をめぐる物語が公になる段階は始まったばかりであった。1995年6月12日、控訴審裁判所は当事者の弁論を聞き、3日後に、「ポッター判事にはもはや事件の裁判権がない」と判示して、リリー社とフェントレス事件原告に軍配を上げた。ポッターはケンタッキー州最高裁判所に上告した。

　1995年の春から夏にかけて、断片的ではあるが、和解の一部が次第に明らかになってきた。控訴審裁判所の口頭弁論期日が開かれた6月以前に、リリー社の広報担当者ウェストは、リリー社が原告側とオラフレックスの証拠を提出しないことの合意をしていたことを認めた。そして、最高裁の口頭弁論が開かれる秋までには、双方の弁護士とも、確かに金銭上の争点については和解し、結果の如何を問わず事実審理の責任の有無を決定する第一段階だけで終了させることで合意したことを認めた。しかし、依然として、誰も詳細を明らかにしな

かった。

　最高裁への上告にあたって、ポッターとヘイは新しい主張を追加した。公衆へ情報を開示することの重要性を強調するのをやめ、代わりに、弁護士らが裁判官に忠実義務を尽くさなかった事実に焦点を合わせた。最初の書面で明らかにしていたように、ポッターもヘイも、リリー社が原告の沈黙を「金で買った」時、フェントレス事件の当事者は公的に重要な情報を否定したのだと考えた。しかし、この議論は、控訴審裁判所の採用するところとはならなかった。第二の書面において、弁護士の裁判所に対する忠誠と正直さの欠如を強調した結果、最高裁の注意を引く機会はずっと増えた。結局のところ、裁判所に対する嘘や裁判所を誤導することは倫理規則の明確な違反であり、裁判官にとって見逃すことはできないことであった。

　新しい書面の中で、ポッターとヘイは裁判官室で行われた審尋の口頭弁論調書を引用した。この尋問記録をどんなに贔屓目に読んでも、双方の弁護士ともに裁判所に忠実であったとは言えなかった。この尋問記録をより強い意味に解釈すること——弁護士が裁判官に嘘をついたと読むこと——も可能であった。

　裁判官室のある場面では、陪審員による評議の中途で、一人の女性陪審員が入ってきて、ポッター判事に「弁護士たちが廊下で和解の協議をしているのを聞いた」と話した。彼女はその場にいた弁護士にも同じことを繰り返して述べた後、退室した。ポッターが、その場にいた弁護士に「誰か何か言いたいことがあるかね？」と聞いた。しばらく間をおいてから、もう一度、「何か思い当たることがあるかね？」と彼が聞くと、原告側主任弁護士のスミスが「いいえ」と言った。被告側弁護士のエドワード・ストファーは「何のことか想像もつきません」と答えた。ストファーは実際に和解のことを知らなかったのかもしれないが、満員状態の部屋の中にいた弁護士の誰一人として一言も発しなかったのだ。

　弁護士の全員が、合意の結果、金銭的な損害額を決定する事実審理の第二段階が決して開かれることはないことを知っていた。しかし、彼らは、繰り返し、事実審理が第二段階に進むかのようにポッター判事を誤導したのだった。スミスは、第一段階の最終弁論において、第二段階で彼が述べるであろうことについての「基本原則(ground rules)」を示すように判事に求めていた。被告側弁護士は、第二段階についてスミスが述べることすべてに対して異議を出して、被告側弁護士の役割を演じていた。第二段階の間にどれくらいの休憩が必要かを協議したときも、弁護士らは引き続きそれぞれの役割を演じ、スミスは「裁判所の配

第9章　秘密にしておくこと（つまり、「知らない」と言うことは公衆を害することになる）

217

慮でクリスマスプレゼントを贈ることができるか」などと冗談まで言っていたのだ。ポッターが、仮に第一段階で原告が勝訴した場合双方が和解すべきことを示唆した際、被告側主任弁護士のジョー・フリーマン・ジュニア——第3章で私たちが見た同じジョー・フリーマン、彼はアトランタのいすゞ自動車のリコール事件で証拠開示の濫用により懲戒処分を受けていた——は、「その場合には、リリー社の和解権限のある役員が対応する」とポッターに保証した。彼はリリー社が既に和解条項に合意していたことを知っていたにもかかわらず、こう述べたのだ。

一方、リリー社の本拠地であるインディアナポリスでは、一連のプロザック関連訴訟は連邦地方裁判所判事S・ヒュー・ディランの下で併合審理されていた。これらの事件でも、ポール・スミスは主任弁護士であった。スミスの存在は重要であった。というのも、彼は自らの担当事件だけではなく、ディラン判事が担当するすべての事件につき証拠文書の収集と宣誓供述書の作成の責任者でもあったからである。ルイスビルでの事件が控訴審に係属していた1995年夏の間、スミスは突然インディアナポリスの主任弁護士を辞任した。他の原告側弁護士の幾人かが、同判事に、フェントレス事件の和解の一部として、彼が担当していたインディアナポリスの事件についても和解したのかを調べるように求めた。スミスは回答を拒否し、同判事も調査を拒否した。

1996年5月23日、ケンタッキー州最高裁判所はジョン・ポッター判事対エリー・リリー社事件について、全員一致で、ポッター判事を支持する判決を下した。フェントレス事件の双方の弁護士の行為について、裁判所は「裁判所に対する忠誠に重大な欠陥があった。それは欺もう行為、背信的行為、裁判手続の濫用、または、詐欺をも構成したといって差し支えない」と明確に判示した。ヘイとポッターの戦略——公衆の知る権利よりも裁判所に対する侮辱に焦点を合わせた——は、うまくいった。法廷意見は合意の秘密性についてではなく弁護士の欺もう行為についての議論に集中した。裁判所は、フェントレス事件の秘密合意が暴露された場合の「唯一の結果」は、「真実が明らかになることだろう」と述べたが、同判決は、和解は公開されるべきとしたわけでもなければ、秘密に裁判官が関与すべきであるとしたのでもなかったので、公開性にとっての勝利とまでは言えなかった。

しかし、ポッター判事はもっと大きな論点を見据えていた。最高裁判所の調査権限に依拠して、ポッターは州の検事総長代理アン・シーデルに対し調査

を依頼し、彼女に文書の押収権限と証人を尋問する権限を付与した。1997年3月付シーデル報告書はこの物語の新たな特異性を明らかにした。リリー社と原告との間には複雑な合意が確かに存在した。それは、秘密を重視していたので、完全な形で文書化されなかった。シーデルは「口頭による合意」の要約文書を発見したが、どの弁護士もそれを書いたことを認めなかったし、原告の誰一人としてそれを持つことを許されていなかった。

原告とその代理人弁護士はオラフレックスに関する証拠を提出しないことに合意していた。引き換えに、原告は、審理の第一段階での勝敗にかかわらず、金銭の支払いを受けることになっていた。陪審員の評決不能の場合に限り、この取引は不成立とされた。そして、仮に原告が勝訴した場合、リリー社の過失が30％以上あると陪審員が判断したならば、原告は割増金を受ける。もし過失が50％以上認められた場合には、さらに割増金を受けるという内容だった。しかし、リリー社は、結局のところ、乱射事件で銃の引き金を引いた当事者ではなく、引き金を引いたのはウェスベッカーであった。したがって、そのような高い割合の過失が認定されることはおよそ考えられなかった。この意味するところは、原告はまさに沈黙それ自体に対して対価を得たのだった。シーデルでさえ和解総額を明らかにすることはできなかった。

原告側主任弁護士のポール・スミスについて言えば、インディアナポリスの事件を含むスミスが代理したプロザック訴訟の**すべて**につき和解すること、そして、弁護士費用の総額の半分をリリー社が負担することが合意されていた。したがって、フェントレス事件の和解によって最も利益を得た人間はスミスであったと言える。

ポッター判事は宣誓証言を聞く期日を1997年3月27日と指定した。しかし、この審尋は行われなかった。3月24日、リリー社代理人弁護士ジョン・テイトと原告代理人弁護士ウィリアム・ノールドから突然の申立てがあり、フェントレス事件につき新しい決定を下すようにポッター判事に提案があったからである。それは事件を「和解により」取り下げるという内容であり、2年前にポッターが最初の申立に要求した主文そのものであった。同判事はその決定に署名した。

3月25日の『クーリエ・ジャーナル』紙のレスリー・スキャンロンの記事にはこう書かれていた。「エリー・リリー社は、昨日、ジェファーソン地区巡回裁判所判事ジョン・ポッターが2年間にわたり製薬会社に認めさせようとしていた内容を認めた。すなわち、プロザック訴訟は原告との間の秘密和解の協定によっ

て『終結した』と」。原告弁護士ノールドは事件が和解で終結したことを認めた。しかし、3月26日付の新聞には「訂正」が載った。すなわち、リリー社は、同社の代理人弁護士テイトがポッター判事に提案した内容どおりの決定が出されたという事実にもかかわらず、陪審員の評決の前に「和解した」ことを否定したのであった。

3月27日、テイトは、その決定を手にして、ポッターによる審尋を避けるための申立てをするためにケンタッキー控訴裁判所にやってきた。テイトはポッターが裁判官準則に違反し、リリー社に対し長期にわたる「抗争」をしていると主張した。彼はそれをフェントレス事件の裁判にイカサマのレッテルを張るための「ウソ」と呼んだ。翌日、ポッター判事は自分が関与しているために論点が主要な争点からそれていると考えて、彼自身がフェントレス事件の担当から外れる裁判官回避決定を書いた。その決定にはこう書かれている。「要するに、注目すべき点は、丸太の下に何があるかであり、……それを転がそうとしている個人にあるのではない」。

この時点までに、同判事は何をすべきかについて考えたことを成し遂げていた。すなわち、記録を正しく元に戻すことである。なれあいの和解はもはや秘密ではなかった。しかし、1994年12月時点であった約160件のプロザック訴訟のうち約半分が残っていた。ケンタッキー控訴裁判所は「フェントレス事件に関する審尋は、以後、非公開とする」ことを決定した。地方紙や業界紙はリリー社の和解の物語を取り上げたが、なぜかフェントレス事件が全国紙の注目を引くことはほとんどなかった。原告側弁護士ポール・スミスは、依然として、ダラスで弁護士業をしている。そして、和解の総額について知りうる手掛かりとなるのは、フェントレス事件の原告の一人が離婚するに際しその代理人を務めたルイスビルの弁護士のコメントが唯一のものであった。彼は言った。「その金額は『とてつもない金額』だった」。

フェントレスのような事件が秘密和解をしたので事態は新しい段階に入った。将来起こりうる公衆の危険についての情報を単に隠すのではなく、フェントレス事件では、重要な証拠の利用を安値で手放すことによりそうした危険性についての偽情報を提供したのだ。この類の行為は決して稀というわけではない。通常と異なっていたのは、弁護士らが例外的に勇気のある裁判官に捕まったということなのだ。

どれほどショッキングであろうと、フェントレス事件の弁護士が取った行動

は容易に説明できる。被告側弁護士は「自分たちは自らの仕事をしただけだ。」と主張するだろう。彼らが求めていたのは、個別の事件に勝つことではなく、依頼者の最も重要な資産であった「プロザック」を守ることであった。彼らの戦略は全国的な視野でみた損害を極小化することであった。事実、フェントレス事件で起きたことが証明したのはプロザックが安全性に欠けることではなかった。それが証明したのは、被告側弁護団が一般の人が持っている「自分自身でプロザックの安全性を判断する権利」を否定したことと、利用可能な情報を隠蔽することによってその判定を困難にしたことであった。

　原告側弁護士にとって、論点は異なっていた。フェントレス事件について論ずる多くの弁護士は原告側弁護士を批判した。しかし、裁判所に対する欺もう行為を別にすれば、幾人かは「依頼者に『とてつもない金額』を提供されたら、自分も同じことをしたかもしれない」と認めた。こう回答した弁護士はジレンマを理解していた。すなわち、弁護士の倫理的な義務は、法の許容する範囲内で、依頼者の利益を擁護することである。公衆に対する結果は二の次である。しかし、この明文の倫理規定は通常の日常生活における道徳と合致していない。公衆が将来受ける可能性のある危険についての情報を隠すことは間違っている。そして、公衆を虚偽の証拠を使ってだますことはもっと悪質である。にもかかわらず、西海岸のある弁護士が言うように、「もしリリー社が、各依頼者に対し、ある証拠を除外するならば1億ドルを支払うと提案してきたならば、彼の第一の義務は、その金額を受け取ることを含めて依頼者の望むことをすることになる」。「その一方で」と彼は続けて言う。「誰もが、『他の事件の被害者は一体どうなるんだ？』と問わなければならない」と。

　すべての弁護士がそうした配慮を持っているわけではない。貪欲は強力な圧力である。フェントレス事件は、被告側が、原告側弁護士を不倶戴天の敵から隠蔽工作の仲間に変えるために、お金がどのように使われるかを示した。ポール・スミスは貪欲に身をまかせて行動したのか？　彼だけがこの問いに答えうるが、多くの弁護士も少なくとも、その誘惑に駆られるだろう。弁護士は、何年間もかかる事件を、大規模で潤沢な資金を有する相手方企業を相手に、何千時間もの労力と何万ドルもの資金を投じて戦っている。彼らは、勝訴した場合だけ、彼らの報酬と経費を回収することができるのだ。もし相手方が和解のために「とてつもない金額」を提示して来たならば、ほとんどすべての弁護士は、和解の条件がどのようなものであろうとも、深刻に悩むことになるだろう。

1995年9月、『アメリカン・ロイヤー』誌は、ルイスビルのプロザック訴訟についての特集記事を掲載した。同誌は、6人の「法曹倫理の専門家」に対して、フェントレス事件の弁護士の取った行動について質問した。全員が裁判官を誤導したことは間違っているとしたが、6人中5人が「たとえ証拠を隠すために金銭が支払われたとしても、その合意自体は、倫理規則の範囲内である」とした。この強力なコンセンサスは「弁護士の倫理的行動と通常の人間の道徳的な行為とは十分に結びついているのか」という疑問を提示している。

　私たちは、道徳性の源泉を裁判所だけに期待することはできない。裁判官の職務には公益を守ることも含まれると考えているH・リー・シャロキンのような裁判官がたくさんいるとは到底思えない。秘密の取引があったか否かを審査するために、ジョン・ポッターのように危険をあえて冒す裁判官はもっと少ない。それゆえに、ゲームのルールを変えて、公衆に対する重要な情報を隠す和解を禁止するのでない限り、そうした和解——そしてフェントレス事件のような訴訟——が引き続き生ずることは確かである。

　訴訟における秘密の保護はやむをえない結果だと考える必要はない。過去にも、原告側弁護士が被告側弁護士に屈服することなく、原告側が入手した情報を公にするのでない限り和解には応じないとして、秘密和解を拒絶した例が存在した。1984年のミネソタ州の200を超えるダルコン・シールド事件では、原告側が入手した文書と宣誓供述書を他の原告が利用できるように主張しつつ、原告側弁護士は和解することに成功した。しかし、彼らには連邦裁判所判事マイルズ・ロードという後ろ盾があった。同判事は被告A・H・ロビンズ社の秘密保護の企てに対し強く反対する立場をとったのだった。多くの事件では、法律による強制力がないため、弁護士はそのような情報公開の条件を主張することに無力感を覚えた。

　そうした法律の制定は始まったばかりである。1990年にテキサス州は、秘密の合意を広範に禁止する民事訴訟手続規則76条aを制定した。それは「すべての訴訟記録は公開されなければならない」という原則からスタートする。いかなる裁判官も、たとえ当事者双方の弁護士が同意していたとしても、「特定の深刻かつ重大な利益」が保護される必要があり、情報を開示しないことがそれを実現する唯一の方法であると認定されない限り、公的な審査から何事も隠してはならないのだ。真に秘密の保護を必要とする者——たとえば、虐待された児童や詐

欺にあった老人の被害者など——は該当しうるが、自らの過誤を隠す目的だけの者は該当しない。

テキサス州の規則は他に三つの重要な要素を含んでいる。第一に、規則は、通常の裁判記録と手続記録をカヴァーするだけではなく、裁判所に提出された文書か証拠開示手続において相手方に提供された文書かを問わず、**すべての文書を対象としている**。第二に、裁判所の決定や意見は**決して非公開とはされない**ので、当事者の名前が変更されることはありえず、また、有罪の者を守るために決定が「書き換え」られることもない。第三に、非開示を認めた決定には、当事者のみならず報道機関や消費者団体を含む第三者が不服申立てをすることができるのである。

テキサス州規則のような規則は、戦いなくして、また、個人的な献身がなくては、法律にはならない。この規則制定の背後にはロイド・ドジェット議員の活躍があった。最初、テキサス議会の一員として、彼は草案の作成に携わり、その後、テキサス州最高裁判所判事となり、5対4の評決で、この規則を認可するのに中心的役割を果たした。公衆の福祉を守るため彼が情熱を込めて書いた法廷意見の中で、ドジェットは秘密主義に反対の立場を取った連邦最高裁判所判事や哲学者、そして、ジェファーソンからニクソンに至る大統領の言葉を引用した。

規則が議会を通過する前、反対派は、裁判所に対して次々と警告を発した。「情報公開の結果、恐ろしい経済的破綻がもたらされるだろう、誰も事柄を秘密にしないような和解はしないだろう、非開示を認めた決定に対する不服申立が相次ぎ、裁判所はマヒするだろう」といったものであった。しかし、こうした事態のいずれも起きなかった。規則制定後の3年半の間に、非開示を認めた決定に対する不服申立が認められたのはわずか1件であった。

1990年以降、およそ12州が、何らかの形で、公衆に対して情報を秘密にすることの禁止を採用した。いくつかの州の法律は制限的であり効力も弱いが、真に変化をもたらした州法もわずかではあるが存在する。フロリダ州の1990年サンシャイン訴訟法は、議会が広く定義した「公共の危害」についての情報を隠すことになる、秘密和解及び情報非開示を認める決定を直接的に禁止した。1993年、ワシントン州は公衆の知る権利法案という同様の法律を制定した。

しかし、いかなる法律も規則も完全に機能することはない。テキサス州の規則も、フロリダ州の法律も大きな威力を有するが、同時に、重大な弱点も抱え

第9章　秘密にしておくこと（つまり、「知らない」と言うことは公衆を害することになる）

223

ている。多くの基準と同様、いずれも、一定の裁量の余地を残している。このことは、それらの規則が、依然として、裁判官個人が厳しい立場をとるか否かに依存していることを意味する。多くの裁判官はジョン・ポッターほどには腹が据わっていないので、和解を勧めることに執心し、非開示決定をそのゴールに達する最も容易な方法としてみなすことになるのである。

より重要なことは、テキサス州の規則も、フロリダ州の法律も、弁護士の行動を直接の対象にはしていない点にある。テキサスの原告側弁護士と被告側弁護士が共同して、**彼らの**事件が秘密保護を必要とする稀な例であると裁判官を説得することを禁止していない。フロリダ州法は弁護士間の秘密合意を禁止しているが、特定の罰則は設けていない。ワシントン州で秘密合意の協定を結んだ当事者は消費者保護法違反として責任を問われるが、その**代理人弁護士**を直接処罰するものではない。双方の代理人弁護士はこれまでと全く同じ地位——公衆の必要は横に置いておいて依頼者を熱心に代理するという立場——にいるのである。今日の倫理規則は弁護士がこのように行動することを禁じてはいない。かえって、依頼者至上主義がそれを助長しているのだ。

上述のいわゆる「サンシャイン」法のような影響力のある法律は引き続き攻撃に晒されている。1993年のあるテキサス州の裁判例は非開示決定に対する外部の第三者からの不服申立を制限したし、1992年の訴訟は、フロリダ州法を法人にも憲法上のプライヴァシー権があるという理由で攻撃した。他の州では立法化の努力が始まる前に頓挫した。1991年、カリフォルニア議会は上院法案711号を審議した。それは、欠陥商品、環境上の危害及び財産上の詐欺に関する訴訟において、情報非開示を認めた決定及び合意を違法とする影響力の強い提案であった。法案は議会の上下両院を通過したが、ピート・ウィルソン知事によって拒否された。

カリフォルニア州上院法案711号は秘密和解に関与した弁護士を懲戒に付すことができる規定を含んでいた。この法案の考え方は正しかった。もし弁護士の倫理規則が「弁護士は公衆の健康や安全よりも依頼者の利益を優位に置くことはできない」と規定し、**かつ**、「弁護士がそうした行為を行った場合には懲戒される」と規定したとすれば、弁護士が「サンシャイン」法の抜け穴を見つけ出そうとすることはなくなるだろう。しかし、その時が来るまでは、多くの弁護士は「たとえ公衆が危険に瀕しようと、依頼者の秘密を保護することが倫理規則上の弁護士の義務である」と主張するであろう。そして、何の罪もない人々が、結果

的に、傷害を負ったり死亡したりするだろう。

エピローグ
ボワイェット事件の和解

　文書と500万ドルの提示を受けた後、アンドレア・ハーディは、その夜と次の日、他の二人のパートナー弁護士とともに会議室に籠り、どうボワイェット一家に助言するかを話し合った。3人がすぐに同意できたことは二つあった。心臓弁のような危険をもたらす製品に関する情報を隠すことは間違っていること、及び、和解金500万ドルと弁護士の成功報酬がその3分の1相当額という金額はとてつもない金額であることであった。

　パートナー全員がボワイェット一家に説明するのはアンドレアの仕事であると理解していた。弁護士の中には、あたかも秤のようにプラス要素とマイナス要素を並べて、利害得喪を客観的に説明する者もいたが、他の弁護士は自らが最良と考えた主観的意見を述べた。最初、アンドレアは、ボワイェット夫人に、この提案を拒否するように助言すべきだという立場をとった。「このまま放っておけば、人が死ぬことを知っていながら、どうして、この提案を受け入れろと家族に言えるの？」「でも、どうして、『**それを受け入れるな**』と、我々が言えるんだい？」とノーマン・ヤナヒロが言った。「我々の義務は依頼者に対してではないか、違うかい？　我々が、ジニー・ボワイェットに、これを拒否せよなどと言えると本当に思ってるの？　彼女には5人の子供がいて、2人はまだ高校生で、3人が大学生だ。君の道徳的な判断を彼女に押し付けてよいとでも言いたいのかい？」

　ジョー・ゲイゼルは「書物に基づいて判断すること」を信条としていた。それで、彼は、その日のほとんどを、州の弁護士に対する行為規範の注釈を捜すことに費やした。彼は、代理人としての「有能性」、「誠実性」、「熱心さ」などの弁護士の義務についての言及を見つけたが、公衆が被害を受ける可能性がある場合に、弁護士が秘密の和解を受諾することを禁ずる内容の記載はなかった。ゲイゼルが判例集を調べると、いくつかの事件で、すべての訴訟当事者が合意している条件の下で、秘密和解を認めた例があるのを見つけた。いずれの事件も、公衆に対する害悪を直接論ずるものではなかった。「はっきりしていることはね、アンドレア」と彼は言った。「この和解を禁ずるものは**何もない**ということだ。

225

どちらかと言えば、規則はノーマンを支持している。つまり、我々の義務はボワイェット一家にとって最良であることを行うことだ」。「では、**何が**最良だと言うの？」と、アンドレアは、むきになって反論した。「彼らだって、同じ問題を抱えたままで生活しなければならないのよ。他の人が死ぬのを放っておいて、平気でいられると思う？　それについても考えなければならないんじゃないの？」

　最終的に、アンドレアは態度を和らげた。彼女は自分自身の判断を差し控えて、ジニー・ボワイェットに両案を提示して、一家に決定させることに同意した。彼女はボワイェット夫人と長男のジョンと会い、提示された和解金額とジョージ・バーガーの示した二つの秘密保護の条件を説明した。彼女は「訴訟で勝ってもこれほど多額の賠償金はおそらく得られないだろう」と話した。また、真実が明らかにならない限り、同じような欠陥心臓弁のために、人が傷害を負ったり、場合によっては死亡したりすることも説明した。しかし、そこでとどめ、彼女自身の個人的な見解——道徳的な良心の呵責という大きな代償を払うことになるので、この和解を拒否するという考え——は明かさなかった。

　その夜、彼女は自分が語ったことを思い返して、最も言いたかったことを言わなかったことを後悔した。それは、まだ壊れていない心臓弁をつけたボワイェット氏のような患者のことであり、ボワイェット一家のように大黒柱の喪失に苦しむ他の家庭のことであり、彼らが訴訟を起こす場合、最初から闘いを始めなければならないことであり、500万ドルは期待できないにしても、ボワイェット一家の場合はまだ訴訟で十分に勝てる見込みがあること等々であった。彼女は依頼者に助言を与えた際、もっと説得的に助言できたのに、そうしないで、控えめに話したことも分かっていた。

　アンドレアとパートナー弁護士は、弁護士が受け取る報酬額——500万ドルの3分の1はとてつもない大金であった——についても興奮しながら話したが、誰もが弁護士報酬によって助言の内容を変えるべきではないという冷静な判断をしていたことを、彼女は喜んだ。とはいえ、アンドレアはボワイェット一家に話すとき、自分の心の中に、どの程度弁護報酬のことが入り込んでいたのかと考えた。結局、その費用は、ボワイェット一家ではなく、アンドレア自身の二人の子供の大学授業料を意味していた。翌日、ジョン・ボワイェットから電話があり、家族全員で協議した結果、提案を受け入れることにしたと聞いても、彼女は驚かなかった。

　その後の数週間、アンドレア・ハーディは何度も何度も自らを責めた。依頼

者はいい人だった。彼女は、彼らが今後半年あるいは1年間、秘密の毛布にくるまれて過ごす気持ちがどんなものであるかを想像した。相手方は、訴訟が公になるのを避けるためならば、金に糸目をつけずに、今後も和解し続けるだろうことも、彼女は理解していた。なかなか眠れなかったが、眠りに就いた時、彼女は病院の廊下に横たわっている心臓弁患者の夢を見た。また、これまで開いたことのない記者会見で、彼女が見つけた決定的な証拠を世間に公表している夢を見た。

　最終的に、アンドレアはパートナー弁護士のところに行き、公衆の安全と依頼者の利益いずれかの選択を迫られるような同じ状況に二度と身を置きたくないと言った。彼女は法律事務所の弁護委任契約書に一つの条項を加えることを提案した。すなわち、「ゲイゼル・ヤナヒロ・アンド・ハーディ法律事務所は、依頼者の事件につき和解するにあたって、公衆に重大な身体上の傷害をもたらす可能性を示す証拠を公衆に開示しないことを条件とされた場合には、その和解に同意しないことに、依頼者は留意する。依頼者が当法律事務所に代理人就任を依頼した場合、依頼者も、そのような条件の下での和解を受諾しないことに同意する」。

　アンドレアのパートナー弁護士は契約書にこの表現を盛り込むことに同意した。いままでのところ、この条項のゆえに法律事務所の代理を断った依頼者はいない。逆に、この条項があることを称賛した依頼者も少数ながら存在した。しかし、アンドレアは、事件を依頼する最初の段階では、依頼者も他の被害者のことを同じように見ることができるのでこの基本原則を受け入れるが、現ナマをテーブルの上に積まれた事件の最終段階では、そうはいかないことも理解していた。

　アンドレアとパートナー弁護士は、和解提案がなされた場合、それを依頼者に示す倫理規則上の義務があることも理解していた。依頼者が、常に、事件の究極の結果に対する決定権を持っており、アンドレアには、どうあがいても、それはなかった。依頼者が和解するか否かの最終的な決定権を持っており、いつでも代理人を解任する権利を持っているので、アンドレアはこの契約によって依頼者を拘束することはできないことも分かっていた。そして、州の倫理規則は弁護士に対して依頼者の利益を第一にすることを要求していたので、パートナー弁護士らは、公衆の安全に対する配慮とは弁護士がいつも提供できるとは限らない一種の贅沢であることも理解していた。

第10章
クラス・アクション：
公衆の保護、それとも弁護士のぼろ儲け？

公共善を求める強力な武器
——弁護士アーサー・ブライアントの言葉。彼の公益法律事務所は「クラス・アクション濫用防止プロジェクト」を立ち上げ、クラス・アクションに対する彼の意見を一般に公表している。

平均的な市民が理解することのできない法律専門用語
——前メイン州上院議員ウィリアム・コーエンは典型的なクラス・アクションの通知文をこう表現した。

我々が最初に行うこと、それは、弁護士全員に費用を払いましょう、ということ
——1997年の『ニューヨーク・タイムズ』紙の見出し。タバコの間接喫煙についてのクラス・アクションが和解した際に、4900万ドルの弁護士費用が含まれていることが明らかになった後の表現

ジョセフとジョエラ・ウィンストンの夫婦は、ともに、自分たちが育った中西部の中都市にある高校で教えている。ジョセフは数学を教え、フットボールの監督を務めている。ジョエラは英語を教えている。8カ月前、郵便で一通の文書がウィンストン家に届いた。封筒には、差出人として「トライ—カウンティ・コンピューター訴訟に関して」と書いてあった。中には、行間をあけずにびっしりと文字がタイプ印刷された8インチ半×11インチの二つの小冊子が入っていた。いずれの小冊子にも、最初のページには「トライ—カウンティ・コンピューター訴訟に関して」の表記があり、事件番号、二つの法律事務所の名前、それと地方裁判所の住所が記載されていた。最初の小冊子は12ページあり、表題の「**クラス・アクション**」が太字で書かれており、その下に、やはり太字で「**訴訟係属及び和解のお知らせ**」と書かれていた。二つ目の文書は5ページあり、太字で「**請求の証明及び放棄書**」と書かれた下に、「**一般的な注意**

事項」の記載があった。

　ウィンストン家では、これまで弁護士とは無縁で、どうしてこの文書が来たのかさっぱり分からなかった。トライ—カウンティという名前は知っていた。というのも、この地域では最も大きいコンピューターの小売業者だったからだ。彼らは、数年前に、自宅のコンピューターをここから買っていた。最初の小冊子には、大文字で、次のように書かれていた。「このお知らせを注意深く読んでください。それはこのクラス・アクションに関する訴訟係属及び和解案に関するものです。そして、あなたがクラス・アクションのメンバーとなる場合、以下に述べる和解基金から分配金を得ることのできるあなたの権利について、重要な情報を提供するものです」。

　ウィンストン夫妻は和解が何についてのものか分からなかった。二人とも和解の話など聞いたこともなければ、新聞で読んだこともなかった。しかし、二人は座って二つの文書を読んだ。「和解案」と題する部分は、4ページにわたって、行間をあけずにタイプされた文字がびっしりと並び、11の小節からなっていた。読み終えても、二人とも読み始めた時と同じくらい訳が分からなかった。

　翌日、ジョエラは地方弁護士会に電話をし、この文書について法的助言を得ることができるか否かを尋ねた。彼女は30分間の弁護士の助言に対し25ドル支払った。弁護士は、トライ—カウンティを被告として販売広告の不実表示を理由とするクラス・アクションが既に提起されていることを説明した。その訴訟は和解したばかりだった。もし、ウィンストン夫妻が、問題となっている販売期間にトライ—カウンティからコンピューターを買っていたならば、そのクラスの一員となることができ、和解金を受け取ることができるのだった。「しかし」と弁護士は言った。「この事件は複雑なので、この書面に書いてある法律事務所に電話をかけて聞くのが一番いいですよ」。

　次の日、ウィンストン夫妻は「さらに情報を得たい方は」という見出しの下に記載された800番台の番号に電話をかけた。3回かけたが、3回とも、テープ録音された声が、既に知っている一般的事項を繰り返すばかりであった。この時点でも、二人は事件がどのようなものであり、それが彼らにどういう影響を及ぼすのか理解できなかった。二人は、弁護士が自分たちの許可を得ないで勝手に訴訟の当事者に巻き込んだことに苛立ち、文書が非常に複雑であるうえに、誰も電話で相談に応ずる者がいないことに腹が立った。

ウィンストン家に来たクラス・アクション通知に記載された最初の法律事務所はストックハウワー・アンド・プレヴィン法律事務所であった。ここ30年間、ガブリエル・プレヴィンはウィンストン家の自宅からほんの数マイルしか離れていないところで開業していた。彼のパートナー弁護士は「取引事案」——契約書の作成、遺言及び生存信託の執行——を専門にしていたが、ガブリエルは事務所の訴訟部門を担当した。次第に、彼はクラス・アクションを手掛けるようになった。最近は、彼を補佐する二人の若いアソシエイト弁護士を雇い、事実上、クラス・アクションが彼の仕事の大半を占めていた。
　ガブリエルは、100万人単位のクラス構成員を擁する大型の不法行為や差別を理由とするクラス・アクションの場合に必要な大人数のスタッフや巨額な闘争資金とは無縁であったが、彼の手に負える範囲で、地域内の問題に起因する小額のクラス・アクションを数多く持っていた。彼は「消費者に対する奉仕である」と言いながら、以前よりも多くの金を稼げるこの仕事に満足していた。ほとんどすべての和解には——彼は、早くから、クラス・アクションが事実審理に至らないことを知っていた——、被告が弁護士費用を支払う旨の約定が含まれていた。最初のころは、適切なクラス・アクションを見つけることができずに大変であったが、ここ数年、ガブリエルは鼻がきくようになってきた。彼は自分からクラス・アクションを捜しに行くことはめったになくなり、通常は、事件の方から彼のところにやってきた。
　彼の最近の大事件はゴルフコースから生まれた。彼は市内で大きな金物屋を経営するサム・キムと一緒にフォアサム（foursome 訳注：ゴルフで4人組みでするプレー）をしていた。ホールをめぐる間、サムは、ガブリエルにトライ―カウンティ・コンピューターの不満を口にした。「わしが思うには、新聞の宣伝ははっきりしていた。モニターと一緒にコンピューターを買えばプリンターが無料でもらえる、と書いてあった。それが最低価格モデルであることは分かっていたさ。でも、前に使っていた安物よりはマシだと思ったんだ。それで、結局、3台買ったんだよ。1台は事務所に、1台は自宅に、もう1台は孫娘にね。しかし、1台もプリンターはもらえなかったんだよ」。
　「どうして？」とガブリエルは聞いた。「ああ」とキムが答えた。「わしがコンピューターを買った時には在庫がなかったって言うんだ。その後、毎週、わしの店の店長に電話をさせたんだが、いつもプリンターはなかったんだよ。そして、先月、相手から無料で提供する期間は終了したと電話で店長に言ってき

たんだ。期間終了だとよ！　いいかい、わしは在庫のことはよく知ってる。あいつらは間違いなく、十分な数のプリンターを最初から持って**なかった**んだよ。そして、提供するはずだったモデルは製造中止さ。だから、あいつらはもう手に入れることができなかったというわけさ」。

　ガブリエルはにわかに興味を覚えた。「ちょっと待て、サム。君がコンピューターを買った時にはもう、トライ―カウンティでは、どうやってもプリンターを君に渡すことはできなかったということかい？」「どうやってもできなかったね」とサムが言った。「新聞に広告を出す前に製造中止になっていたと思うね。そうでなければ、あいつらがプリンターをどっかへやったとでも言うのかい？」

　トライ―カウンティが渡すことのできない商品を約束したとすれば詐欺的広告をしたことになり、法律上の責任があるとガブリエルは思った。より重要なことは、もしトライ―カウンティが提供期間内に十分な数のコンピューターを販売していたとすれば、大きなクラス・アクションになりうるということであった。今までは、トライ―カウンティは無法者のように振舞っていた。つまり、一般の人が150ドルのプリンターをめぐって訴訟を起こすことはなかった。もしガブリエルがコンピューターを買ったけれど無料のプリンターをもらえなかった人を「クラス」として構成し、その代理人として訴訟を起こせば、彼は消費者に何がしかを与えることができ、かつ、彼自身の金儲けにもなるのだ。しかも事件は難しくはない。彼は、証拠開示手続により、トライ―カウンティがコンピューターを何台販売し、客に渡すことのできなかったプリンターが何台あったのかを確認すれば足りるのだ。「サム」とガブリエルが言った。「明日、私はトライ―カウンティの広告をマイクロフィッシュで調べるつもりだ。君が私に話したとおり広告を出していた場合、クラス・アクションの原告になってもらえるかい？」

＊

　クラス・アクションは、人々が個人では泣き寝入りしなければならない小額の不正義に対し、一緒になって損害の回収のために戦う最良の方法である。しかし、同時に、クラス・アクションは、不誠実な原告側弁護士が、その代理する一般の人々を食い物にして、自分自身のために巨額の弁護士費用を獲得するという前例のない機会を弁護士に与えている。「公的正義を追求する法廷弁護士連盟 (Trial Lawyers for Public Justice:TLPJ)」の代表者であるアーサー・ブライ

第10章　クラスアクション：公衆の保護、それとも弁護士のぼろ儲け？

231

アントは、「業界」の番犬としてクラス・アクション濫用防止プロジェクトを立ち上げているが、クラス・アクションを「公共善を求める強力な武器」と呼んでいる。彼は、個々人の損害額は非常に小額なので、クラス・アクションがなければ「訴訟は全くない」というのが常態であることを理解している。しかし、クラス・アクション規則について裁判所に助言を与える委員会の委員であるフェニックスの弁護士ジョン・フランクはクラス・アクションを「恐喝」であり、現代の「弁護士救済法」と呼ぶ。確かに、ブライアントのTLPJのような消費者保護グループは、クラス・アクション弁護士の側からみれば、絶え間ない頭痛の種であった。消費者保護グループは、弁護士費用が高すぎる一方でクラス構成員の配当金が低すぎるとして、和解に反対したからである。

　クラス・アクションの訴訟形態は古くから存在する。しかし、1960年台の後半、消費者運動が勃興してから盛んに利用されるようになった。公衆が日常的な商品の欠陥や危険に関心を向けるようになったのに伴い、連邦のクラス・アクション規則が改正されて、特定の人的「クラス」を構成する個人の構成員が金銭上の損害を回収することができるようになった。もはや、クラス・アクションは、従来の金銭上の対価ではなく会社の行為を変えさせるための手段であった仮の救済手続きにとどまらず、金銭上の対価を得られるものになった。

　金銭が問題となるに伴い、にわかに数多くのクラス・アクションが提起された。最初、その訴訟は、多くの場合、個人が追求するには経済的に割が合わないある種の苦情に焦点を合わせていた。たとえば、欠陥のあるトースターや料理用ミキサー、その他の小額の電気製品、利息を過大徴収しながら不十分な返金しかしないクレジットカードやローン会社、不必要な保険をかけさせた自動車レンタル会社など、その他もろもろであった。

　時代が進むにつれて、弁護士は、より高額な商品についても、頻繁にクラス・アクションを利用するようになった。たとえば、欠陥車の部品、詐欺的な株式購入の提供、雇用や昇進における差別、有害物質の流出、さらには、何十万人単位の、時には、百万人単位の人々をも巻き込む「大型不法行為」でさえ対象となった。例としては、豊胸術のシリコン埋め込みやアスベストの被爆が広範な疾病をもたらしたとして損害賠償を請求するケースがそれである。

　一方では、クラス・アクションは、通常の人が被った被害を救済するために、前例のない広範な機会を与えてくれる。いくつかの例を上げてみよう。

● ボシュロム社は全く同じコンタクト・レンズを3種類の異なったパッケージで販売していた。オプティマという製品は、1年間使用できるペアで70ドル、メダリストという製品は、1カ月から3カ月使用できるとして販売したペア1ダースにつき90ドル、シークエンス2という製品は、わずか1週間から2週間しか使用できないが1ダース当たり80ドルであった。クラス・アクションの訴訟提起の結果、会社は詐欺的な価格設定のやり方を止めて、3400万ドルの金銭と同額相当の商品を被害者に対して交付した。——それは、購入した1ペア当たりにして、5ドルの現金と同額相当額の商品となった。

● 詐欺的な投資企画の2000人以上の被害者が、刑務所送りとなった被告人の破産の結果何らの損害回復もないまま残された。サンフランシスコの弁護士ウィリアム・バーンシュタインは、詐欺行為を行った会社の保険会社であった消防士基金を相手取って、被害者に対し全額（1ドルあたり100セント）を支払うよう求めるクラス・アクションを起こした。消防士基金は、その投資には「保障付き保険」の証明書が付されていたため、全部で保険契約最高限度額の数倍に当たる5500万ドルを支払った。

● モービル社のAV1航空機オイルに欠陥のあることが判明した。クラス・アクションの和解の結果、モービル社はその製品を使用していた600以上の小型飛行機の完全な解体検査と再組立の費用を支払うことになった。

● ステート・ファーム保険会社がその代理人を雇用するに当たって女性差別をしたとしてクラス・アクションを提起された後、約1000人にのぼる女性グループに対し総額1億5000万ドル以上の補償をした。雇用された男性よりも立派な資格を有していたことを証明できた女性は、個人として13万5000ドルから80万ドルを受け取った。

他方、こうした数え切れない成功例があるにもかかわらず、クラス・アクション訴訟は弁護士に先例のない力を与えた一方で、クラス構成員にはほんのわずかな権限しか与えなかった。クラス・アクションの代理人弁護士は独自にクラスを構成する権限を有しており、その対象の範囲を決定し、そのクラスを「代表する者」として行動する個人を募集した。個々人のクラス構成員にはほとんど利益はないが、弁護士にとっては、8桁（1千万単位）にもなる弁護費用をもたらすようなやり方で和解することができた。提訴する前に被告側と合意して事件を和解で処理することさえできた。クラス構成員の同意というのは、しばしば、必要性に基づくというよりは結果の追認という性格の方が強いのだ。

クラス・アクションは多くの個人原告が関与する典型的な原告・被告間の争いとは著しく異なる。多数が参加する集団原告訴訟では、各個人が独立した依

頼者としての地位を保ち、弁護士に対し、依頼者個々人の事件に対する忠誠を求めることができる。しかし、クラス・アクションではその関係は成り立たない。事実、**機能しえない**のだ。「予想される潜在的なクラス構成員」という位置づけをするのは、仮に各自に個別の依頼者としての地位を認めその同意がなければ和解できないという完全な和解権限を与えるならば、クラス・アクションを遂行することができず、問題を解決することが一層難しくなるからである。

弁護士は、一般に、さっさと和解してさっさと報酬を手にする誘惑、言い換えれば、当該事件の真の価値よりも少ない対価を得ることで合意することにより大金を懐に入れる誘惑に駆られる。この誘惑は弁護士と依頼者の関係が緊密ではないクラス・アクションの場合には一層大きくなる。通常の原告事件の場合、弁護士は依頼者——経歴、家族関係、ニーズ、願い、そして人間性——を個人的に知ることになる。クラス・アクションでは、名前が明示されるクラス代表者であっても、通常の場合、弁護士の方針を伝える使い走り以上の何者でもない。秘密和解の合意によって割増報酬を手にする弁護士とも異なり、クラス・アクションを担う弁護士は、彼らの弁護報酬が依頼者個人に対する熱心な代理行為という特別加算事由に由来すると主張することはできない。

弁護士が宣誓のうえ遵守を表明する倫理規則には、クラス・アクションについての言及がない。つまり、規則はこの特殊な訴訟を考慮の対象にしていないのである。その結果、弁護士がクラス構成員に対して負う責任について有益な指針をほとんど与えていない。それゆえに、各裁判所——各州の裁判所及び様々な連邦裁判所——が、自由に、最も適切と考える基準を立てて、弁護士の責任を解釈することを認めている。また、それは、同時に、弁護士が当該クラスに影響を及ぼす争点を決定しなければならないという弁護士の広範な自由裁量を補強しているのだ。

最終的には、裁判所がすべてのクラス・アクションの和解の公正性を審査しなければならない。しかし、多くの裁判所はクラス構成員の視点を重視するのではなく、弁護士の提案の方を重視する。事件の表題に名前が登場しクラス全体の利益を代弁することが期待されている個人のクラス代表者でさえ、ほとんど支配権を持っていない。通常、クラス代表者は弁護士を通じて意見を述べ、意見を述べない場合は、裁判官に対する信頼を欠いていることが多い。

訴訟の開始に向けて、裁判官は、グループを形成するのに足る共通の特徴が構成員に認められるか否かを判断して、クラスとしての「資格」を認可しなけ

ればならない。また、裁判官は原告側のクラス代理人弁護士の選任についても認可する。この資格に関する認可の方が和解の認可よりもはるかに大きな壁となっていることが多い。一旦、クラスが「資格ありと認定」されると、多くの弁護士は、少なくとも弁護士の眼から見て、「事件が和解で成功裏に終結することは時間の問題だ」と考えるのだ。

連邦法及び州法の下で明確な監督責任があるにもかかわらず、多くの裁判官は、クラス・アクションの和解を、通常の和解以上に慎重に吟味しているようには見えない。裁判官は和解を望ましいものと見ており、和解は公正なものであると推定している。仮に多くの事件が和解で終結しないとすれば、裁判所の訴訟事件表は膨大な数を示すことになるだろう。そのうえ、クラス・アクションの訴訟は他の事件に比べてずっと複雑なので、平均的な事件よりも多くの審理時間を必要とすることになろう。

わが国の優秀な消費者事件弁護士の中には、原告側のクラス・アクションを担う者もいる。しかし、この最優秀に属する弁護士でさえ、弁護士が直面する誘惑の中で最も強力なものがクラス代理人弁護士の直面する誘惑であることを認めている。クラス代理人弁護士は、何年間もその事件を担当し、複雑な個人訴訟案件以上に、時間的にも費用的にも困難な事実審理に直面することがある。敗訴する確率が高い反面得られるかもしれない報酬が非常に大きい場合、弁護士は容易に自らをごまかし、「和解は目的額には若干不足するがなお受諾するに値する」と信じ込もうとするのである。

誘惑は被告代理人弁護士からの提案という形をとってくる。被告弁護士は、個別のクラス構成員に支払う総額よりもはるかに大きい金額を、相手方弁護士に、弁護士費用として支払うことがよくあるのだ。クラス構成員が金銭を受領することになる場合でも、弁護士が裁判官に対して見積額を示すものの、実際にそれがいくらになるかを知ることは難しい。その支払われる金銭が間接的であることや不確定であることが多いからである。——つまり、間接的というのは、クーポン券または将来商品を購入する場合の割引などがあるからであり、不確実というのは、支払いには条件が付され、クラス構成員が受給資格を得るのに必要な要件を充足しなければならないからである。

時には、金銭が主要な争点ではないこともある。多くのクラス・アクションは「衡平法上の救済 (equitable relief)」を求める。すなわち、人権侵害的なやり方——過剰請求、欠陥製品の製造、雇用差別等々——を改めるよう被告の行動

の変更を求めて、同様のことが二度と起こらないようにするのである。被告は、ビジネスのやり方に大きな影響を受けるような場合、行動の変更に合意するのではなく、金銭を支払う方を選択することもある。金銭が衡平法上の救済となる場合には、尊敬に値するクラス・アクション弁護士であっても、被告の行動が変わるという確かな保障がないにもかかわらず、自らを偽って「クラス構成員は望むもの——お金——を手に入れたのだ」と考えがちになるのである。

　1994年、アラバマ州裁判所の裁判官がボストン銀行に対するクラス・アクションの和解を認可した。このボストン銀行事件は、クラス構成員に属する第三者預託（エスクロー）勘定（escrow account　訳注：第三者預託とは、当事者間の合意に基づき、譲渡人、約束者または債務者が、捺印証書、証券、金銭、株券、その他の文書を中立の第三者（escrow agent）に預託すること）の利息を通常のようにクラス構成員に支払うのではなく、銀行が留保していたことに対するものであった。71万5000人のクラス構成員は、銀行がいろいろな場合に発行したモーゲージ（mortgage　訳注：譲渡抵当権。債務の担保として財産権を債権者に移転すること）を持っていた。原告側弁護士と被告側弁護士は、裁判官に対して、和解の対象額は4000万ドルを超えると説明した。しかし、この事案をよく知っている多くの人は「この請求額は過大に過ぎる」と疑問を差し挟んだ。『ニューヨーク・タイムズ』紙によれば、個人が得た回復額の最高はたったの8ドル76セントにすぎなかった。その上、そのお金がクラス構成員に帰属することに争いはなかった。したがって、唯一の問題はそれが**何時**支払われるかであった。にもかかわらず、裁判官は、和解の認可とともにクラスの代理人弁護士の費用として850万ドルを認めたのだ。

　イリノイ州の連邦裁判所判事ミルトン・シャダールによれば、銀行は最終和解の2年前に同じ提案をしていた。違っていたのは、当時の案では、原告側弁護士が得る弁護士報酬はわずか50万ドルであったという点であった。さらに悪いことには、最初の提案では、弁護士の費用は銀行が支払うことになっていたのに対し、最終和解では、その費用はクラスの回復額から支払われることになっていた。モーゲージを処分してもはやそれを持っていなかったクラス構成員の場合、銀行に財源が存在しなかったので、全体の弁護士費用は、モーゲージを持っていたクラス構成員が支払うこととなった。

　そこで、この事件では、クラス構成員が「勝ち取った」返還利息分よりもは

るかに多額の弁護費用の支払いを求められるという奇妙な様相を帯びることとなった。あるメイン州の夫婦は、クラス・アクションの結果、2ドル19セントの回復額を得たが、弁護士費用として91ドル33セントを支払わなければならなかった。この夫婦だけの例ではなかった。多くの人が「自分がクラス構成員であることを知ったのは、自分のエスクロー勘定に対し、弁護士費用の支払いに充てられた『その他の控除』を知った時だ」と主張した。彼らは反撃に出て、詐欺を理由に原告側弁護士と銀行を相手取って別のクラス・アクションを提起した。しかし、二番目の事件について固有の審問期日が開かれることはなかった。なぜなら、異議申立の期間を徒過しており不服申立は遅すぎたという理由で、訴訟は最終的に却下されたからである。

　ボストン銀行事件の和解は銀行のモーゲージ会社の本店所在地であったフロリダ州の検事総長を含め多くの人の怒りを買った。消費者団体パブリック・シチズン（Public Citizen 訳注：1971設立の全米規模のNPO消費者運動団体で、議会や裁判所で消費者の利益を代表して活動している。）のブライアン・ウォルフマンは、これを「最も評判の悪いクラス・アクション和解」と呼んだ。他の原告側クラスの代理人を務める弁護士は「この事件と自分の業務とは関係がない」と距離を置くのに苦労した。シャダール判事は、単刀直入に、この事件を「クラス・アクションのウィリー・ホートン（Willie Horton 訳注：仮釈放なしの終身刑に処せられた殺人犯ウィリー・ホートンは1986年に一時帰休制度で一時出所した際、強姦事件を起こした。1988年大統領選挙で共和党ブッシュ候補は、民主党デュカキス候補が一時帰休制度の拡大を図ったためこの事態を招いたと批判し、デュカキスは敗退した。ここではクラス・アクションに対する「決定的なダメージ」の意）」と呼んだ。しかし、原告側及び被告側の代理人弁護士は「裁判官が和解条項を理解し、すべての異議申立を聴いたうえで和解案を認可した」と指摘した。しかも、銀行は合意の一部として、その口座取引の実務を変えていた。「詐欺的なこと、または、不適切なことは何もなかった」と原告側代理人の主任の一人であったシカゴの弁護士ダニエル・エーデルマンは『ニューヨーク・タイムズ』紙に語った。

　消費者事件の専門弁護士がダニエル・エーデルマンの行為につき疑問を抱いたのはボストン銀行事件が唯一というわけではなかった。パブリック・シチズン及び自動車安全センターの弁護士を含む彼の批判者は「消費者金融事件の一連のクラス・アクションでエーデルマンが関与した和解は、彼が代理しているクラス構成員の利益よりも彼自身のポケットにいくら入るかと密接に関連して

いる」と言う。これらの弁護士も、エーデルマンがクラス・アクション事件の扱い方を理解していることは認めるが、「エーデルマンは直ぐに、かつ、安く和解することが余りにも多いので、直ぐに彼自身の手に利益がもたらされるのだ」と言うのだ。

　一度でも自動車リース契約書を読んだことがある者は、それがいかに理解するのが難しい代物か理解できるだろう。クラス・アクションを専門に扱う弁護士は、こうした契約書が単に読むのが難しいといったこと以上の意味を持っていることを知っている。たとえば、クレジット会社が自動車リースで利息の過大請求をしていた事例がある。エーデルマンは、自動車リース会社——トヨタ・リース、ウェルズ・ファーゴ・リース、フォード・モーター・リースなど——を相手にクラス・アクションを起こす最も行動的な弁護士の一人であった。他の弁護士もこうした会社を相手にクラス・アクションを提起していたが、エーデルマンは、自分の事件を提訴し——そして和解する——時間の短さにおいて、誰よりも抜きん出ていた。

　フォード・モーター・クレジット社に対する事件で、エーデルマンは、裁判所に対し、罰金として42万5000ドル、現金による割戻金として67万5000ドル、将来の自動車リースに基づく支払いの保障として120万ドルを求める和解案を提示した。エーデルマンの弁護士費用の提案はほんの25万ドルであった。しかし、和解案の内容を子細に見た消費者問題専門の弁護士は愕然とし、裁判所に対し、正式に和解案に反対する異議を申し立てた。

　第一に、和解案は、フォード・モーター・クレジットの数年間にわたるリースを対象としておりクラス構成員は200万人に達していた。これは、単独のリースにおいて数百ドルあるいは数千ドルになる可能性のある詐欺的な請求に対し、平均回復額が消費者一人当たりおよそ1ドルでしかないことを意味していた。さらに悪いことに、和解案は、42万5000ドルの罰金を無作為に選んだ10万人のクラス構成員に対し4ドル25セントの割合で払うことを内容としていた。残りの人は何も得られないのだった。この和解案は州の宝くじの「スピードくじ」を買うようなものだった。事実、異議を申し立てた人は「この和解案は、まさに『違法な宝くじ』だ」と主張した。

　ウェルズ・ファーゴ・リース社に対する事件では、エーデルマンはクラス・アクションを提訴するのとほとんど同時に和解した。クラス構成員はウェルズ・ファーゴ・リースの支払いに使える譲渡禁止の75ドルのクーポン券を受

け取ることになったが、そのクーポン券はクラス構成員の現在のリースには使えないという**制限**が付されていた。ここでも、他のクラス・アクションを担当している弁護士と消費者団体が強く異議を唱え、「この内容では平均的な消費者にとって実際上何の価値もない」と主張した。クラス構成員は現在問題となっているリースについて全く何の救済も得られないのだ。何らかの利益を得ようとすれば、クラス構成員は別の車をリースしなければならず、その融資を再びウェルズ・ファーゴ・リース——訴えている相手方の会社自身——の基準の下で資格審査を受けなければならないのであった。エーデルマンの弁護士費用の申立は、弁護士の要した時間にするとたったの20時間でしかなかったのに、請求額は7万5000ドルであった。

　ある意味で、こうした事件は、私たちが第6章で見てきた軽微な追突事故の早期和解に似ているが、公益に及ぼす損害の程度は遥かに大きい。クラス・アクションにおけるたちの悪い和解には関係者すべてを巻き込む腸チフスのメアリー効果（Typhoid Mary effect　訳注：腸チフス菌を撒き散らすような伝染性の効果。料理人メアリー・マローンが仕事を転々としながら多数の人に腸チフス菌を感染させたことに由来する。）がある。一旦、クラス・アクション和解が認可されると、顕名のクラス代表者の請求のみならずクラスの構成員全員の請求が打ち切られる。同じ問題について、別の弁護士が別の地域でクラス・アクションを提起することはできる。しかし、最初に和解した事件が他の事件すべての**先例**となることが一般的であり、全クラスの構成員の権利と救済が決定される代表事件となるのだ。パブリック・シチズンのウォルフマンは、この先例となることがクラス・アクションをめぐる最大の問題点であると言う。

　実際に起きていることは一種の逆競売である。競りの間、価格が上がっていく代わりに、「最安値を目指す競争」があるのだ。被告側は、異なったグループの原告側弁護士に和解を持ちかけ、自らの依頼者にとって最も不利な条件を喜んで受け入れる代理人弁護士と和解するのである。そして、和解した弁護士は弁護士報酬を手にする。クラスのために少しでも有利な利益を追求する弁護士は無視され、完全に交渉の対象から除外されることがよくある。最悪の場合、こうした和解は、最悪の秘密和解と同様になれ合いで行われるので、原告側弁護士は単に誘惑に負けるだけにとどまらず、個人的利益のためにクラスに対する責任まで放棄するのである。

そのような和解に陥らないためには三つの方法が考えられる。何人かの弁護士は、たとえば、州単位でグループを形成するなど、クラスを分割してより制限的なものにしている。これはフォード・モーター・クレジット（Ford Motor Credit）社に対する別の一連の事件で実際に見られた。州単位で起こされた4つのクラス・アクションの弁護士がFMCを保険「強制付加」の理由で提訴した。つまり、FMCは完全子会社との間で事故包括保険契約を締結することを消費者に強制していたのだ。その当時、子会社は、製造物責任を対象外とした事故包括保険だけで6000ドルという、とんでもなく高い金額を請求した。自動車の所有者が支払えなくなると、その車は担保権の実行として回収された。

弁護士バリー・バスキンは、カリフォルニア州の消費者を対象とするクラス・アクションで和解し、5800万ドルとこの保険販売の差止めを獲得した。同様の事件は、フロリダ、アリゾナ、そしてミズーリでも和解が成立した。こうした州の住人は幸運であった。というのも、ダニエル・エーデルマンが他の46州のFMC消費者を拘束することになった全米規模のクラス・アクションを起こす前に解決を見たからだ。全米規模のクラス・アクションは、カリフォルニア事件だけの解決額とほぼ同じ金額で和解したが、クラス構成員がより大きな規模であったので、一人当たりの回復金額は遥かに低かった。

不適切な和解を避ける第二の方法は異議を申し立てることである。裁判官は、どのようなクラス・アクションの和解であっても、それを認可する前に「公平性審査のための聴聞期日」を開かなければならない。クラス構成員は誰でも、その和解案では十分な補償が得られない、または十分な救済になっていないという理由で異議を申し立てることができる。しかし、裁判官が異議の申立てを考慮することはほとんどない。それは、和解の実益を慎重に審査することよりも滞留している事件数を減らすことに関心があるからだ。異議が奏功する機会があるとすれば、顕名のクラス代表者自身が異議を申し立てる場合、あるいは、パブリック・シチズンや「公益のための法廷弁護士連盟」などの消費者団体が「公平性審査のための聴聞期日」において反対者を組織し、その代理人として異議を申し立てる場合である。ワシントンD.C.に本拠を置く自動車安全センターが、フォード・モーター・クレジット・リース社の和解につき異議を申し立てることが明らかになるや、裁判官は公平審査期日を取り消し、当事者に他の選択肢を考えるように命じた。そういう例があるにせよ、裁判官が和解を不公正と判断することはめったにない。

顕名の代表者はクラス全体を代表して意見を述べることが想定されているにもかかわらず、多くの州では、たとえ代表者が異議を唱えても、裁判官が和解を認可することを認めている。そして、和解案に対する組織化された法的異議は有効であるが、それは一方的な賭け率を若干減ずる効果しかない。反対者が異議を実現させるには、事件の両当事者の共同意思を凌駕しなければならない。被告もクラスも、その代理人弁護士を通じて、共に和解がなぜ公平であるかを強力に主張する連合戦線として裁判所の前に登場するだろう。

　もちろん、和解に至る道が最も平坦なのは異議が全く出ない場合である。和解通知書のひな型の記載は「和解案のクラス構成員は誰でも異議を申し立てることができる」となっているが、サンフランシスコのクラス代理人弁護士のあるグループは、次のような驚くべき表現を付加した。すなわち、「もしあなたの異議申立が瑣末なものと判断された場合には、金銭上の制裁を受けることがあります」と。そのクラスは、同様に、異議の申し立てによって、参加者は「それに基づいて開かれる、費用に関する聴聞を含む審査期日の通知を受けることになります」とも警告されていたから、その代理人弁護士は明白なCatch-22（矛盾した状況。語源につき125頁の訳注参照）を設定したことになる。すなわち、クラス構成員は、情報に通じているためには異議を申し立てなければならないが、その権利を行使すれば経済的に不利益になると当該クラスの代理人によって脅されたのであった。そのような威嚇をするクラス代理人弁護士は明らかに常軌を逸している。しかし、既に威嚇の効果は異議を出そうと考えていたクラス構成員に及んでいるのである。

　クラス・アクション和解を阻止する第三の方法は、唯一、個人のクラス構成員がなしうるものである。クラス・アクションの構成員は和解から離脱する権利及び被告に対する固有の請求を留保する権利を有しているので、別途、個人的に提訴するか、または、より有利な結果をもたらすと考える別のクラス・アクションに加わることができる。当初、金銭的損害の回復を求めるクラス・アクションは、クラスに「参加する」ことを選択した人だけで構成していたが、これでは、クラス・アクションの効果が制限されてしまい、消費者に最も有利な利益をもたらすことができなかった。そこで1966年のクラス・アクション規則の改正において、議論の末、この点の変更がなされ、すべてのクラス構成員は当該クラスに包摂されるという前提が採用された。参加の意思表示はもはや必要ではなくなった。逆に、クラス構成員は離脱することを選択しなければ

ならなくなったのである。ある裁判官は、これを書籍の共同購入会（書籍頒布会）に所属することになぞらえた。そこでは、メンバーは、特に拒絶の意思表示をしない限り、自動的に会が選定した本を受け取るのである。

　法律の変更は、クラス・アクション訴訟の適用範囲を拡大したかもしれないが、それはクラス構成員の独立性の犠牲の上になされたのであった。先に述べたボストン銀行事件のように、人々はクラス構成員であることを知らないことがよくあるので、彼らはクラスから離脱することができないということが、しばしば起こるのである。規則の変更は、クラス・アクションを審理する裁判所が「クラスの構成員に離脱する権利を直接告知」しなければならないという理解の下でなされた。しかし、文書にその記載があることとそれを実現することとは全く別のことである。

　たくさんの人々に通知することは、郵便によるか新聞や広報によるかを問わず、弁護士と裁判所が最大限の努力を払ったとしても、決して容易なことではない。しかも、通知文はぎっしりと文字で埋め尽くされているうえに複雑である。個人のクラス構成員が離脱する権利を理解できず、離脱期間を徒過してしまうことがよくあるのだ。離脱した個人にとって、自らの請求額が小さいため、他の集団訴訟（group lawsuit）に加わるのでない限り、自分の事件を提訴することは事実上不可能である。

　1993年、アトランタの連邦裁判所は、報道によると、航空運賃の固定化に関するクラス・アクションにつき3億6800万ドルの和解を認可した。この事件では、400万人を超える人々がクラスを構成し、弁護士費用は1400万ドルに達した。弁護士費用は回復請求額の4％未満にすぎないが、和解の結果は、現金で「支払」われたのではなく、将来航空券を購入する場合に有効な10ドルまたは25ドル相当のクーポン券で「支払」われた。このクーポンの使用方法は限定されていた。すなわち、最も重要な点は、クーポン券を「一度にまとめて使用」することはできず小額に分割してのみ使うことができるとされたことだった。つまり、250ドル以下の航空運賃の場合は最大10ドルまで、500ドル以下の航空運賃の場合は25ドルまでとされた。これは、旅行者にとって悪夢となった。頻繁に飛行機を利用する者ほど、マイル数の利用が他と比較して容易になったからだ。航空会社は「どれくらいのクーポン券が使用されたかを確定することは不可能である」というが、評論家の多くは、額面のほんのわずかな割合でし

かないと見積もっている。

　おそらく、最も議論を呼んだクーポンの事例は、この本の中で繰り返し言及している製品に関わるものだろう。燃料タンクを側面に装備したゼネラル・モータース（GM）の小型トラックがそれである。全国の弁護士が、GMを相手取って、不法行為に基づく人身傷害及び死亡事件数百件を提起していた同じ時期に、原告側クラス・アクション弁護士は、未だ傷害を負っていないトラック所有者全員を代理して、いくつかの訴訟を提訴した。その理由は、「欠陥のある燃料タンクの設置によって将来事故によって傷害を被る機会が増大したうえ、トラックの価値が低下した」というものであった。1993年7月、フィラデルフィアの連邦裁判所で、GMと原告側弁護士は、約5700万人に及ぶ傷害を負っていないトラック所有者を対象とするクラス・アクションの和解案を提示した。所有者は、次に軽トラックを購入する場合に有効な1000ドル相当のクーポンを得ることになっており、原告側弁護士は9500万ドルを得ることになっていた。

　ラルフ・ネーダーが創立した二つの組織、自動車安全センターとパブリック・シチズンを含む消費者団体は、この和解案に対し精力的に異議を申し立てた。彼らは、いくつかの理由から、「このクーポンは事実上無価値である」と主張した。第一に、このクーポン券は家族に対してのみ譲渡可能であり、それ以外は、トラックを売却する場合にのみ譲渡可能であった。第二に、このクーポンを他の割引や助成金、または割戻と一緒に使用することはできなかった。第三に、このクーポンは、和解成立後わずか15カ月間しか有効ではなかった。ウィリアム・H・ヨーン・ジュニア判事はこの議論に同意しなかった。そして、1993年12月、和解案及び9500万ドルの弁護士費用の双方を認可した。ヨーンは和解を求める弁護士が提出した経済効果の分析の方を受け入れたのだった。それによれば、「クーポン券の3分の1以上が利用され、結果として、和解金額は総額180億ドルから200億ドルに及ぶ」と主張していた。

　5000人のトラック所有者がこの和解から「離脱する」ことを選択し、他の6400人が正式な異議の申立てをしたにもかかわらず、ヨーン判事は、この反対者の数は「非常にわずか」であるとみなし、大多数のクラス構成員の沈黙を賛成とみなした。すなわち、「クラス構成員の99%以上が支持または沈黙していることは、クラス構成員の大多数が和解案に賛成していることを示している」と述べた。ヨーン判事は、欠陥燃料タンクに起因する火災の結果、100

件以上の死亡事故と1000件以上の傷害事故が起きているとの自動車安全センターの告発、及び、「和解案は安全性の問題について言及するべきだ」という主張には、回答しなかった。「このトラック以上に欠陥品であったのは、ヨーン判事の決定であった」と、同センターの幹部ディレクターであるクラーレンス・ディットローは後に語っている。

　反対者らは事件を連邦の第三巡回区控訴裁判所に持ち込んだ。1年半後、反対者にとって驚くべき嬉しい結果がもたらされた。103ページに及ぶ判決書の中で、裁判官は、全員一致で、和解案を「不公正かつ不十分」と言い、「GMの販売推進の道具」に他ならないと激しく非難した。当初の和解案は「別のGMトラックを買う意思のない者や買う資力のない者に対しては、全く何も提供していなかった。そして、……申立てにかかる現在運行中の危険な車両について、何もしていなかった」とエドワード・R・ベッカー判事は書いた。ベッカーは、同様に、巨額の弁護士報酬についても厳しく批判し、9500万ドルの費用に対し何の異議も述べなかったGMの対応は「疑問のある和解案」であることを示す「決定的な証拠」であると述べた。事件は、さらなる審査のために、ヨーン判事の下に差し戻された。数カ月後、テキサス州最高裁判所は、燃料タンク側面装備のGMトラックに関する別の事件の同様の和解案を、別の9500万ドルの弁護士報酬について妥当性に疑問があるとして、破棄した。

　しかしながら、連邦控訴審裁判所の判決はGMトラック・クーポンについての最終的な決定とはならなかった。ヨーン判事による差戻し審の前に、原告側弁護士は新しい訴状を提出し、控訴審裁判所が設定した厳しい基準をクリアするため、追加的な証拠開示を申し立てていた。一方、原告側弁護士の別のグループは、他のいくつかの州において休止していた同様のクラス・アクションに焦点を合わせた。1993年、一人のルイジアナ州の裁判官が、フィラデルフィア事件の和解案が提示されるほんの2カ月前に「GMトラック所有者」というクラスに資格を付与していた。1996年7月、フィラデルフィア訴訟が失敗に終わった後、ルイジアナのこの裁判官は、フィラデルフィア事件のクラス構成員の大半がルイジアナ訴訟に加わることを許可し、再び、1000ドル相当のクーポンによる和解案を認可した。

　もう一度、反対者らは異議の申立をした。和解案は最終的に認可されたが、この異議申立は結果的に違いをもたらしたと言えるかもしれない。フィラデルフィア事案で提案された制限的クーポンの代わりに、ルイジアナ事案のクーポ

ンは誰に対しても譲渡可能であり、その結果「セコハン市場」が創設され、そのクーポン券に事実上の市場価格がついたのだ。クーポン券が他の販売促進の割引制度とともに利用することができ、トラック以外のほとんどのGM車に有効であったので、市場価格は上昇した。おそらく、より重要なことは、GMが車両火災調査のために400万ドルを支払うこと——自動車安全センターが強調したポイント——に同意したことであり、原告側弁護士も、費用額のうち100万ドルを、装備を改良するプロジェクトの調査費用に当てることに同意したことであった。その結果、1973年にトラックが生産されてから初めて、燃料タンクをより安全な方法で装備する可能性を研究することができることとなった。

原告側の代理人弁護士の請求した費用の総額は、フィラデルフィア訴訟とテキサス訴訟を合わせると、およそ1900万ドルに達した。ルイジアナ訴訟の和解では明確な前進が見られたものの、フィラデルフィア訴訟のクラス・アクション弁護士は、依然として「報酬額は合理的なものであった」と主張している。「私はトラックを実際に運転している連中を代理している」とフィラデルフィア訴訟の主任弁護士の一人であったサンフランシスコのエリザベス・キャブレイザーは言った。この含意するところは、彼女は「トラックの所有者が本当に望んでいることを知っている」と言いたいのだ。キャブレイザーは「問題のトラックはすべて最低でも10年経過しているので、迅速な和解が重要なのだ」と主張した。彼女は「1000ドルは多くのトラック所有者にとって新車を購入する際の価格の低下を意味する」と主張し、「フォードやクライスラーは、価格競争に負けないようにGMのクーポンを有効として引き受けるだろう」と述べた。

キャブレイザーは、フィラデルフィア訴訟の和解案は「あの当時、得られる最良のもの」であったと言うのだが、ルイジアナ訴訟の和解の方がクラスにとって有利であったことは、議論の余地なく明らかであった。パブリック・シチズンと自動車安全センターは双方ともに、最終的には、ルイジアナ事件での異議を取り下げた。同センターのクラレンス・ディットローにとっては、新しい和解案も「依然として不利な取引」であり、経済的な価値も「スズメの涙」であった。彼は「多くのトラック所有者が新しいトラックを買う際の割引としては十分ではなく、その結果として、所有者は、古いトラックをずっと『危険を冒して乗り』続けるだろう」と、今でも考えている。しかし、ディットローは、このような和解でも少なくとも**何がしかの価値はある**——したがって、控訴し

ても和解案は控訴審でも支持されるだろう——という現実を受け入れたのだった。

　自動車安全センターもパブリック・シチズンも、弁護士費用の請求には関与しなかった。しかし、面白いことに、フィラデルフィア訴訟でもテキサス訴訟でも弁護士費用について異議を唱えなかったゼネラル・モータースが、ルイジアナ訴訟では異議を申し立てた。センターは、この理由を、装備の調査のために100万ドルを割り当てたことにあると推察した。「GMは安全性のために自前のお金を支払いたくないのみならず、他の誰であっても、安全性のために費用を出すことを望まないのだ」とディットローは語った。

　ここ数年、大規模な人身傷害事件でクラス・アクションを用いる例が劇的なまでに増加している。当初、クラス・アクションは個人の人身傷害の被害請求を解決することを意図していたわけではないが、1980年にニューヨークの連邦裁判所のジャック・B・ワインシュタイン判事が、ベトナム戦争中に枯葉剤に被爆して負った傷害につき損害賠償を求めた事件すべてを併合して、一つの大型訴訟として、彼の主宰する法廷で審理することを決定した。後に、連邦控訴裁判所は、個々人の請求は異なっていたにもかかわらず、このクラスの資格を認めた同判事の決定を支持した。これが嚆矢となって、大規模な不法行為に基づくクラス・アクションが様々な事件を通じて提起された。有毒物質の流失、ダルコン・シールド避妊リング、シリコン埋め込み豊胸術、そしてアスベスト被爆などであった。もはや、訴額が小額で各クラス構成員の請求が同質である必要はなくなり、請求額は多額になり、実質的な請求額も各自で異なることとなった。

　こうした大規模な不法行為に基づくクラス・アクションには有利な点があった。すなわち、裁判所の効果的な利用、裁判所の判決の統一性、傷害を負ったすべての人が何らかの救済手段を確実に得られることなどである。しかし、こうした大型事件は、時には、クラス構成員の数が100万人単位にもなるので、多くの新しい問題を提起することとなった。被告側は、悪徳弁護士が疑わしいクラス・アクションを提起し、連邦控訴審裁判所判事リチャード・ポスナーが「恐喝和解 (blackmail settlements)」と形容したような和解を強要するのではないかと恐れた。「恐喝和解」とは、可能性はわずかであるが「ある企業を破産に追い込む」ことになるかもしれない決定がありうることを煽ることで合意に至る

和解である。

　他方では、数多くの有効な大型不法行為訴訟がある。それらをクラス・アクションの形態に変えることにより、被告とその代理人弁護士は、過去、現在、そして将来にわたるすべての請求を和解で処理できることになり、「平和を金で買う」ことができる機会を得た。被告の行為により実際に傷害を負った者のみならず、将来傷害を負うことになる**かもしれない者**をも含めてクラスを構成することで、被告は単なる平和ではなく、永続する平和をお金で買うことができるのだ。しかし、そのためには、被告側弁護士は原告側弁護士の協力が必要となる。1990年代初期の一連のアスベスト被爆訴訟で、その実例が起きた。

　1991年、アスベスト訴訟はフィラデルフィアの連邦裁判所で併合審理されることになった。この訴訟では、原告のグループとアスベストに被爆した労働者が働いていた被告会社20社が訴訟当事者であった。被告会社は、共同して、アスベスト被害の紛争処理センター（the Center for Claims Resolution:CCR）を創設していた。1993年1月のある日、原告側の代理人をしていた二つの法律事務所がクラス・アクションの訴状を提出し、同じ日に、CCRの代理人弁護士が訴状に対する答弁書を提出し、双方ともに合意した和解案を提出した。事件が訴訟として立件される前に取引が成立していたのだ。和解案は、CCRに属する会社の一つで「職務上被爆した」ことのある「すべての人」、及び、その被爆者の家族からの賠償請求を解決することを意図していた。しかし、アスベスト関連疾病によって既に病気になっている人だけが補償金を受け取ることができるという内容であった。現在病気ではないが将来発症する危険のある人及びその家族は、様々な区分に応じて金銭を受け取ることができる場合もあったが、その保障はなかった。

　クラス・アクションの提起は巧妙であると同時に言語道断の不当なものであった。その和解案では、クラスから離脱することが認められていたが、離脱するには、まず自分自身がクラスの構成員であることを知っていなければならなかった。アスベストに晒されていた多くの人はそのことを全く知らなかったし、病気になるまでアスベスト被害者であることは分からなかった。被爆時からの時の経過を考慮すれば、クラスの存在を人々に知らせる唯一の現実的な方法は、一般的な広告——テレビ、広告文、フリー・ダイヤル・サービス——に頼るしかなかった。しかし、被爆したこと自体を認識していない者や、名前すら覚えていない会社を数え切れないほど渡り歩いてきた建設労働者にとっては、

247

こうした通知もほとんど役に立たなかった。

　さらに悪いことに、このクラスには、アスベストに被爆した者の現在及び**将来**の配偶者と家族——未だ結婚していない配偶者、いまだ懐妊されていない子供、産む計画すらない子供まで——が含まれていた。

　提訴以前に和解の合意がなされていたので、このクラスは、予めパッケージになった取引として資格審査の対象となった。弁護士らは和解することだけを望み、訴訟で争う意図——多くの人は、事案の複雑性及び将来の被害者を包摂しなければならないため、訴訟は不可能と考えていた——は全くなかった。にもかかわらず、フィラデルフィアの連邦地方裁判所はこの和解案を認可し、このクラスに包摂される者が個別に独自の請求をすることを禁止した。「公的正義のための法廷弁護士連盟（TLPJ）」のクラス・アクション濫用防止プロジェクトを含む消費者団体は、第三巡回区控訴裁判所に不服の申立てをした。そこでは、GMトラック事件で法廷意見を書いたベッカー判事が、再び法廷意見を書くことになった。ベッカー判事は、「事実審理のためのクラスとしての資格を備えない限り、和解のためだけにクラスの資格を付与することは誤りである」と判示して、この和解案を拒絶した。1997年6月、連邦最高裁判所は、6対2の評決で、この判断を支持した。

　和解目的のためだけに提起されたクラス・アクションを認可することの危険性は明らかと思われる。原告・被告双方の弁護士は、TLPJのレスリー・ブルックナーがこの問題を調査した司法委員会で証言したように、「クラスの利益に反して慣れ合う非常に強い誘因」を持つことになるからである。被告側は平和を金で買う機会をうかがい、原告側弁護士は、適切な時点に適切な場所にいれば真っ先に「得られる」弁護士費用の誘惑に駆られるのである。

　私たちにとって、成功報酬制が必要であるように、クラス・アクションの制度は必要である。いずれも、普通の人々が裁判所を利用することができるように訴訟機会を与え、闘争の場を平等にするのに役立っている。しかし、クラス・アクションがその意図された目的に奉仕するためには、その制度を賢明に用いなければならない。このことは、双方の弁護士の手からもっと支配権を奪い取らなければならないことを意味する。

　クラス・アクションの濫用に対する改革提言には、馬鹿げたもの——ある法学教授は個人のクラス代表を完全に廃止することを提案した——から秀逸なも

のまで様々である。たとえば、メイン州の前の上院議員ウィリアム・コーエンの立法提案は、クラスの通知書につき「平均的な市民が理解することのできない法律専門用語」の代わりに、平易な文言で書かれた明確な要約文を提供すべきことを求めている。学者は、学術雑誌の中で、連邦規則の技術的な改正について議論している。これらの変化の中には、意味のあるものもある。公平性審査のための聴聞を1回に限るのではなく、複数回のシリーズで開催することなどである。しかし、それらも関与する弁護士の行動をどのようにコントロールするかの方法に直接向けられていない。

　不法行為改革の提唱者は「クラス・アクションの規模を厳しく制限し、証券詐欺クラス・アクションに限定する連邦規則の制定（大統領の拒否権を超えて）を実現すべきだ」と主張する。しかし、不法行為の改革論者は公衆の利益よりも会社の利益を代弁する傾向がある。一方、公益保護団体が強調する改革は、しばしば、消費者の権利のこれ以上の侵害を食い止めるための延命工作のように見える。

　改革論者のほとんどすべてが支持しているのは、クラス・アクションについての裁判官教育であり、客観的な司法審査の水準を上げることである。しかし、司法の関与を増大させるだけでは平均的なクラス・アクションに大きな違いは生じないだろう。そこでは、公益を代理する弁護士が動員されるわけではなく、裁判官は、その和解がいかに公正かを強力に説く双方の弁護士と相対することになるからである。クラス・アクションの通知書を公衆にもっと分かりやすいものにすることは称賛に値するが、「言うは易しく行うは難し」で、特に、はるか昔の記憶や記録に基づく証明を必要とする事件では有効ではない。

　クラス代表者は単なる「お飾り」にすぎないと主張する法学教授は、ある面では支持を得ている。上院のウォーターゲイト事件（訳注：1972年、ウォーターゲイトビルの民主党全国委員会本部に盗聴装置設置のために侵入した共和党筋の人間が逮捕されたことを発端とする、ニクソン政権の職権濫用、詐欺、隠滅工作などが絡んだ米国史上最大の政治スキャンダル。1974年、ニクソン大統領は自らの潔白を証明できずに辞任した）調査委員会の前の主任弁護士であり、現在はジョージタウン大学の法学教授であるサミュエル・ダッシュは、「実際上の問題として、クラス・アクションの原告側弁護士は事実上の依頼者として行動しなければならない」と考えており、実際に、その旨の議会証言もした。

　最良の改革はこのアプローチとは正反対の方向にあるだろう。すなわち、顕

名のクラス代表者に実質的権限を付与することである。弁護士が論ずる改革のほとんどが、弁護士、裁判官、法律そのものの技術的な変更だけに終始している。しかし、もし顕名のクラス代表者が真に弁護士から独立しており、真にクラスの代表であるならば、もし一人だけの意見が支配することのないように十分な数の代表者がいるのであれば、そして、もしクラス代表者が弁護士の**命令**ではなく**助言**に基づいて事件を解決する権限を与えられるならば、少なくとも、そのクラスをコントロールする方法のいくつかは、実際に和解結果の影響を受ける人々に対して、本来の姿を取り戻すだろう。

このことは、弁護士費用を受け取るためにクラス・アクションを和解で処理しようとする原告側の悪徳弁護士——及び、誘惑に負けた、いつもは正直な弁護士——の権力を制限することになる。また、それは、他のクラス構成員の犠牲の上に一部の構成員にお金を払うことによって平和を買う被告側弁護士の権力を制限することにもなる。もし顕名のクラス代表者が真にクラスの**各区分**を代表するならば、クラス全体として、以前よりも保護されることになろう。

大規模な不法行為のクラス・アクションも縮小されなければならない。こうした訴訟は、主としてすべての請求を一つの単一訴訟に集約するために、訴訟経済の観点から発展してきた。したがって、それ自体に、人々に個人的な請求を強制的に断念させるに足る十分な理由があるわけではない。大会社の行動を変えさせるために、個人の提起する事件はこれまで効果的に用いられてきたし、現在も引き続き用いられている。

大型の不法行為クラス・アクションは、被害者を皆同じテントに収容するので、完全に手続過程から取り残される者はほとんどいないと言えるが、一元的に管理するための努力は、時として、余りにも大掛かりであったり、余りにも広範すぎたりすることもある。こうした併合訴訟は、連邦裁判所判事ウィリアム・シュワルツアーが指摘したクラス・アクション訴訟の最も重要な二つの原則を無視してきた。すなわち、それは、個人が提訴するには余りにも訴額が小さいこと、及び、クラス構成員が抱えている「個々人の争点を超えた共通の問題が立ちはだかっている」ことである。

この二番目の原則が適用されるだけでも、大型の不法行為訴訟は、顕名のクラス代表者とクラス構成員が全員同じ艦隊に属するのではなく、同じボートに乗る程度にまで十分に規模が縮小されるだろう。この結果、事件によっては、過失の争点はクラス・アクションで判断をし、金銭上の争点は各個人の原告に

委ねられることを意味することもありえよう。必要があれば、各クラスの代表者と構成員の間で、最も身近な共通の利益を確保するのに必要な数だけ、事件を複数のクラスに分割すべきであろう。個人の救済を目的とする個人訴訟から被害者全員を対象とする大規模なクラス・アクションへと、振り子は余りにも遠くへ振れすぎた。二つ、三つ、あるいは七つであっても、複数のクラスの方が夥しい数の個人請求よりは遥かに実効性があるし、また、単一の訴訟よりもずっと公正である。

エピローグ
トライ—カウンティ・コンピューター訴訟

　ガブリエル・プリヴィンは、何の困難もなく、彼のクラス・アクション訴訟を和解で終結させた。トライ—カウンティ社はプリンター無料配布期間中に2万2000台以上のコンピューターを売ったが、無料で渡したプリンターは1400台しかなかったことが分かった。そればかりか、そのプリンターの市場価格は135ドル以下であったのに、トライ—カウンティが「259ドル相当額」と広告していたことも判明した。これらの事実は彼に有利に働いた。ガブリエルにとって、トライ—カウンティの代理人と和解することは難しくなかった。和解に反対したクラス構成員はわずか13人にすぎず、公正さを担保するための審問に出席したのはたったの3人であり、その場で、裁判官は直ちに和解案を認可した。実際のところ、2万人のクラス構成員は、製品を購入した旨の証明書を提出し和解金支払請求書を正確に記入して提出した**場合には**、2ドル50セントだけは現金で受け取れたが、残りは1年間有効の90ドルのトライ—カウンティ商品のクーポン券で支払われた。このことは、ガブリエルがこの件の和解金総額として185万ドル、言い換えれば、2ドル50セントの現金と90ドル相当の債権額に2万人分を掛け合わせた金額を合法的に請求できたことを意味した。その結果、プレヴィンの42万5000ドルの弁護士報酬ですら比較的低額に思えた。

　ジョセフ及びジョエラ・ウィンストンは、一度も、800番台の電話で生きた人間の声を聞くことはなかった。それで、二人は、自分たちでできる限りのこととして、最終的に申請書に必要事項を書くことに決めた。二人はコンピューターを買った時のレシートを捜し、やっとの思いで、機械の保証書と一緒に封筒にしまい込んでいたレシートを見つけた。彼らは申請書とレシートを送付

した。そして、3カ月後に、2ドル50セントの小切手と90ドルの商品券を受け取った。彼らはコンピューターをそれほど使っていなかったので、大学で毎日コンピューターを使っている息子のスタンにクーポン券をあげた。しかし、スタンがそのクーポン券を使おうとしたら、それは譲渡禁止の商品券なので本人以外は使えないと言われた。最終的に、ジョゼフが息子と一緒にトライ―カウンティ社まで行き、スタンが欲しがっていたソフトウェア1個を選んだ。一家はこの経験が果たして努力に値するものであったのか疑問に感じた。

　ガブリエル・プレヴィンは自らの努力の価値につき何の疑問も抱かなかった。彼もトライ―カウンティも、どれくらいの消費者が実際に申請書を提出したのか、また、どれくらいの消費者が実際にクーポン券を使ったのかを明らかにすることはないだろう。地方の消費者事件専門弁護士は「会社が支払った現金とクーポン券の総額はプレヴィンの弁護費用よりも少ない」と試算した。

第3部　強欲と欺もう、つまり「みんなやっている」

結　論
それは修復できるか？
私たちには何ができるのか？

> もし、私がアメリカの貴族社会をどこに見出すかと問われるならば、私はためらいなく、それは、何ら共通の絆がない富裕層によって構成されている社会にではなく、裁判所及び弁護士会に見出すと答えるだろう。
> ──アレクシス・デ・トックビル、『アメリカの民主主義』(1840年) から。

> 弁護士の9割は人民の1割に奉仕している。我々は余りにも多くの弁護士を抱えながら、十分に弁護の恩恵を受けていない。
> ──1978年、大統領ジミー・カーターの言葉

> 私たちは法律家である前に、人間だ。
> ──1997年、サンフランシスコ大学ロースクールの新入学生ダミアン・コックスのオリエンテーション2日目の言葉

　アメリカ人の大多数ではないにせよ、多くの者がアメリカの司法制度は崩壊しつつあると考えている。法制度のエンジンである当事者主義の原理がもはやスムーズに機能しなくなり、丁度、複数のシリンダーがぶつかり合って音を立てているようなものだ。そこには数多くの問題がある。

　専門職とは、常に独占を享受してきた。弁護士会のメンバーだけが法廷での活動を許されてきた。しかし、今日では、法は以前よりも一層人心から離れ、技術的になってきた。何でもこなす開業弁護士はほとんど時代遅れになり、高度に専門化した市場で、普通の人が相応しい弁護士を見つけることは一層困難になっている。そして、現代の弁護士は、50年前、否、20年前と比較しても、多様なバックグラウンドを持っているにもかかわらず、業務独占それ自体は、かつて人々が徒弟となって「法律を学」んでいたトックビルの時代よりも一層強化されている。今日、ほとんどすべての州において、弁護士になるには、最大の法律家団体であるアメリカ法曹協会 (ABA) が公的に認可した法曹養成機関で3年間の大学院課程を履修することが必要である。そのことがABAを非常

に強力な独占企業体にしている。

　大規模法律事務所はさらに規模を拡大し、以前よりも、専門職業人の団体というよりはむしろ営利企業のごとく行動している。大規模法律事務所の多くは、いまやLLP (limited-liability partnerships)、すなわち、有限責任法人（訳注：パートナー弁護士が対外的債務について自己の出資額を超えて責任を負わない弁護士法人）であるか、または、PC (professional corporation)、すなわち、職能法人（訳注：弁護士、医師などの知的職業活動を行うために、構成員全員が有資格者であることを条件に認められる法人）となっている。法律関係の業界紙は、こうした大規模法律事務所が最大級のそれに成長した場合にはそれを吹聴し、最大級の法律事務所のリストから脱落した場合には、名誉ある地位から転落したことを報道して、規模拡大を煽っている。1997年、『ナショナル・ロー・ジャーナル』誌は初めて公式に、その最大級の法律事務所のリストが「ビルボード誌のミュージック・チャートの後に示されるブレット（上昇曲線）」と同じように、「法曹界の売上番付表の最大上昇幅を示している法律事務所はどこかを示す『ブレット』となるだろう」と述べた。

　業界紙は最大規模の法律事務所それぞれの初任給についても公表している。典型的には、24，5歳の1年目のアソシエイト弁護士の場合、大都市の法律事務所で、年額7万5000ドルないし10万1000ドルからスタートする。このレートから推測すれば、たぶん、弁護士はアメリカの巨大企業を代理するのであり、法制度の利用に困難を抱えている人々——ジミー・カーターが心配した90％の人々——を代理するのではないのだろう。

　ロースクールも、同様に、応募者の減少にもかかわらず、数と規模において拡大し続けている。ロースクールを修了した人数のこれまでにない増加は、法律専門職に就くことのできない供給過剰の弁護士をもたらした。しかし、ロースクールは大学にとって利益の上がる事業体なのである。入学定員を削減する、あるいは募集を停止することを考えているロースクールがあるという兆候はない。そして、ロースクールの中には、学生の多様性を高める努力をしたり、教育方法を変えたりなどの努力をしているところもあるが、多くのロースクールは、依然として、映画『ペーパー・チェイス』に見られたような1世代前の法曹養成機関のままに見える。唯一の例外は女性の数が劇的に増加したことである。

　金と権力のすべてを手中に収めながら、弁護士自身が、今日ほど、その専門

職に満足していない時代はなかった。繰り返しなされた調査において、弁護士は自らのしていることに喜びを感じていないと回答している。ロースクールの3年生は、大事務所の「キャンパス面接 (on-campus interviews)」に応ずる準備をする中で、就職内定は富裕層への切符であること、それは必然的に、学生ローンの返済への切符であることを知っている。中には、バラ色の将来を期待する者もいるが、多くの者は未だ就職先が決まらない状態と仕事のことを考えている。そこには、思いやり、愛情、期待などはなく、かえって、彼らを待っている仕事量に対する不安や、依頼者のためにしなければならないと考えている妥協があるのだ。倫理規則は分かりにくく相矛盾しているように思え、学生も弁護士もともに感じている不満を解消するには役に立たない。そして、しばしば、これらの規則は弁護士に正しいことを行う方法を示すというよりは、むしろ、どうすれば規則を潜脱できるかを強調しているように思える。

　倫理規則を作成した人は、法的援助を求める平均的な市民の需要を直接体験しておらず理解していないことが多い。時として、倫理規則の制定者は、規則化を倫理的な問題というよりも政治的な問題とする圧力に晒される。そのため、規則の制定にあたって、道徳上の規範が重要な役割を演ずる場面がほとんどない。懲戒申立は続々と寄せられるが、規則の執行者は十分な予算もなく、沢山の事件に追われているために、多くの場合、著しい違反事件についてのみ審査対象とすることになる。このことは、弁護士は一定の規則違反については懲戒処分を受けるが、他の規則違反——重要でないとは言えないが微妙な違反——は広範に無視されるのである。

　裁判官は自らの面前でなされた弁護士の行為を処罰することによって弁護士を懲戒することができる。しかし、裁判官は簡便な処理を選ぶことが多い。すなわち、制裁を課するのではなく警告にとどめる、譴責処分にするのではなく叱責するにとどめるのである。いわゆる司法の独立があるにもかかわらず、裁判官が強硬な立場を取った場合、特に、有力な弁護士や当事者に対して厳しい立場を取った場合には、**裁判官**が攻撃され、偏見があるとして告発され、裁判官が言及した当該事件から強制的に排除されることすらありうるのだ。

　他の多くの裁判官は倫理規則の取り扱いにつき十分な訓練を受けておらず、実際に取り扱った経験もない。「熱心な弁護」の原則は、1980年代に、ほとんどの州において適用されなくなり廃止されたが、当事者主義原理を信奉する裁判官が書く判決の中では、この時代遅れの用語が依然として使用されるので、

今でも生命力を保っている。弁護士が社会に及ぼした被害で最悪のものの多くは、「熱心な弁護」というスローガンの下で行われ、多くの場合、裁判官がその露払いをしていたのである。

　この章で述べることは、是非とも修復が必要とされる制度の素描である。やはり、私たちは、制度全体の変革とまでは言わないまでも大規模な修復が必要であると考えている。すべての制度的欠陥にとって、私たちの制度は、法と裁判所を必要とするすべての人が利用することができること、及び、マジソンが「最高位の大権」を持つ者と表現した「国家」からの保護をうけることに基礎を置いている。これは、はるかに価値のあるものであるがゆえに危機に晒すことはできない。

　私たちの制度は、当事者双方が「代弁者であり唱道者である弁護士」を持つことができるように設計されている。弁護士の最高度の義務は依頼者に対するものであり、国家に対するものでもなければ、弁護士自身が考える正義の観念に対するものでもない。私たちの憲法は、罪に問われた者に弁護士の効果的な援助を保障することによって被告人の権利を擁護する。私たちは刑事のみならず民事上の紛争についても陪審制度を有しており、その結果、いかなる裁判官も、個別事件について、最終的な決定をすることができない。そして、私たちの制度の源である英国と異なり、私たちは成功報酬制度（contingency fee）を認め、適法に提訴した事件であれば敗訴しても相手方に費用を支払わせる方式を採用せず、クラス・アクション訴訟を認めている。これは、貧しい人であっても、勝訴の可能性があることを弁護士に納得させることができるならば、裕福な者や権力者に対しても、法的救済を求めうることを意味する。

　民主主義に対するウィンストン・チャーチルの観察は、依然として、私たちの法制度についても妥当する。すなわち、それは「最悪のものだが、他の制度よりはマシだ」というものである。この制度に対し世代を超えてなされてきたパッチワーク的な変更は、当事者主義の原理を著しく損なってきたので、ある点では、それをほとんど認識することができない。

　それを修復するためには何をすべきか？　分野によっては、大規模な変更の必要がないところもあるが、刑事司法制度には改良の余地がある。特に、裕福な者と貧しい者、白人、黒人、他の有色人種の間に、平等に正義をもたらすための改良は必要である。しかし、概して、誰かが犯罪で訴追される場合、当事

者主義はかなりよく機能する。

　私たちが支持できる他の改革は、端的に言って、現実的でないかもしれない。たとえば、最高裁は法人も広範な弁護士・依頼者特権を有すると判示した。これと反対の私たちの意見が最高裁の意見を変えるとは思えない。近いうちに、規則や法律がタイム・チャージのノルマ制（minimum billable hour requirement）を禁止し、法律事務所の所属弁護士を50人以内に制限するなど、私たちが願っている改革案のいくつかが立法化されるとは到底思えない。

　しかし、他の多くの点では、重要な変化は生じうる。すなわち、制度、公共機関、運営上の規則、公衆の役割、そして、弁護士自身の行動についてである。私たちは、各章の議論の過程で、特定の提案をしてきた。私たちは、ここで、私たちの法制度が、それを利用する依頼者の必要とそれを運営する社会に対し、より責任を果たすことができるように、より一般的な処方箋を示してみよう。

ロースクール

　アメリカのロースクールほど迅速に変化し、法制度に劇的な影響を及ぼしたものはない。事実、私たちが提案した考えは、少なくともいくつかのロースクールでは採用されている。

　4半世紀前ウォーターゲイト事件（247頁の訳注参照）が起きるまで、ロースクールは弁護士の行動に焦点を合わせていなかった。大部分のロースクールで共通していたのは、関心のある学生を対象に、上級クラスに単一の選択科目「法曹倫理」を提供しただけだった。ウォーターゲイト事件は、ニクソン大統領及び法務総裁ジョン・ミッチェルから「汚い策略」を考えた専門家ドナルド・セグレッティに至るまで、腐敗した政治家だけではなく倫理に悖る弁護士が関与していた。その事件の余波は法曹倫理の新たな強調をもたらした。多くのロースクールは倫理科目をカリキュラムに追加した。1970年代の後半までに、多くの州はABA法律家職務模範規則（モデル・ルール）に関する学生の理解度を測るために考案された短答式試験を採用した。ロースクールは「専門家責任（professional responsibility）」をカリキュラムの必修科目とすることで足並みを揃えた。

　しかし、いろいろな意味で、大して変化はなかった。30年前、ほとんどすべてのロースクールでは、学生が1年間を通して学ばなければならない必修科

目のコア・カリキュラムを持っていた。すなわち、契約法、財産法、刑法、民事訴訟法、不法行為法、そして憲法がそれである。こうした科目及び他の必修科目はロースクールにおける最初の2年間の大半を占めていた。これらは「判例法 (case law)」メソッドによって教えられた。すなわち、学生は、判例を通して、裁判官が判断した重要な理論的問題を学んでいた。今日でも、こうした科目の多くは必修とされ、同じ方法によって教えられている。しかし、「法曹倫理 (legal ethics)」、または、その親戚とも言える「専門家責任」はかなり違った方法で教えられている。

第一に、他の法律基本科目では、その分野の専門家によって1学期3ないし4単位の授業が行われるのに対し、倫理科目では、1学期2単位であることが多く、しかも、本来の専門分野とは関係なくこの科目を担当することになった倫理の専門家ではない教授が教えるのだ。その結果、学生は、自然に「倫理科目は不法行為法や契約法よりもはるかに重要ではない」と結論付けるのである。

第二に、他の必修科目とは異なり、多くの倫理科目では規則を条文どおりに概観するにとどまる。学生は規則に何が書いてあるかについて教えられるが、それが何を**意味しているか**——学生が倫理的行為を学ぶうえで必要な規則の背後にある概念と原理——に注意を払うことがほとんどない。学生は、こうした倫理科目を、「字義どおり」の倫理規則の知識を試す多項選択式テストに合格することだけを目的とする科目と位置付ける。しかし、「規則中心」の科目では、困難な倫理的なジレンマと利益相反を通じて、依頼者に対する義務と法制度及び社会に対する義務とのバランスの取り方や基本となる道徳的な行為の評価方法を学生に考えさせるということができない。多くのロースクールで、倫理科目を「法曹倫理」とは呼ばずに「専門家責任」と呼んでいることは、この科目が規則の学習であることを示している。その結果、多くの学生にとって、倫理の学習は「責任ある法律家としていかに行動すべきか」という核心の問題と向き合うことなく、「どのような行為であれば懲戒にならないか」を学ぶものとなっている。

中には、事態に変化が見られるロースクールもある。徐々に、かなりの数の教授が「法曹倫理」を自らの専門分野とするようになっている。以前よりも多くのロースクールで倫理関連のプログラムの追加や割当時間数の増加が行われた。州によっては、法曹資格試験において「法曹倫理」の論文問題を課すところも出てきた。そして、倫理科目の中で、規則の杓子定規な解釈の代わりに、

実務で起きる倫理的問題を検討すること、及び、倫理と道徳の関係に取り組むことがますます増加している。

　概念を学ぶことは規則を暗記することよりマシである。しかし、概念とその実務での応用を結びつけて理解するならば、もっと有益である。「ロースクールで法をどのように実践するかを学んだ」という弁護士はほとんどいない。法と実務の架橋はロースクールが第一義的に果たすべき役割ではなかったのか？　驚くべきことに、多くの学者は「そうではない」と言う。彼らは、ロースクールが基本となる法理論を無視し「法律家のように思考することを学ぶ」過程であることを無視するような「職業専門学校（trade school）」になることを恐れているのだ。この見解は、残念ながら、間違っている。それは、医学生を1年間病院の中で実習させる医師養成機関（メディカル・スクール）を批判するようなものである。学生に仕事をいかに適切に行うかを教えることは何も悪いことではない。

　法学の場合、医学とは違って、効果的な教育方法を組み入れる環境という面で、学問的な教授陣と開業弁護士の間には大きな溝がある。研究者は有益な機能を果たす専門職の理論家である。それは医療研究者の場合と同様である。また、研究者は少なくとも、最善の教育方法についての専門家であるし、そうでなければならない。しかし、多くのロースクールでは研究者の影響力の方が大きいので、医学の場合がそうであるように、もっと第一線で実務を経験している実務家とのバランスが図られるべきである。

　ロースクールのカリキュラムも、もっと実務的にならなければならない。刑法や不法行為法は全学生の必修科目であるが、学生の中には、将来、人身傷害の損害賠償事件を扱うことのない学生がいるし、大半の学生は、将来、刑事事件を扱うことはないだろう。しかし、どんな弁護士であっても、依頼者に会って面談しなければならないし、事件につき相手方と折衝しなければならない。面接及び交渉の技術を教える科目は必修科目とされるべきである。これは、学生が実務につく心構えを準備するうえで有益であるばかりか、依頼者と相手方に対する観察眼を養う機会を与えることになる。

　そして、学生は、クリニック・プログラムを通じて、「1年間現場で」過ごすべきである。クリニックで、学生は受けた訓練を実際に仕事に生かす機会を得るのである。ロースクールはクリニック・プログラムを運営することは費用がかかりすぎるとして反対する。確かに、個々の学生に見合った訓練と監督をす

ることは、大教室で学生に講義をするのに比べて、大きな労働力を要する。しかし、もしロースクールが実務の現場に学生を置くことを弁護士会と協力してできるならば、訓練と監督の多くを実務家の手に委ねることができるのである。

　学生は彼らを最も必要としているところに配置されるべきである。たとえば、法的支援プログラムの中で、低額の料金で依頼者を受け入れる法律事務所やクリニック、公設弁護人事務所、そして、自費で弁護士を雇うことのできない人々の需要に応える他の機関などである。ロースクールは学生に対して指示する権限を持っている。学校はその権限を行使して、全学生に対し、そのようなプログラムに時間を割くように求めるべきである。それ以上のこともできる。たとえば、将来給与の安い公益業務を担う弁護士になる学生に対してローンの支払いを免除するなどの先駆的試みをしているロースクールを手本とするなどである。

　こうした実務的な問題は専門職の中の弁護士の行為とどういった関係があるのだろうか？　すべてに関係する。次第に、ロースクールも、法律事務所と同じように、法をビジネスと見るようになった。多くの学校では、法とビジネスを結合した学位を授与さえしている。法律事務所と同様に、ロースクールもランキングに注目している。ランクが高ければ高いほど、資力に秀でた「大物(white shoe)」法律事務所がたくさんの学生を獲得しにくるのである。大事務所がたくさんの学生を雇用すればするほど、学校はより優秀な学生を引き付けることができるのである。

　しかし、仮に法実務がビジネス化しても、プロフェッション（専門職）に回帰する可能性があるならば、ロースクールはその道を率先して追求しなければならない。第一に、ロースクールは、教育の分野でビジネスを超える教育の優位性を重ねて主張しなければならない。それから、ロースクールは、学生に、専門職の実務を行うのに必要な技術、助けを必要とする人に奉仕するという目的と並んで、倫理規範に違反しないと**同時に**道徳的である行為について学ぶ機会を提供しなければならない。要するに、ロースクールは若い学生に「法律家のように考える」訓練を施す一方で、学生に人間らしく考えることを想起させなければならないのだ。こうした教育がロースクールで行われないならば、全国の法律事務所にその教育の代役を期待しても無理である。

法律事務所

　若き法律家の卵がロースクールを去ると、次に彼らの教師となるのは法律事務所の弁護士ということになる。多くの法人と同じように、法律事務所もその従業員――弁護士を含めて――を他の世界から隔離する。法律事務所が大きくなればなるほど、その弁護士は他の世界から遮断され、事務所内で教育された価値観を採用する傾向が強くなる。口頭か文書かを問わず、法律事務所によっては、その所属する弁護士に対し、訴訟では一切容赦をしないこと、社会に対する配慮をせずに依頼者のことだけに関心を示すことを教え、直接的な嘘でない限りは真実を歪め曖昧にすることも許されると教えるところもある。困難なジレンマに直面した場合、多くの若い弁護士は――多くの弁護士以外の人でもそうだが――、圧力が促す方向に動く傾向がある。その結末は、この本の中で既に見てきたとおり、社会、法律職全体、そして、依頼者に対して損害を与えることになる。にもかかわらず、こうした偏狭な法律事務所を相手にその行動モデルを変えさせることは至難の業である。

　しかし、倫理規範に違反する行為について法律事務所に説明責任を果たさせることは実現可能な目標である。一つの方法は法律事務所を懲戒処分に付することであり、1990年中葉にニューヨークで最初に、その方向性が承認された。ニューヨークの制度では、懲戒処分の中に、法律事務所全体の業務停止は含まれていないが、罰金と保護観察が含まれており、保護観察の場合には、懲戒審査委員が訪問して法律事務所の活動を監査できる。

　州は法律事務所の活動の監査をするのに懲戒処分が出るまで待つ必要はない。弁護士会の監査は既に一般化しており、通常は、銀行預金を調査する。しかし、依頼者の秘密が十分に保護される限り、監査機関が倫理規範に違反した法律事務所の行動を無作為に調査することを阻止するものは何もない。監査機関は依頼者の事件受理の手続、弁護料の契約、費用請求の方法等々を調査することができる。こうした監査を支持する世論の高まりがあるとは言えないが、こうした監査は非違行為を防ぐ有効な手段となろう。法律事務所が融通の利かない巨大な偏狭な組織となるにつれて、こうした手段はより効果的なものとなろう。

　合衆国の4分の3以上の州では、今日、弁護士に法曹界でMCLE (mandatory continuing legal education) として知られる「継続的な法律研修」を受けることを義務付けている。MCLEは良い考えである。それにより、弁護士は、専門分

野の問題と法曹倫理の双方につき、経験を積んだ講師による研修コースやワークショップに参加して教育を受けることを強制される。しかし、州によっては、代わりに法律事務所が独自の事務所内研修を行うことを認めているところもある。これは変えるべきである。法律事務所が自前の研修を行う場合、独善に陥る危険性があり、これまでの失敗を強化したり、繰り返したりすることがよくあるからである。弁護士に公開プログラムに参加して他の弁護士と交流するように求めることは、事務所の偏狭さを、少なくとも数時間は、打破することになろう。

　私たちは、法律事務所に対してもう一つ要求することがある。それは、**プロボノ活動**(pro bono publico)、つまり、公益に奉仕する活動を義務化することである。カーター大統領が「弁護士の9割が1割の人々しか代理していない」と述べたのは、真実に近かった。もし各法律事務所が、弁護士一人当たり年50時間を、お金がないために弁護士を依頼できない人々のために費やすことを求めるならば、私たちの社会は、依然として弁護士過剰の社会ではあっても、もはや十分に弁護士の代理を受けていない社会ではなくなるだろう。この考えは決して新しいものではない。ABAはこれを強く示唆する規則を制定している。すなわち、「弁護士は誰でも、職業的な名声や仕事量にかかわらず、弁護料を支払うことのできない人々に法的サービスを提供する責任がある」と規則の注釈は述べる。しかし、ABAはそこで止めて、その仕事を義務的なものとするには至らなかった。驚くには当たらないが、大部分の弁護士がこれに賛成した。弁護士の典型的な主張はこうだ。「プロボノ活動は称賛すべき目標であり、個人的には賛成する気持ちはあるが、それを強制することは契約による苦役を構成することになり、援助を必要とする人々にやる気のない弁護士をあてがうことになり、かえって、標準以下の弁護士をつけることになる」と。

　この議論は不誠実であるうえに利己的なものである。法を実践することは単なる権利ではなく資格を付与された専門職業人の特権である。弁護士会が継続的教育を要求することができるのであれば、同様に、弁護士に対し、労働時間の3%を自由な仕事に充てることを求めることもできるはずである。プロボノ概念について広範な支持があるにもかかわらず、実際上、必要な数の弁護士が参加しているところはどこにもないのである。

　プロボノ活動を義務化すれば、多くのことが実現する。第一に、援助を必要とする人々すべてに対応できる弁護士の時間が確保される。第二に、弁護士が

この考え方の下で利用されると、他には何も得られなくとも、弁護士の誇りと自尊心がその仕事を達成する原動力になる。そして、歴史的に見ても、弁護士は、真に問題を抱え真に援助を必要とする人々を代理することで、この仕事を愛してきた経過がある。これこそが弁護士に対する最高の報いなのである。法律職自体に及ぼす啓発的な効果は計り知れないほどであり、今、そのことが公的な奉仕を学生に求めるロースクールにおいて証明されつつあるのだ。

法律家団体

アメリカにおける最も重要な法律家団体には、アメリカ法曹協会（ABA）、アメリカ法律協会（ALI）、特定利益の擁護を目的とするたくさんの弁護士会、そして、州及び地方の弁護士会がある。ABAとALIは並はずれて強力である。ABAは、最高裁判所に次いで、二番目に最も重要な法律家団体である。ABAの倫理規則はモデル規範でしかないが、カリフォルニア州を除くすべての州が、州独自の規則の基礎にこのモデル規則を採用している。多くの州は、同様に、ALIが「弁護士を規律する法律のリステイツメント」を最終的に公表した暁には、それに注目することになるだろう。

しかし、この両組織とも、特定の利益を求める政治的圧力の下にある。大規模法律事務所、保険会社、企業内弁護士、弁護過誤の保険加入者、原告側の訴訟代理人弁護士などであり、ABAの場合には、さらに法律サービス団体が加わる。こうした圧力はALIの政策をめぐる高度に政治化された事例において顕著に見られたが、ABAにおいても、同様に見られる。こうした圧力団体が倫理規則や見解の決定方法に影響を及ぼす場合に、政治的な圧力は特に有害な結果をもたらす。

政治は、州及び地方弁護士会にとっては、一層厄介な問題となる。弁護士会の中には、単なるビジネス上の同業集団にすぎない例もあるが、多くの団体は公的サービスを強調する。ボランティアの法的サービスプログラムを運営して貧しい者の需要に応えたり、数は少ないが、プログラムに指導弁護士をスタッフとして配置している例もある。地方の大規模な法律事務所はこうした社会貢献の主たる寄与者であることが多い。これは、法律事務所に、「利益にはならないが価値のあることをしている」と実感させるとともに、社会と良好な公的関係を築く格好の道具でもある。しかし、このような法律事務所が公的サービ

スに反対の立場を取った場合には、当然のことながら、弁護士会が倫理的な立場を強力に主張することは、より一層難しくなる。

　こうした組織にとっての最大の問題は、公衆の参加に対して一貫した抵抗があることである。ABAに一般の人はほとんどいないし、ALIには一人もいない。ALIは弁護士だけが指名されてメンバーに選任される精鋭団体であるからだ。貧しい人々の代理をする弁護士はABAの重要な圧力団体を形成しており、ABAも大規模な法的サービス部門を擁しているが、やはり弁護士だけ——依頼者の代表でもなく公衆の一員でもない——が各種委員会及び理事会に参画できる有資格者なのである。最も意識改革が進んだ地方弁護士会であっても、その理事会に非法律家を含めてはいないのである。

　ここ数年、定型的な法律業務を担当するパラリーガルやその他の非法律専門職の数が著しく増加している。多くの弁護士会では、こうした非専門職が法律事務所の監督なしに直接的に依頼者を代理することに反対し、弁護士の縄張りを守っている。これは不幸なことである。訓練を受けた法律従事者が活躍する重要な場はある。彼らを適切に規制するならば、法律従事者を活用することによって一般市民の法制度の利用が増加し、一般市民は弁護士を雇う代わりに、ずっと安い費用で弁護士の代役を頼むことができるのである。

法律職の規則

　弁護士が何をすべきかにつき疑問を抱くことがないように、完全に明確で曖昧さを残さないような倫理規則を制定することは不可能である。弁護士は常に困難なジレンマに直面している。最も難しいジレンマは依頼者に対する責任と社会に対する責任のバランスをとる必要がある場合である。このようなジレンマは、倫理規則にどのような記載があろうと、決して解消されることはない。しかし、いくつかの点で、規則制定者はよりマシな規範を作ることはできる。規則が余りにも多いと裁量の余地を多く残すことになる。弁護士とは、結局のところ、職業的に裁量の幅を最大限生かすよう訓練を受けた者であるから、弁護士は自己に有利になると考える限界ギリギリの解釈をすることになる。

　ここで、変更されるべきいくつかの規則を挙げてみよう。

● 「重大な不実表示」または「重要な事実に関する虚偽の陳述」を禁ずる規則は行動指

針を与えるというよりは、「重大な」という要件についての議論を喚起することになる。こうした規則は、弁護士において特に認められた場合を除きいかなる欺もう行為もしてはならないことを明確にするために、禁止範囲を拡大すべきである。カリフォルニア州の規則はこの点を次のように明確にしている。弁護士は、言葉によるか「行動による」かを問わず、何らかの戦術を用いる場合には、常に「真実と合致する場合」でなければならず、決して相手をだましてはいけない。例外の場合は特定されるべきである。「刑事事件で検察側の証明が十分か否かを吟味することは真実性に反するとは言えない」とか、「本質的に欺もう的要素を伴う交渉の駆け引きの場においては真実を語らなくても許される」などがそれである。

● 守秘義務の限界ももっと明確にすべきである。依頼者の行為が犯罪に当たるか否か、あるいは、危険が切迫しているか否かにかかわらず、その行為の結果、合理的に考えて個人または公衆に重大な身体損傷をもたらす可能性がある場合には、弁護士は沈黙を守る義務から解放されるべきである。時限爆弾は切迫性の要件には欠けるが、放っておけば損害発生は不可避である。それと同じことが、廃棄された有毒物質についても言える。また、弁護士は「公衆の健康や安全が脅かされる可能性がある場合には、当事者間で秘密和解を行うことはできない」とすべきである。

● 「熱心な弁護」という用語は、合理的な限界を超えて、当事者主義の原理を拡張してきた。その言葉は本来の限界内に位置づけられるべきであり、裁判所は、判決の中でこの表現を用いるのを差し控えるべきである。弁護士は、依頼者に対して負っているすべての「信認義務」を依然として守らなければならない。その中には、現行の規則が要求するもの、すなわち、勤勉性、有能性、誠実なコミュニケーション、そして最も重要なものである誠実性も含まれる。しかし、依頼者の請求を実現するために、弁護士に「熱狂性」がなければこうした諸要素を実現できないというものではない。

● 最後に、弁護士費用に関する現行の規則は、費用が「合理的」か否かの決定に際して、非常に多くの主観的要素を評価することを求めている。これを簡略にし、もっと明確にすべきである。同一の時間につき二人の依頼者に時間給を請求すること、あるいは、実働時間以上の時間給を請求することは、一定の状況の下で合理性が認められ依頼者が完全な説明を受けたうえで特に合意した場合以外は、禁止されるべきである。

変わらなければならないのは倫理規則だけではない。裁判所は配点された事件をコントロールする権限と独自のルールを持っている。こうしたルールは許容できない行為をもっと明確な形で定義することができよう。たとえば、瑣末

な理由や不明確な理由を述べて相手方への情報開示をしないことの禁止などである。裁判所が倫理規則違反に対して制裁を課する権限を行使するならば、こうした規則は威力を発揮する。制裁が罰金である場合、多くの法律事務所はビジネスを行ううえでの必要経費として扱うので、制裁は真に抑止効果を持つものでなければならない。すなわち、制裁が罰金ではなく事件の結果に直接影響を及ぼす「争点制裁 (issues sanctions)」であれば、依頼者はあえてそのコストを引き受けようとはしないだろう。

　裁判所は可能な限り早期の和解協議及び調停を勧め、当事者主義システムの利用を制限する努力を払うべきである。調停は、紛争を当事者が対決する場から当事者双方が利益を受ける中立的な場へと移すことになる。論者の中には「調停を利用する一方当事者がビジネス案件を扱う大規模法律事務所とその顧客会社である場合には、調停の場は当事者間の力関係の不均衡を一層拡大することになる」と主張する者もいる。しかし、調停事件は同意があった場合のみ成立するのであり、早い段階で調停が成立すれば、訴訟の場合数年は待たなければならない金銭給付を手にすることができ、当事者双方ともに、巨額の弁護士費用の節約にもなるのである。

　裁判所と同じように、州の懲戒委員である弁護士も、より広い範囲の非行に対し、進んで重い処罰を科さなければならない。弁護士は、頻繁に行っているにもかかわらず、時間給による費用請求の悪質事案でさえ、めったに懲戒手続に付されることがない。そして、実質的な利益相反についても、めったに懲戒手続に付されることがない。よくあるのは、依頼者に対する明確な説明もなく、また同意も得ていないにもかかわらず、法律事務所が複数の依頼者を抱えた結果、いずれの依頼者に対しても誠実義務を尽くすことができなくなる場合である。これは、必然的に、一人だけを除いて全員の依頼者が軽視される結果となる。

　弁護士会の懲戒委員である弁護士は簡単な事件だけを扱えば足りるというわけではない。違反が処罰されないのであれば規則は無意味となる。懲戒審査の対象者を決定するに際し、懲戒委員の弁護士はすべての政治的な圧力から自由であるように、他の法律団体から完全に独立した地位を確保されなければならない。そして、懲戒委員の弁護士は事案を依頼者の視点から見なければならない。倫理規則は**依頼者**の保護のためにあり、弁護士または弁護士会のためにあるのではないからだ。

小さな法律事務所の弁護士に対する懲戒処分と大規模法律事務所の弁護士に対する懲戒処分には極めて大きな差がある。一つの法律事務所の沢山の弁護士が倫理規範に違反して行動する単一事件の場合、組織的な代理業務であるにもかかわらず、弁護士会の懲戒担当者はこうした個々の弁護士を処罰することは難しいと考えている。これには相当な理由がある。大規模な法律事務所の場合、文書を開示しないこと、依頼者に連絡をしないこと、費用の過大請求、または利益相反行為への関与等々について、誰に責任があるかを正確に決定することはさらに難しい。その法律事務所の閉鎖性のゆえに、個々の弁護士は外側から詮索されずに済むのである。懲戒事件の訴追者はこの防護壁を突破しなければならないという困難な課題に直面する。それは、丁度、弁護士が大規模法律事務所を相手に訴訟を提起する場合に脅威を覚えるのと同じである。しかし、この困難さの程度が大きいが故に、規則違反者を探し出すために時間と労力を費やすことがなおさら重要になってくる。違反者を懲戒審査にかけることによって初めて、懲戒処分が公平に課されること、及び、倫理規則に違反した弁護士は誰であっても免責されないことの両方が実現されることになるのだ。

　弁護士がその依頼者に損害を与えた場合、最も効果的な規則の利用方法は弁護士過誤訴訟を提起することである。ほとんどすべての倫理規則は「弁護士の規則違反は直ちに弁護士の非行を帰結するものではない」と述べる。しかし、多くの州では、依頼者が弁護士過誤の**証拠**として倫理規則を用いることができる。弁護士は継続的にこれに反対する活動を続けているが、この運用は重要な依頼者の権利を保護している。その他の保護として、弁護士が将来起こりうる弁護士過誤の責任を回避するため依頼者と交渉し合意することの禁止や、弁護過誤訴訟の裁判所**陪審**による裁判ではなく弁護士による仲裁に付する旨の契約を依頼者に要求することの禁止が規則化されるべきである。

公衆の参加

　仮に私たちの法制度が存続するとすれば、その制度が奉仕する社会の構成員はその救済のために主要な役割を果たさなければならない。そのためには、弁護士及び法律家団体が一般の人に門戸を開放すること、及び、公衆の側も利害関係人となりその世界に入っていく勇気を持つことが必要である。弁護士は法律実務を独占しているが、情報や常識の面、または、洗練された倫理的問題の

理解といった面では、一部に異論はあるが、決して独占しているわけではない。公衆の参加は弁護士が自らの行為を評価する際にしばしば見失う二つの重要な視点を提供してくれる。それは、依頼者の物の見方と社会の物の見方である。

　公衆の関与はすべての分野で広く浸透すべきである。公衆の構成員が弁護士の行為を取り扱う重要な法律家団体のすべてに参加すべきである。たとえば、規則や見解を起草する倫理委員会、懲戒審査委員会、裁判官選考委員会、そしてABA、ALI、その他の行動指針を制定する法曹団体の委員会などである。民事事件の大陪審に類似した公的機関が、州の懲戒制度と並んで、広範な領域に渡る弁護士の活動を監視するために、各州に設立される必要がある。この機関は、規則、見解、またはその他の変更が法律職の内部で提起された場合に、「パブリック・コメント」に法律家の意見だけではなく真の公衆の意見が反映されることを保障することになる。

　こうした一般公衆の代表を選任することは、もちろん、他の手続と同様に、政治問題化する可能性がある。しかし、公衆を代表する委員が誠実で、**かつ**、断固とした態度を維持するならば、公衆を代表する委員は、ゆくゆくは注目を浴びることになるだろう。その見返りは法制度へのアクセスと重要な役割を果たす機会が得られることである。

弁護士の個人的責任

　ロースクール、法律事務所、法律家団体、より強力で明確な規則の制定と適用、法律職の意思決定過程への公衆の関与といった可能な改革のすべてをもってしても、弁護士自身が自らの行動につき個人的な責任を自覚しないならば、法制度改革は十分に達成されない。ABAの規則制定者は、30年前、現在では時代遅れになった感があるが、モデル・ルールの前文を書いた際、このことを認識していた。前文にはこう書いてある。「各弁護士は、自らの良心の範囲内で、個人的な倫理基準を吟味するための試金石を見出さなければならない」。

　弁護士は単なるビジネスマンではなくプロフェッショナルに戻らなければならない。プロフェッショナルであるということは依頼者に対する弁護士の信認義務を大切にすることを意味する。しかし、それは同時に、プロフェッショナルは社会の必要に奉仕するための重要な手段であることを認識することを意味する。弁護士は、常に、自らの視点よりも依頼者の視点から事態を眺め、誠実

かつ熱心に依頼者を代理すべきである。しかし、弁護士は、同時に、単に「裁判所のオフィサー (officers of the court)」ではなく、「**社会のオフィサー**」とならなければならない。

　これは一体何を意味するのか？　非常に多くの人が弁護士を軽蔑のまなざしで見ている。ジョセフソン倫理協会 (Josephson Ethics Institute) のマイケル・ジョセフソンは言う。「なぜなら、弁護士は、自分の行動の仕方をみて、『もっと良いことは分かっているけれど、やはり、今はそれでいいよ』と自分自身に言うからだ」と。常に、弁護士は道徳的なジレンマと難しい選択に直面して毎日困難な決断をしている。にもかかわらず、弁護士は自らを欺いて無知を装うことができる。「弁護士は、私が知っている中で最も自信過剰な意思決定権者に属する」とジョセフソンは言う。「しかし、それが有利になると思う時には、いつも、そのことを知らなかったように振舞う。私たちは、『何が真実か』いつも分かるわけではない。しかし、『何が嘘か』は分かる。私たちは、『何が公正か』いつも分かるわけではない。しかし、『何が不公正であるか』は分かる」。弁護士はこの考えを受け入れるだけではなく、道徳的な責任を引き受けることによってそれを実行しなければならないのだ。

　もし弁護士が専門家特有の無関心を避けるならば、このことはずっと容易になるだろう。多くの弁護士が、大きな道徳的価値の喪失を考慮せずに結果を実現するために、この無関心を利用しているのだ。仮に無関心を共感に置きかえることができるならば、弁護士のある者は、法律が許す限り、追い立てられている依頼者に援助の手を差し伸べるだろう。「しかし、もし私がそれをするならば」とジョセフソンは言う。「私は、自分が生身の人間を追い立てていること、そして、自分の行為が、その人の人生に永続的かつ重大な影響を及ぼすかもしれないことを承知していなければならない」。要するに、弁護士は、この地球上の他の誰かと同じように、自らの行動が人間として恥じるところがないかにつき考慮しなければならないのである。

主 要 な 出 典 (抄 録)

以下に、本書で言及した情報の重要な出典を示す。この抄録は出典すべてを網羅したものではない。私たちが本書で用いた特定の情報源のすべてを含むものでないのはもちろんのこと、私たちが弁護士及び教員として数年間にわたり収集してきた資料や逸話情報の大部分を記載したものでもない。私たちは、この抄録において、最も重要な出典と本書が提供する情報の代表的な根拠を示すこととした。

序　章

Generally: Rithard A. Zitrin and Carol M. Langford, *Legal Ethics in the Practice of Law*, The Michie Co., 1995, pp. 4-5, 238; recent polls include *National Law Journal*, August 25, 1997, and *San Francisco Chronicle*, October 1, 1997.

第1部　真実、正義、そしてアメリカの弁護士

第1章　隠された死体：ロバート・ギャロウとその弁護人

Generally: Tom Alibrandi with Frank H. Armani, *Privileged Information*, Dodd Mead, 1984; *Ethics on Trial*, televised documentary, WETA-TV Washington, D.C., 1986; *People v. Belge*, 83 Misc. 2d 186, 372 N.Y.S. 2d 798（1975）and 376 N.Y. 2d 771, 50 A.D. 2d l038（1975）; "Slayer's Lawyers Kept Secret of 2 More Killings," *New York Times*, June 20, 1974; Tom Goldstein, "Bar Upholds Lawyer Who Withheld Knowledge of Client's Prior Crimes," *New York Times*, March 2, 1978.

第2章　別の日には、有罪者の弁護を

Generally: Zitrin and Langford, *Legal Ethics in the Practice of Law*, pp. 48-52, 237-49, 252-53, and Teacher's Manual, 89-93.

Charles Phillips and representing the reprehensible: David Mellinkoff, *The Conscience of a Lawyer*, West Publishing, 1973; Gerald Postema, "Moral Responsibility in Professional Ethics," 55 *New York University Law Review* 63（1980）; California Business and Professions Code §6068(h); David Margolick "At the Bar: The Demjanjuk Episode," *New York Times*, October 15, l993; Sam Howe Verhovek, "A Klansman's Black Lawyer, and a Principle," *New York Times*, September 10, 1993; Boswell, *The Life of Johnson*, Hill ed., 1887, pp. 47-48.

The guilty defendant, the Michigan ethics opinion, and other justifications: Michigan Ethics Opinion CI-1164（1987）; Barbara Babcock, "Defending the Guilty," 32 *Cleveland State Law Review* 175（1983）; U.S. Sentencing Commission news release, August 10, 1995, citing Federal Judicial Center, Mandatory Minimum Prison Term Studies, 1992 and 1994, reported in Toni Morrison, ed., *Birth of a Nation 'hood*, Pantheon, 1997.

Cross-examining truthful witnesses and arguing less than the truth: *United States v. Wade*, 388 U.S. 218, 250（1967）; *Johnson v. United States*, 360 F. 2d 844 (D.C. Cir. 1966); E. R. Shipp, "Fear and Confusion in Court Plague Elderly Crime Victims," *New York Times*, March 13, 1983; Daniel J. Kornstein, "A Tragic Fire--A Great Cross-Examination," *New York Law Journal*, March 28, 1986; series of articles in 1 *Georgetown Journal of Legal Ethics*（1987）: Harry I. Subin, "The Criminal Defense Lawyer's 'Different Mission,' " pp. 125 ff.; John B. Mitchell, "Reasonable Doubts Are Where You Find Them," pp. 343 ff.; and Subin, "Is This Lie Necessary? Further Reflections on the Right to Present a False Defense," pp. 689 ff.; Monroe Freedman, *Lawyers' Ethics in an Adversary System*, Bobbs Merrill, 1975, chapter 4, pp. 43-49.

第2部 権力とその濫用、つまり「我々は職務を遂行しているだけ」

Generally: The Mind of the Founder: Sources of the Political Thought of James Madison, edited by Marvin Meyers, Brandeis University Press, 1973; Jarett B. Decker, "Defense Lawyers on Trial," New York Times, June 30, 1995.

第3章 権力、傲慢、そして適者生存

Mark Dombroff: Mark A. Dombroff, "Winning is Everything! " National Law Journal, September 25, 1989; John Monk, "US Airways Fights Punitives in Crash," National Law Journal, March 10, 1997.

Suzuki, Unocal, and Du Pont discovery abuses: David Marmins and John E. Morris, "Judge Rolls Over Crosby Partners in Suzuki Case," The [San Francisco] Recorder, January 29, 1992; Ralph Nader and Wesley J. Smith, No Contest, Random House, 1996, pp. 115 ff.; Mealey's Litigation Reports: Emerging Toxic Torts, vol. V, no. 4, May 31, 1996, and October 25, 1996; Toxic Chemicals Litigation Reporter, August 6, 1995; Richardson v. Union Oil Company of California, 167 F.R.D. 1 (D.D.C., 1996); Bush Ranch, Inc. v. E.I. du Pont de Nemours & Co., 918 F. Supp. 1524 (M.D. Ga. 1995) and 99 F. 3d 363 (11th Cir. 1996); Don J. DeBenedictis and Emily Heller, "Sanction 'Victory' Could Prove to Be Curse in Disguise for Du Pont, A&B, "Fulton County [Georgia] Daily Report, October 21, 1996; Mary Hladky, "Du Pont Suits in Georgia, Hawaii Could Be Start of New Round, "Fulton County [Georgia] Daily Report, November 20, 1996; W. Bradley Wendell, "Rediscovering Discovery Ethics," 79 Marquette Law Review 895 (Summer 1996).

Increasing size and insularity of American law firms: annual National Law Journal law firm survey issues, including September 30, 1985, September 30, 1995, March 30, 1996, and November 10, 1997, special supplement; Lawrence J. Fox, Legal Tender, American Bar Association Section of Litigation, 1995, pp. 26 ff. and passim.

Loss of professionalism; Report of the Professionalism Committee, Teaching and Learning Professionalism, ABA Section of Legal Education and Admissions to the Bar, August 1996; Fox, Legal Tender, pp. 29-30.

Bogle & Gates discovery abuses: Stuart Taylor, "Sleazy in Seattle," American Lawyer, April 1994; Washington State Physicians Ins. Exch. & Ass'n v. Fisons Corp., 858 P. 2d 1054 (Wash. 1993); Sharon Walsh, "State Court Sanctions Firm for Failure to Disclose," Washington Post, November 29, 1993; Wendell, "Rediscovering Discovery Ethics," ; Nader and Smith, pp. 121 ff.; Alex P. Fryer, "Dismaying Discovery," Puget Sound Business Journal, November 17, 1995, citing Staggs v. Subaru of America, Inc.

Ethics rules and acting "zealously": American Bar Association Model Rules of Professional Conduct and Model Code of Professional Responsibility, as reprinted in Richard A. Zitrin and Carol M. Langford, Legal Ethics in the Practice of Law: Rules, Statutes and Comparisons, Michie (1995); American Bar Association and Bureau of National Affairs, Lawyers' Manual on Professional Conduct (1998).

Dalkon Shield litigation: Morton Mintz, At Any Cost, Pantheon, 1985, especially pp. 194-95, 218-22, and 265-66.

SLAPP suits: Penelope Canan and George Pring, "Strategic Lawsuits Against Political Participation," 35 Journal on Social Problems 506 (1998); Canan and Pring, SLAPPs: Getting Sued for Speaking Out, Temple University Press, 1996; Comment, 39 UCLA Law Review 979 (1992); Paul Elias, "A Shield Becomes a Sword," The [San Francisco] Recorder, December 16, 1996; Steve Lowery, "Zip It Up," New Times Los Angeles, January 16, 1997; Alexandria Dylan Lowe, "The Price of Speaking Out," ABA Journal, September 1996; Doug Grow, "Showing Signs of Not Quitting," [Minneapolis] Star Tribune, February 9, 1997; Craig Whitlock, "Court Throws Out Effort to Stifle Activist Grandma," [Raleigh, North Carolina] News and Observer, April 8, 1997; author interviews with Clarence Ditlow, 1997 and 1998, especially April 29, 1997, and May 1997; Nader and Smith, p. 213; California Code of Civil Procedure §425.16; Church of Scientology of Calif. v. Wollersheim, 96 C.D.O.S. 773, February 5, 1996.

第4章 頭に拳銃を突き付けられた若手弁護士

Zealously representing Credit Suisse and others: Simon H. Rifkind, "The Lawyer's Role and Responsibility in Modern Society," speech to the Association of the Bar of the City of New York, published in 30 The [Association's] Record 534 (1975); Mark Green, The Other Government, Grossman, 1975; Zitrin and Langford, Legal Ethics in the Practice of Law, pp.237-39,

241; Associated Press, "Despite Dissent, Law Firm Will Advise Swiss Bank in Holocaust Cases," March 4, 1997; Carrie Johnson, "Arent Fox Rejects a Client," *Legal Times*, April 14, 1997.

Big firm size, earnings: "The AmLaw 100," *American Lawyer*, July/August 1995; *National Law Journal*, "What Lawyers Earn," supplements of July 10, 1995, and June 2, 1997, and "The NLJ 250," supplements of September 30, 1996, and November 10, 1997, author conversation with William Reece Smith, October 1996; Counsel Connect on-line discussion of January and February 1997, including Stephen Gillers's comments of January 26, 1997.

The billable hour generally: William Ross, "The Ethics of Hourly Billing," 44 *Rutgers Law Review* 1 (1991); Zitrin and Langford, *Legal Ethics in the Practice of Law*, pp. 585-86; *Goldfarb v. Virginia State Bar*, 421 U.S. 773, 95 S. Ct. 2004 (1975); Kim Barnes on billing, *ABA Journal*, September 1995; author interviews with William Ross, including June 2, 1997; Aaron Epstein, "Lawyers Accused of Double-billing," *The* [Lakeland, Florida] *Ledger*, April 4, 1995.

Examples of billing excess: Carl T. Bogus, "The Death of an Honorable Profession," 71 *Indiana Law Journal* 911 (Fall 1996); Lisa G. Lerman, "How Many More Hubbells Out There?" *Los Angeles Times*, June 28, 1995; Epstein, "Lawyers Accused of Double-billing," *The* [Lakeland, Florida] *Ledger*, April 4, 1995; Karen Dillon, "6,022 Hours," *American Lawyer*, July/August 1994; Douglas R. Richmond, "Professional Responsibility and the Bottom Line," 20 *University of Southern Illinois Law Journal* 261 (Winter 1996); David Margolick, "At the Bar: Keeping Tabs on Legal Fees," *New York Times*, March 20, 1992; Kathy Payton, "The First Thing We Do, Let's Bill All the Lawyers," *The* [Raleigh, North Carolina] *News and Observer*, June 1995 Business Dateline; author interviews with William Gwire, Spring 1997, including May 28, 1997.

Creative billing techniques: Zitrin and Langford, *Legal Ethics in the Practice of Law*, pp. 588-92 and Teacher's Manual, 187-89; ABA Formal Opinion 1993-379; Victoria Slind-Flor, "Some Just Say 'No' to Clients," *National Law Journal*, November 2, 1992, cited in Nader and Smith.

Law firm pressures and law firm "culture": Author interviews with William Gwire, Spring 1997, especially May 28, 1997; Susan Hightower and Brenda Sapino, "Cultural Evolution: It Takes More than Money to Succeed over the Long Haul in the Law Business," *Texas Lawyer*, January 22, 1996; Lawrence J. Fox, *Legal Tender*, passim; Lawrence J. Fox, "A Nation Under Lost Lawyers," 100 *Dickinson Law Review* 531 (Spring 1996); Richard Gordon, quoted in [Denver] *Rocky Mountain News*, January 29, 1995; David Segal, "Law Firms Court Own Attorneys," *Washington Post*, December 30, 1996; Mark F. Bernstein, "J.D.," *The* [San Francisco] *Recorder*, June 9, 1997; Carol A. Leonard and Kelly A. Fox, "Sometimes, the Enemy Comes from Within," *New York Law Journal*, July 9, 1996.

Stress, dissatisfaction: Barbara Mahan, "Disbarred," *California Lawyer*, July 1992; Michael A. Bloom and Carol Lynn Wallinger, "Lawyers and Alcoholism: Is It Time for a New Approach?" 61 *Temple Law Review* 1409 (1988); Bogus, "The Death of an Honorable Profession."

Solutions: Author interviews with William Gwire and William Ross; ABA Committee on Professionalism Report, August 1996, and materials from ABA conference on professionalism, Chicago, October 1996; American Bar Association Task Force on Lawyer Business Ethics, "Statements of Principles," 51 *The Business Lawyer* 745, May 1996; Zitrin and Langford, *Legal Ethics in the Practice of Law*, pp. 588-92 and Teacher's Manual, 187-89; Dick Dahl, "Share the Pain, Share the Gain," *ABA Journal*, June 1996.

第5章 アメリカ企業の内部で警告すること

Generally: Sally R. Weaver, "Client Confidences in Disputes Between In-House Attorneys and Their Employer-Clients: Much Ado About Nothing--or Something?" 30 *University of California Davis Law Review* 483 (Winter 1997); David Luban, *Lawyers and Justice: An Ethical Study*, Princeton University Press, 1989, chapter 10; Ted Schneyer, "Professionalism and Public Policy: The Case of House Counsel," 2 *Georgetown Journal of Legal Ethics* 449 (1988); author interviews with Craig Simmons, 1997, especially March 15, 1997.

A. H. Robins: Mintz, *At Any Cost*, chapter 12, especially pp. 210-18, 232-41.

Corporate attorney-client privilege: Christine Hatfield, "The Privilege Doctrines--Are They Just Another Discovery Tool Utilized by the Tobacco Industry to Conceal Damaging Information?" 16 *Pace Law Review* 525 (1996); Marshall Williams, "The Scope of the Corporate Attorney-Client Privilege in View of Reason and Experience," 25 *Howard Law Journal* 425 (1982); Elizabeth G. Thornburg, "Sanctifying Secrecy: The Mythology of the Corporate Attorney-Client Privilege," 69 *Notre Dame Law Review* 157 (1993); *Trustees of Dartmouth College v. Woodward*, 17 U.S. (4 Wheat.) 518 (1819); *Davenport Co.*

v. Pennsylvania R.R., 166 Pa. 480; 31A. 245 (1895); *U.S. v. Louisville & Nashville R.R.*, 236 U.S. 318 (1915); *Hale v. Henkel*, 201 U.S. 43 (1906); *Radiant Burners, Inc. v. American Gas Association, et al.*, 207 F. Supp. 771 (N.D. Ill., 1962) and 320 F. 2d 314 (7th Cir. 1963): *Bredice v. Doctor's Hospital, Inc.*, 50 F.R.D. 249 (D.D.C.1970), aff'd 479 F. 2d 920 (D.C. Cir. 1973); *Upjohn Co. v. United States*, 449 U.S. 383, 101 S. Ct. 677 (1981); Carole Basri and Benjamin Nahoum, "Update on How In-House Counsel Can Use and Expand the Privileges," *The Metropolitan Corporate Counsel*, June 1996.

Tobacco lawyers: Haines v. Liggett Group, Inc., 140 F.R.D. 681 (D.N.J. 1992), 975 F. 2d 81 (3rd Cir. 1992), and 814 F. Supp. 414 (D.N.J. 1993); Hatfield, "The Privilege Doctrines"; Mike France, "Inside Big Tobacco's Secret War Room," *Business Week*, June 15, 1998; Peter S. Canellos, "Tobacco Lawyers' Role: Counsel or Coverup?" *Boston Globe*, December 28, 1997; "Low-Smoke Butt May Signal New Tobacco Gambit," *National Law Journal*, May 6, 1996; series of April 23, 1998, articles, including: Raja Mishra, "More Fuel for the Fire," *Houston Chronicle*; Barry Meier, "House Committee Releases 39,000 Tobacco Documents," *New York Times*; Henry Weinstein and Myron Levin, "RJR Lawyers Quashed Research, Memo Says," *Los Angeles Times*; and George Rodrigue, "Tobacco Papers Put on Internet," *Dallas Morning News*; Nader and Smith, *No Contest*, pp. 18-27; *People v. The Council for Tobacco Research*, Supreme Court, County of New York, petition and memorandum of law dated April 29, 1998; Barry Meier, "Release of Tobacco Memos Brings Lawmakers' Demand for More," *New York Times*, December 19, 1997.

The ABA's rules: ABA Model Rules 1.6(b) and 1.13; Monroe Freedman,"Cases and Controversies: The Corporate Bar Writes Its Own Rules," *American Lawyer Group*, June 22, 1992; Ted Schneyer, "Professionalism as Bar Politics: The Making of the Model Rules of Professional Conduct," 14 *Law and Social Inquiry* 677 (1989); Zitrin and Langford, *Legal Ethics in the Practice of Law*, pp. 5-7: ABA Model Rules first draft, 28 *United States Law Week* no.32, February 19, 1980; ABA Commission on Evaluation of Professional Standards, Proposed Final Draft, Model Rules of Professional Conduct, May 30, 1981.

European corporate rules: AM&S Europe Ltd. v. Commission, 1982 Euro. Comm. Rep. 1575 (1982) before the European Court of Justice; Allison M. Hill, "Note: A Problem of Privilege: In-House Counsel and the Attorney-Client Privilege in the United States and the European Community," 27 *Case Western Reserve Journal of International Law* 145 (Winter 1995).

The Pinto saga: Luban, *Lawyers and Justice: An Ethical Study; Grimshaw v. Ford Motor Corp.*, 119 Cal. App. 3d 757 (1981); Gary T. Schwartz, "The Myth of the Ford Pinto Case," 43 *Rutgers Law Review* 1013 (1991); Lee Strobel articles in the *Chicago Tribune*, October 13, 14, and 15, 1979.

Corporate responsibility: Michael Josephson, speech to ABA Conference on Professionalism, October 4, 1996, Chicago; author interview with Michael Josephson, August 12, 1997; Joseph J. Fleischman, William J. Heller, and Mitchell A. Schley, "The Organizational Sentencing Guideline and the Employment At-Will Rule As Applied to In-House Counsel," *Business Lawyer*, February 1993; Rorie Sherman, "Gurus of the '90s," *National Law Journal*, January 24, 1994; John H. Cushman Jr., "E.P.A. Is Pressing Plan to Publicize Pollution Data," *New York Times*, August 12, 1997; James E. Lukaszewski, speech to Dallas Press Club, October 31, 1994, published by Executive Speaker, 1995.

Whistle-blowing lawyers and retaliatory discharge: Weaver, "Client Confidences..."; *Willy v. Coastal Corp.*, 647 F. Supp. 116 (S.D. Tex. 1986) and 855 F. 2d 1160 (5th Cir. 1988) aff'd 504 U.S. 935 (1992); "Texas Endorses In-House Counsel's Discharge Claim," *The Legal Intelligencer*, October 31, 1997; *GTE Products Corp. v. Stewart*, 653 N.E.2d 161 (Mass.1995); Jennifer Thelen, "Do In-Housers Have the Right to Sue For Wrongful Termination?" *The* [San Francisco] *Recorder*, February 27, 1995; *General Dynamics Corp. v. Superior Court*, 7 Cal. 4th 1164 (1994); *Parker v. M&T Chems., Inc.*, 566 A. 2d 215 (N.J. Super. Ct. App. Div. 1989); Zitrin and Langford, *Legal Ethics in the Practice of Law*, pp. 479-80; Leslie Levin, "Testing the Radical Experiment: A Study of Lawyer Response to Clients Who Intend Harm to Others," 47 *Rutgers Law Review* 81 (Fall 1994).

Taking responsibility: Mintz, *At Any Cost*, Appendix, pp. 259-62; Josephson, October 4, 1996, Chicago speech and author interview, August 12, 1997; Arthur Miller, *All My Sons*, Viking Penguin, 1947.

第3部 強欲と欺もう、つまり「みんなやっている」

第6章 保険専門弁護士：事件漁りと金漁り

Generally: Katherine A. LaRoe, "Much Ado About Barratry: State Regulation of Attorneys' Targeted Direct-Mail Solicitation," 25 *St. Mary's Law Journal* 1514 (1994); Jerold S. Auerbach, *Unequal Justice: Lawyers and Social Change in*

273

Modern America, Oxford University Press, 1976; Ken Dornstein, *Accidentally on Purpose*, Macmillan, 1997.

Number of lawsuits: National Center for State Courts, annual surveys; Andre Henderson, "Damming the Lawsuit Flood," *Governing Magazine*, September 1995.

Brooklyn ambulance chasers: Dan Morrison, "Ambulance Chasing Charges," *New York Newsday*, February 13, 1997; Bill Farrell and Stephen McFarland, "DA Kills Ambulance-Chase Scam," *New York Daily News*, February 13, 1997.

History from Drinker to changes in the advertising ban: Auerbach, *Unequal Justice*; Zitrin and Langford, *Legal Ethics in the Practice of Law*, pp. 5 ff., 558-64, and 567-71; John M. McGuire, "The Mound City Bar," St. Louis *Post-Dispatch*, March 3, 1996; *Belli v. State Bar*, 10 Cal. 3d 824 (1974); *Jacoby v. State Bar of Calif*, 19 Cal. 3d 359 (1977); *Bates v. State Bar of Arizona*, 433 U.S. 350 (1977); *Ohralik v. Ohio State Bar Ass'n*, 436 U.S.447 (1978).

ValuJet and TWA 1996 air crashes: All Things Considered broadcast, National Public Radio, July 23, 1996, *ABC Nightline* telecast, June 5, 1996; Laura Brown, "Lawyers Prey on ValuJet Mourners," *Boston Herald*, May 23, 1996.

Profiles of plaintiffs' lawyers: Andrea Stone, "Fighting for 'the Brave' " *USA Today*, December 11, 1995; Tony Mauro, "Legal Eagles Plummet from the Heights," *USA Today*, March 14, 1996; Richard Connelly and Robert Elder Jr., "O'Quinn: The Long Knives Come out Again," *Texas Lawyer*, February 19, 1996; Pamela Coles, "Implant Lawyer Is Accused of Hustling Clients," New Orleans *Times-Picayune*, April 18, 1997; Christopher Palmeri, "A Texas Gunslinger," *Forbes*, July 3, 1995; "4 Lawyers Accused of Accident-Chasing," [Charleston, South Carolina] *Post and Courier*, April 18, 1997.

Florida 30-day solicitation ban: Florida Bar v. Went-For-It, Inc., 115 S. Ct. 2371 (1995).

San Francisco and Pennsylvania experiences and Texas "truth squad": transcripts from case of *Settle v. Civil Service Employees' Ins. Co.*, Alameda [California] County Superior Court #754597-3; Monroe Freedman, *Understanding Legal Ethics*, Matthew Bender, 1990, pp. 237 ff.; *Gunn v. Washek*, 405 Pa. 521 (1961); correspondence between authors and Kevin M. French, September and November 1997; correspondence between authors and Professor David Cummins, April, September, and November 1997.

Allstate and Liberty Mutual "no lawyer" campaigns: Richard C. Ruben, "In-surer Out to Eliminate Middleman," *ABA Journal*, September 1996; Paul Frisman, "Good Hands, Bad Deal?" *Connecticut Law Tribune*, November 18, 1996; Evelyn Apgar "Bars in Other States Decry Insurers' No-lawyer Letters," *New Jersey Lawyer*, March 3, 1997.

Bob Manning's case and other insurance woes: David Cay Johnston, "Paralyzed Since Fall in 1962, Man Is Still Seeking Benefits," *New York Times*, May 5, 1997, and "Hearing Set on Denial of Paralyzed Utility Worker's Benefits," *New York Times*, May 6, 1997; Haig Neville, "Your Premiums Are Paid, But Are You Covered?" *Michigan Lawyers Weekly*, December 9, 1996; Lisa J. Huriash, "Parents Angry over Definition of 'Cosmetic,' " [Fort Lauderdale] *Sun-Sentinel*, December 1, 1996; Nancy West, "Proposed Bill Would Allow for HMO Appeals," [Manchester, New Hampshire] *Union Leader*, January 2, 1996; James Denn, "Denial of Claims Spurs Bill for Tougher Controls," [Albany, New York] *Times-Union*, May 26, 1996.

Conflicting roles of insurance lawyers, and lobbying the ALI: Zitrin and Langford, *Legal Ethics in the Practice of Law*, pp. 168-75, and Teacher's Manual, pp. 62-65; Jonathan Groner, "Insurance Companies Lobby the ALI," *Legal Times*, July 15, 1996; Groner," Insurance Lobby Aims at Influential Legal Group," *American Lawyer Newspapers Group*, June 12, 1996: Michael Prince, "Insurer Lobbying of Ethics Panel Criticized," *Business Insurance*, September 9, 1996; William T. Barker, letter to editor of *Legal Times*, June 24, Counsel Connect on-line Hofstra University seminar discussion, March-May 1996.

Tort reform and "relative filth": National Center for State Courts 1994 and 1995 reports; Nader and Smith, *No Contest*, p. 265; Michael Josephson, speech to American Bar Association Professionalism Conference, Chicago, October 4, 1996.

第7章 すべての法廷は舞台であり、すべての弁護士は役者である：
陪審員を誘導することと誤導すること

Generally: Zitrin and Langford, *Legal Ethics in the Practice of Law*, pp. 372-87 and Teacher's Manual, pp. 123-29.

William K. Smith "Oscar": Michael Blumfield, "Drumroll Please for the Smith Trial Oscars," *Orlando Sentinel Tribune*, December 15, 1991.

Examples of trial lawyers and trial techniques: Roger Dodd, "Innovative Techniques: Parlor Tricks for the Courtroom," *Trial,* April 1990; Christopher Palmeri, "A Texas Gunslinger," *Forbes,* July 3, 1995; Andrea Higbie, "There Will Be a Brief Recess While We Check Our Wardrobes," *New York Times,* November 25, 1994; Harriet Chiang "Why Marcia Clark's Clothing Matters," *San Francisco Chronicle,* February 9, 1995.

Ethical rules: American Bar Association Model Rules 3.3, 3.4, 4.1; *Estelle v. Williams,* 425 U.S. 501 (1976).

Concealing clients' identities: United States v. Thoreen, 653 F. 2d 1312 (9th Cir. 1981), cert. denied, 455 U.S. 938 (1982); *People v. Simac,* 161 Ill. 2d 297, 641 N.E. 2d 416 (1994); Jan Hoffman, "At the Bar," *New York Times,* July 29, 1994.

Effect on juries: Superior Court of California, Country of Los Angeles, *California Jury instructions* §1.02; Richard P. Morin, "Evidence Ruled Inadmissible May Still Leave Its Mark on Jurors, Research indicates," *Brown University Journal,* January 29, 1997.

Race and jury tactics, and People v. Simpson: Patrice Gaines-Carter, "D.C. Lawyer Told to Remove African Kente Cloth for Jury Trial," *Washington Post,* May 23, 1992; *LaRocca v. Lane,* 376 N.Y.S. 2d 93, 338 N.E. 2d 606 (1975) and *People v. Rodiguez,* 424 N.Y.S. 2d 600 (1979); Robert Shapiro, interview with Barbara Walters, ABC Broadcasting, October 3, 1995, as reported by *New York Times,* October 4, 1995, and *Los Angeles Times,* Sunday Opinion section, October 8, 1995; Toni Morrison, editor, *Birth of a Nation 'hood,* Pantheon, 1997, including A. Leon Higgen-botham, "The O.J. Simpson Trial: Who Was Improperly 'Playing the Race Card?' "; Maureen Dowd, "O.J. as Metaphor," *New York Times,* October 5, 1995; Michael Janofsky, "Under Siege, Philadelphia's Criminal Justice System Suffers Another Blow," *New York Times,* April 10, 1997; Laura Mansnerus, in "Week in Review," *New York Times,* April 13, 1997; *Batson v. Kentucky,* 476 U.S. 79, 106 S. Ct. 1712 (1986).

The value of juries: Barbara Bradley, "Juries and Justice: Is the System Obsolete?" *Washington Times,* April 24, 1995: "Tipping the Scales in Favor of One Side?" roundtable discussion, *Illinois Legal Times,* February 1996; Debra Sahler, "Comment: Scientifically Selecting Jurors While Maintaining Professional Responsibility: A Proposed Model Rule," 6 *Albany Law Journal of Science and Technology* 383 (1996); Walter Olson, *We the Jury* book review, *Reason,* February 1995; Thomas Sowell, "Unclogging America's Courts," [Denver] *Rocky Mountain News,* October 11, 1997.

第8章 弁護士は嘘ツキ

Generally: Gerald B. Wetlaufer, "The Ethics of Lying in Negotiations," 75 *Iowa Law Review* 1219 (July 1990); Manuel Ramos, "Legal and Law School Malpractice: Confessions of a Lawyer's Lawyer and Law Professor," 57 *Ohio St. Law Journal* 861 (1996); Sissela Bok, *Lying: Moral Choices in Public and Private Life,* Pantheon, 1978.

Lying in negotiation; Alvin Rubin, "A Causerie on Lawyers' Ethics in Negotiation," 35 *Louisiana Law Review* 577 (1975); James J. White, "Machiavelli and the Bar: Ethical Limitations on Lying in Negotiation," 1980 *American Bar Foundation Research Journal* 921 (1980); Larry Lempert, "In Settlement Talks, Does Telling the Truth Have Its Limits?" *Inside Litigation,* March 1988; *Spaulding v. Zimmerman,* 262 Minn. 346, 116 N.W. 2d 704 (1962).

Giving advice versus assisting in fraud: Monroe Freedman, *Lawyers' Ethics in an Adversary System,* Bobbs Merrill, 1975, pp. 59-75; *Anatomy of a Murder,* Otto Preminger Films, Ltd., Columbia Pictures, 1959, based on the 1958 novel by Hon. John D. Voelker ("Robert Traver"); Bob Van Voris, "Client Memo Embarrasses Dallas Firm," *National Law Journal,* October 13, 1997; American Bar Association Model Rule 1.2, comment paragraph 6.

O.P.M. Leasing and its lawyers: Stuart Taylor Jr., "Ethics and the Law: A Case History," *New York Times Magazine,* January 9, 1983; Zitrin and Langford, *Legal Ethics in the Practice of Law,* pp.456-57; Heidi Li Feldman, "Can Good Lawyers Be Good Ethical Deliberations?" *Michigan Law Quadrangle Notes,* vol. 39, no. 2, Summer 1996, adapted from *Southern California Law Review,* March 1996.

Lincoln Savings and its lawyers, Kaye, Sholer: Susan Beck and Michael Orey, "They Got What They Deserved," *American Lawyer,* May 1992; David Wilkins, "Making Context Count: Regulating Lawyers After Kaye, Scholer, " 66 *Southern California Law Review* 1147 (1993); Stephen Gillers and Roy D. Simon, *Regulation of Lawyers: Statutes and Standards,* Little, Brown, 1993 edition; Anthony Davis, "The Long-Term Implications of the Kaye Scholer Case for Law Firm Management- -Risk Management Comes of Age," 35 *South Texas Law Review* (October 1994); Geoffrey Hazard, "Ethics," *National Law Journal,* April 27, 1992.

ABA's response to Kaye, Scholer affair: ABA Formal Opinions 92-366 (August 8, 1992) and 93-375 (August 6, 1993) ; David Margolick, "At the Bar," *New York Times,* November 26, 1993; Amy Stevens, "Convention Notes: Lawyers Decide They Also Don't Like Getting Sued," *Wall Street Journal,* August 12, 1993; Zitrin and Langford, *Legal Ethics in the Practice of Law,* pp. 497, 502.

McVeigh's lawyer Stephen Jones, and justifications for lying: Deirdre Shesgreen, "McVeigh Attorney's Actions Spur Sharp Debate on Ethics of Fabrication," *Legal Times,* March 10, 1997; Gayle Reaves and Steve McGonigle, *Dallas Morning News* series of articles, including March 1, 1997, and March 5, 1997; Ann Woolner, "It's True: Some Lawyers Lie, *American Lawyer Group,* March 12, 1997.

第9章 秘密にしておくこと (つまり、「知らない」と言うことは公衆を害することになる)

Generally: Lloyd Doggett and Michael Mucchetti, "Public Access to Public Courts," 69 *Texas Law Review* 643 (February 1991); Arthur Miller, "Confidentiality, Protective Orders, and Public Access to the Courts," 105 *Harvard Law Review* 427 (1991); Stephanie Dolan, "Ethical Concerns and Obligations for Attorneys Involved in Secret Settlements and Agreements," unpublished paper, November 1995; Laura Goldsmith, "Confidential Settlements," unpublished paper, November 1995.

Arguments favoring secrecy and Professor Miller's views: Joseph Calve, "Restricting Settlement Secrecy," *Connecticut Law Tribune,* March 16, 1992.

Dangerous products litigation concealed: Bob Gibbins, "Secrecy Versus Safety: Restoring the Balance," 77 *ABA Journal* 74 (December 1991); Steven D. Lydenberg et al., *Rating America's Corporate Conscience,* Addison-Wesley, 1986, pp. 234 ff.; *Davis v. McNeilab, Inc.,* U.S. Dist. Ct., D.C., no. 85-CV-3972; Morton Mintz, *At Any Cost,* pp. 197-98; [Massachusetts] *Lawyer's Weekly,* February 20, 1995.

Stern breast implant case: Stern v. Dow Coming Corp., U.S. Dist. Ct., N.D. Cal. no. C83-2348; Zitrin and Langford, *Legal Ethics in the practice of Law,* p. 114; Nader and Smith, *No Contest,* pp.76 ff.

General Motors truck cases: Transcript of American Judicature Society, "Confidential Settlements and Sealed Court Records: Necessary Safeguards or Unwarranted Secrecy?" reported in 78 *Judicature* 304 (1995); author correspondence and interviews with Clarence Ditlow, 1997 and 1998, especially interview of June 23, 1997, including correspondence providing documentation; Catherine Yang, "A Disturbing Trend Toward Secrecy," *Business Week,* October 2, 1995.

Open court documents, limits on protective orders: Seattle Times v. Rhinehart, 467 U.S. 20 (1984); Larry Coben, "The Use of Portative Orders," *The Legal Intelligencer,* July 20, 1993; author interviews with Hon. H. Lee Sarokin (Ret.), 1997 and 1998, and Judge Sarokin as quoted in Jaffe, "Public Good vs. Sealed Evidence," [Newark, New Jersey] *Star-Ledger,* September 2, 1990, cited in Doggett; *Cipollone v. Liggett Group, Inc.,* 106 F.R.D. 573 (D.N.J. 1985) and 785 F. 2d 1108 (3d Cir. 1986) .

Hiding molestation and discrimination: Legal Intelligencer June 10, 1994; *Chicago Lawyer,* January 1994; *National Law Journal,* March 6, 1995.

Fentress (Prozac) litigation: Leslie Scanlon, series of articles in [Louisville] *Courier-Journal,* especially April 20, 1995, May 7, 1995, May 28, 1995, June 1, 1995, September 13, 1996, December 13, 1996, March 12, 1997, March 25, 1997, and March 28, 1997; Maureen Castellano, series of articles in *New Jersey Law Journal,* including May 3, 1995, May 15, 1995, and June 12, 1995; Nicholas Varchaver, "Lilly's Phantom Verdict," *The American Lawyer,* September 1995; *Pharmaceutical Litigation Reporter,* Andrews Publications, October 1995; David J. Shaffer, series of articles in the *Indianapolis Star.*

Efforts opposing secrecy: Texas Rules of Civil Procedure Annotated, rule 76a; Florida Statutes Annotated, §69.081; Washington State House Bill 1866 "Public Right to Know Bill" (1993); California Senate Bill 711 (Sen. Lockyer, passed August 26, 1992, vetoed); Robert Nissen, "Open Court Records in Products Liability Litigation Under Texas Rule 76a," 72 *Texas Law Review* 931 (1994); Mintz, *At Any Cost,* p. 241.

第10章 クラス・アクション：公衆の保護、それとも弁護士のぼろ儲け？

Generally: Hon. William W. Schwarzer, "Structuring Multiclaim Litigation: Should Rule 23 Be Revised?" 94 *Michigan Law Review* 1250 (1996); Carrie Menkel-Meadow, "Ethics and the Settlements of Mass Torts: When the Rules Meet the

Road," 80 *Cornell Law Review* 1159 (1995); Federal Rule of Civil Procedure 23; notes of the Advisory Committee on Civil Rules of the Judicial Conference of the United States regarding amendments to F.R. Civ. Proc. 23, 1996; Trial Lawyers for Public Justice, series of articles on class actions, *Public Justice*, quarterly TLPJ newsletter, Fall 1996 ff.; Note, "Back to the Drawing Board: The Settlement Class Action and Limits of Rule 23, " 109 *Harvard Law Review* 828 (February 1996).

Initial quotes: Brian Cummings, "Both Defense and Plaintiff Lawyers Say Class Action Lawsuits Can Be Misused," *Chicago Daily Law Bulletin*, April 27, 1996.

Specific examples of "small ticket" class actions: Author interviews with William Bernstein, 1997, especially May 27, 1997, and Barry Baskin, June 1997.

The Bank of Boston case: Barry Meier, "Math of a Class-Action Suit: 'Win-ning' $2.19 Costs $91.33," *New York Times*, November 21, 1995; Hon. Milton Shadur, "The Unclassy Class Action," *Litigation*, vol. 23, no. 2 (Winter 1997); Kimberly Blanton, "Class-action Suit Winners Sue Lawyers," *Boston Globe*, November 22, 1995; author interviews in May and June 1997 with William Bernstein, Rob Branson, and Mark Chavez, and with Brian Wolfman, April 30, 1997.

Other Edelman cases: Author interviews with Barry Baskin, William Bernstein, Mark Chavez, Clarence Ditlow, Rob Graham, Bryan Kemnitzer, and Brian Wolfman, April, May, and June 1997.

Ford Motor Credit, San Francisco class notice, and ways to avoid unfair treatment: Author interviews during April, May, and June 1997 with Barry Baskin, Rob Graham, and Leslie Brueckner; Rinat Fried, "Class Counsel Issues Warning to Objectors," *The* [San Francisco] *Recorder*, August 31, 1998; published notice in *Food Additives Cases II (Re: Archer-Daniels-Midland Co., et al.)*, Superior Court, City and County of San Francisco, 1998; Trial Lawyers for Public Justice amicus curiae brief in *Amchem Products, Inc. v. Windsor*, U.S. Supreme Court no. 96-270, pp. 12-15.

Airline coupons: Bill Rankin, "Who Benefits from Class Action–Besides the Lawyers," Cox News Service, as printed in [Springfield, Illinois] *State Journal-Register*, April 7, 1996; descriptions of coupon rules; author interviews with travel agents, Spring 1996.

General Motors pickup class actions: In re: General Motors Corp. Pick-Up Truck Fuel Tank Products Liability Litigation, 846 F. Supp. 330 (E.D. penna. 1993) and subsequent district court opinions of February 2, 1994, at 1994 U.S. Dist. LEXIS 1094, and November 25, 1996, at 1996 U.S. Dist. LEXIS 17510, and *In re: General Motors Corp. Pick-Up Truck Fuel Tank Products Liability Litigation*, 55 F. 3d 768 (3d Cir. 1995); series of articles of April 18, 1995, including from [Cleveland] *Plain Dealer*, *New York Times, Washington Post, Houston Chronicle, Los Angeles Times, Dallas Morning News*; author interviews with Clarence Ditlow, 1997, especially June 2, 1997, and, May 6, 1997, with Ditlow and Rob Graham; with Brian Wolfman, April and May 1997; and with Elizabeth Cabraser, May 14, 1997; "Judge Approves Settlement over Side-Mounted Gas Tanks in GM Trucks," *The Legal Intelligencer*, January 2, 1997; Charles B. Camp, "GM Truck Settlement Rejected," *Dallas Morning News*, February 10, 1996; "TX Supreme Court Affirms Rejection of GM Class Action Settlement," *Automotive Litigation Reporter*, March 5, 1996.

Asbestos and other mass injury class actions: In re: "Agent Orange" Product Liability Litigation, 506 F. Supp 762 (E.D.N.Y. 1980) and 818 F. 2d 145 (2d Cir. 1987); Michael Hoenig, "Class Action Imbroglios," *New York Law Journal*, May 8, 1995; author interviews and correspondence with Leslie Brueckner, 1997: *In re: Rhone–Poulenc Rorer, Inc.*, 1995 WestLaw 116310 (7th Cir. 1996); *Georgine v. Amchem Products, Inc.*, 83 F. 3d 610 (3d Cir. 1996) and *Amchem Products, Inc. v. Windsor*, 117 S Ct. 2231 (1997).

Conclusions: Jean Wegman Burns, "Decorative Figureheads: Eliminating Class Representatives in Class Actions," 42 *Hastings Law Journal* 165 (November 1990); Bill Cohen, "Cohen Introduces Bill to Protect Consumers in Class Action Suits," *Congressional Press Releases*, December 22, 1995; author conversations with Samuel Dash, including April 28, 1997.

結 論

Generally: "The NLG 250," *National Law Journal*, November 10, 1997, and November 16, 1998, special supplements; Chris Klein, "Big-Firm Partners: Profession Sinking," *National Law Journal*, May 26, 1997; American Bar Association Model Rule 6.1, Comment, paragraph 1; California Business and Professions Code §6068(d); author interview with Michael Josephson, August 12, 1997.

訳者あとがき

　本書は、1999年に公刊されたリチャード・ズィトリンとキャロル・ラングフォードによる『アメリカ弁護士の道徳的指針——真実、正義、権力と貪欲——』"The Moral Compass of the American Lawyer：Truth, Justice, Power, and Greed" の全訳である。但し、原著にある出典 "Summary of Principal Sources" は、原典にあたる便宜を考えて翻訳せずそのまま掲載し、原著の謝辞と索引は省略した。

　原著のテーマであるアメリカの弁護士の職業倫理については大別して二つの考え方がある。一つは、「法律家のように考えよ。(Think like a Lawyer.)」という標語に代表されるように、専門職業人としての法律家には固有の職業倫理があるので、一旦、弁護士として依頼者のために代理業務を行うことになったならば、たとえ、一人の人間としての倫理観や道徳律に反していると感じても、その弁護士としての職業倫理に従うべきだとする考え方である。この場合、「倫理的」あるいは「倫理に適った」という表現(ethical)は、対立する価値の衝突から生ずるジレンマを解消するための一つのツールである倫理規則や行為規範などの法的な規範に照らして、「明文規定には違反しない」という意味に近い。これに対し、もう一つの考え方は、「人間らしく考えよ。(Think like a human being.)」という標語に代表されるように、弁護士に法律家固有の職業倫理があるにしても、弁護士の役割は依頼者の代理人に尽きるのではなく、法制度が保護しようとする公益の維持も含まれるのであるから、一人の人間としての道徳律と一致させるように弁護士としての態度決定をするべきだとする考え方である。この場合、「倫理的(ethical)」か「非倫理的(unethical)」かの分岐点は、倫理規則の明文規定に違反したか否かではなく、より高次の人間としての道徳律と一致しているか否かを基準とする。その結果、たとえ、明文の倫理規則には違反していなくとも人間として倫理的に許されないという非難を受けることになる。

　アメリカ合衆国では伝統的に依頼者の利益の擁護を第一義とする弁護士像が主流であったが、エンロンやワールドコムの企業破綻やアブグレイブやグアンタナモの収容所における被収容者に対する人権侵害などに法律家が深く関与

していたことへの反省から、近時では、依頼者の利益のみならず公益 (public interest) をも同時に保護しなければならないという多面的重層的な弁護士像が有力に主張されるようになってきた。リチャード・ズィトリンやキャロル・ラングフォードは、こうした公益保護を重視する考え方に立っており、本書でも、依頼者の利益至上主義の象徴とも言える「熱心な弁護 (zealous advocacy)」の行き過ぎを一般の市民や消費者の利益保護の観点から批判している。また、リチャードらが原著に「倫理的 (ethical)」ではなく「道徳的指針 (Moral Compass)」という表題をつけたのも、明文の倫理規則に違反するか否かを問題とする弁護士の職業倫理観に対する批判を込めてのものである。

　明文の倫理規範の面でも、2002年以降、ABAモデル・ルール1.6の守秘義務の例外が、依頼者の将来の犯罪に起因する「合理的に確実な死または重大な身体の傷害」の防止目的から、「金銭的利益または財産権の重大な侵害」の防止目的にまで拡大されたこと、2002年サーベーンズ・オクスリー法 (米国企業会計改革法。提案者の名前をとってSarbanes-Oxley Act of 2002と言う)やABAモデル・ルール1.13が、組織内部の弁護士が組織の重大な損害を防止するために合理的と考える場合には秘密を開示することを認めたことなども、こうした公益保護重視の流れにそった変化と言える。アメリカ合衆国に限らず、世界的な視野で弁護士倫理を眺めた場合、ゲートキーパー規制 (金融市場の健全性をマネーロンダリングから守るため弁護士など顧客と接する専門職を門番として、その疑いのある取引を国家に報告させる制度) に見られるように、公益重視の弁護士像はいまや国際的な流れとなった観すらある。

　こうした動きを、依頼者の利益擁護を第一義とする弁護士の伝統的なコア・バリュー (中核にある価値) が浸食されてきたと受け止めるか、それとも、もともと弁護士の役割には依頼者の私的利益の擁護と同時に社会全体の公的利益の擁護があったのであるから、法曹倫理のコア・バリューは多元的であり、今日では弁護士の公的側面が強調されているにすぎないと受け止めるかについては、議論がある。(シンポジウム『アメリカ法曹倫理の最前線──社会変動と法曹論』アメリカ法2007-1、日米法学会 (2007年)) しかし、弁護士のコア・バリューを固定的一元的に捉えて徐々に侵食されたとみるか、多元的に捉えて私的義務と公的義務の狭間で振り子が公的義務の方に揺れたとみるかにかかわらず、日々弁護士が直面するジレンマには変わりがなく、弁護士は具体的な場面、場面で倫理的な態度決定を迫られる。そして、公的利益の保護を盛り込んだ倫理規則においても、

訳者あとがき

279

多くは義務規定（must）ではなく許容規定（may）であるため、弁護士の専門家裁量に委ねられる部分が大きく、やはり、弁護士は、ジレンマと倫理規範を前にして、「法律家のように考えよ。(Think like a Lawyer.)」に従うか、「人間らしく考えよ。(Think like a human being.)」に従うかの決断を迫られるのである。

私自身の立場は、世間では「雇われガンマン (hired gun)」論の提唱者、すなわち、依頼者の利益を至上とする強硬な原理主義者と受け止められているが、それは、一旦、依頼者自身が自己決定をした「後」のことである。依頼者が自己決定をするまでの間の専門的な助言こそが弁護士の専門職業人としての本来的職務なのであるから、この依頼者・弁護士関係の範囲内で行われる弁護士の助言は「人間らしく考えよ。(Think like a human being.)」に従うべきであると考えている。この意味で、私はリチャードを支持している。しかし、不幸にして自分の専門家としての助言にもかかわらず依頼者が別異の決定をした場合、私は、倫理規則の明文に違反しない限り、弁護士として依頼者の利益を擁護する雇われガンマン (hired gun) に徹するべきと考えている。この点では、「法律家のように考えよ。(Think like a Lawyer.)」に従うので、リチャードとは袂を分かつことになる。

　翻って、わが国の弁護士像に目を転ずると、依頼者の意思を尊重する「雇われガンマン」を志向するというよりは、仲裁人ないし調停者としての紛争の円満解決を目指す法律専門家という意識の方が強いように思われる。「弁護士は在野法曹である」とは言うものの法律家の絶対数が圧倒的に少なかった事情もあり、弁護士は依頼者の利益を徹頭徹尾追求するというよりは、法的な知識を独占した専門職業人として、依頼者の利益を追求しつつも対立する相手方の利益ないし公益をも可能な限り取りこんで円満な解決を志向するという公的性格の方を重視する傾向があったからである。依頼者の利益の最大化を図ろうとする当事者主義の法制度の下では、それぞれのアクターがその役割を徹頭徹尾果たすことによって、結果として、システム全体の調和が保たれて法制度全体の健全性が確保されると考えるのに対し、わが国の当事者主義の場合は、各アクターがそれぞれ自らの役割の中に「全体としての調和」を取るべく配慮し、その調和の一致をもって法制度全体の健全性を確保しようとしているのである。

　私は、わが国では、依頼者の利益を最大化することを至上目的とする弁護士像が主流を占めたことは一度もなかったのではないかと考えている。この意味では、伝統的に、わが国の弁護士像は多元的なコア・バリューを体現していた

のであり、それゆえに、リチャードらが説く「人間らしく考えよ。(Think like a human being.)」に従うことには違和感はないのではなかろうか。以前に、私は、日米の法曹倫理の違いを比較した際、現象的に日本の現状を「1周遅れのランナーが先頭を走っている状況」になぞらえたことがあるが（「刑事弁護人は『正義の門番』か？──ABA弁護士業務模範規則改正の我が国への影響──」一橋論叢129巻4号〔2003年〕73頁)、現在も、一度依頼者の利益至上主義に至ってから公益重視の方向へ振り子を戻したアメリカと一度も依頼者の利益至上主義を経験したことのないわが国では、同じ公益重視の弁護士像を志向するといっても基本的な性格には大きな差があると考えている。しかし、わが国の弁護士も急速にアメリカ型の専門分野に特化したスペシャリストに変貌しつつあり、プロフェッションよりもビジネスを優先するジョイント・ベンチャー・モデル (joint-venture model) が主流になるにつれて、「1周遅れのランナー」が先頭集団の仲間入りをするのも時間の問題と言えるだろう。いわばアメリカの弁護士の抱える倫理的ジレンマの問題は、近い将来のわが国の弁護士の直面するであろう問題と言えるのである。否、既に、法制度の違いを超えた普遍的な倫理問題は共通しているのである。現に、2005年（平成17年）にわが国で最初に法的拘束力を備えた倫理規範として制定された日弁連『弁護士職務基本規程』は、2012年3月に改訂されて『弁護士職務基本規程（第2版）』が公刊されたばかりであるが、この改訂にも、アメリカにおける弁護士像の変容とそれに伴うABAモデル・ルールの改正、法曹倫理をめぐる議論の影響が色濃く反映している。

原著は、アメリカの弁護士の実情を紹介しつつ倫理的な問題を、「法律家である前に人間であれ」という立場から、その処方箋を「道徳的指針 (Moral Compass)」として示すものであるから、そこでは、当然のことながらアメリカ合衆国の法制度が前提となっている。その中には、わが国には馴染みがない、あるいは、未だ導入されるには至っていない諸制度、たとえば、タイムチャージ制の弁護士報酬、民事の証拠開示制度、弁護士の秘匿特権、クラスアクションなどがある。しかし、その制度的な違いにもかかわらず、提起されている倫理的ジレンマの根底には依頼者の代理人としての忠誠（私的義務）と法制度や社会に対する法律家としての忠誠（公的義務）の衝突が横たわっている。そして、さらに根源的な問いとして、「現在の法制度を支えている『当事者主義の原理 (adversary theorem)』をこのまま無条件に支持してよいのか」という問いを突き

付けている。それゆえに、私は、本書はわが国のロースクールの学生、現役の弁護士を始めとする法律専門職、そして法制度の在り方に関心を寄せる一般市民の方々にとっても、議論をするうえでの格好の素材を提供してくれるものと確信している。

*

　私が本書の翻訳を思い立ったのは2008年（平成20年）春に遡る。
　私は、2004年（平成16年）4月の法科大学院創設時から、一橋大学法科大学院において、実務家教員として、刑事弁護実務と法曹倫理を教えているが、「法曹倫理」という科目は法科大学院の設立に伴って初めて導入された必修科目であり、それまでの日本の法学教育において十分な研究実績及び教育実績がなかった分野であった。幸いにも、私が研究代表者を務める一橋大学法科大学院の『科目横断的法曹倫理教育の開発』プロジェクトが平成16年度から3年間、文部科学省の法科大学院等専門職大学院形成支援プログラムに採択されたことから、アメリカのロースクールにおける法曹倫理教育の実情を調査する機会に恵まれた。一橋大学法科大学院の目指した「科目横断的法曹倫理教育」とは、法律家に必要なプロフェッションとしての倫理観の涵養は単一の「法曹倫理」という必修科目の中で完結するものではなく、法律基本科目すべてにわたって通奏低音のように意識的に教えられるべきであるという考え方である。アメリカ合衆国のロースクールの中でも、同じ様な考え方がスタンフォード大学ロースクールのデボラ・ローディ教授（Prof. Deborah. Rhode）によって「パーヴェイシヴ・メソッド（Pervasive Method）」として強力に推奨されていることを知り、以後、私は同教授を私の法曹倫理教育の「師」と仰ぐことにした。このプロジェクトの成果は、一橋大学法科大学院の独自教材『法曹倫理：科目横断的アプローチ』（一橋大学法科大学院、2006年）を生みだすとともに、一橋大学法科大学院では、1年次から3年間にわたって継続的に、かつ、各法律基本科目の中でも意識的に倫理問題を取り扱うという教育方法論に結実している。また、このプロジェクトの期間中、私がアメリカ合衆国のロースクールにおける法曹倫理教育から学んだ成果は、季刊刑事弁護第43号から第51号まで9回にわたり連載「アメリカ合衆国のロースクール教育」にて報告した。
　その後、上記プロジェクトを発展させる形で、一橋大学法科大学院は、日弁連法務研究財団と日本臨床法学教育協会の協力を得て、『継続的法曹倫理教育の開発』プロジェクトを進めることとなり、このプロジェクトも平成19年度か

訳者あとがき

ら2年間、文部科学省の専門職大学院等における高度専門職業人養成教育推進プログラムに採択された。このプロジェクトのテーマは、法科大学院の法曹倫理教育をその後の弁護士資格を得た後の倫理教育にどのように接続させるかというものであったので、アメリカ合衆国でロースクールでの法曹倫理教育と現役弁護士の倫理研修の双方に通じている実務家の経験に学ぶ必要があった。この最適任者として私が白羽の矢を立てたのが、本書の原著者の一人であったリチャード・ズィトリンであった。それは、冒頭に述べた原著のペーパーバックが2000年に公刊されており、私はそれを読んで、アメリカの弁護士の実像を知るとともに、そこに展開されている実際の事件にまつわる弁護士の倫理的ジレンマが物語として面白いのにとどまらず、普遍的な職業倫理の問題——すなわち、弁護士の職業倫理と人間としての道徳倫理の衝突——を提起していたからである。そして、私は、2008年3月、『継続的法曹倫理教育の開発』プロジェクトのメンバー（後藤昭教授、高中正彦弁護士、市川充弁護士、太田秀哉弁護士）とともに、サンフランシスコ市内の彼の所属する弁護士事務所を訪れ、リチャード・ズィトリン本人から、ロースクールの学生、現役の弁護士を問わず、法律家として身につけなければならない法曹倫理のコア・バリューについて、直接、講義を受けた。彼が提示したコア・バリューとは、4つのC ("The four 'C'") で表される信認義務 (fiduciary duty) ——すなわち、①有能性 (Competence)、②秘密の保護 (Confidentiality)、③誠実なコミュニケーション (Candid Communication)、④忠誠（または利益相反）(Loyalty〔or Conflict of Interest〕) とそれと衝突しかねない社会的な価値——すなわち、真実 (Truth)、正義 (Justice)、ビジネス性 (Business of Law)、専門性 (Profession of Law)、倫理または「法曹倫理」(Ethics, or "Legal Ethics")、道徳性 (Morality) であった。その講義を聴いて、私たちは、翌2009年3月に予定していた同プロジェクトの総括シンポジウム『継続的法曹倫理教育の展望』の講師を引き受けてくれるように彼にお願いした。上記のコア・バリューをロースクールの学生および現役の弁護士にどのように教えるかの実践例を示してもらうためであった。（この国際シンポジウムは、2009年3月7日に開催され、シンポジウム『継続的法曹倫理教育の展望』の成果は、日弁連法務研究財団の紀要『法と実務』に掲載されることになっているが、現時点で未刊である）この訪問を機に、私はリチャードから原著の翻訳をすることの許可を得た。

　原著の公刊は1999年（ペーパーバック版は2000年）であるから、翻訳を思い立っ

た時点で既に記載内容は「歴史的事実」に属するものであったが、翻訳を思い立った理由は、そこで提起されている倫理的なジレンマの普遍性を学生に紹介するとともに学生と一緒に議論したいという想いであったから、事例が古いということは翻訳の動機を失わせるものではなかった。台湾でも、2009年に陳岳辰氏によって同原著が中国語に翻訳され、『走鋼索的律師』(綱渡りする弁護士)として公刊されていたから、やはり、同原著の持つテーマの面白さが重視されたのだろうと思う。同様に、わが国では2007年に、佐藤彰一氏 (法政大学法科大学院教授・弁護士) が原著の第1章「隠された死体」を小島武司ほか編『テキストブック現代の法曹倫理』(法律文化社、2007年) の第2章「法使用における職業倫理と市民倫理」の中で紹介している。しかし、翻訳権を取得したものの私の翻訳作業は遅々として進まず、ついに2012年を迎えるに至った。その理由は、私が2010年4月から2012年3月までの間、全く予期していなかった一橋大学法学部長と法学研究科長という教育行政職を務めることになったからである。この間も、教育面では、学部学生やロースクール生とともに、原著の部分的仮訳を用いてリチャードの問題提起の一つである「当事者主義の限界と弊害」について議論する機会を持っていたが、やはり、「法曹倫理」を体系的に教えるためには、原著のような物語性のある教材を刊行する必要があると考え、上記行政職の任期満了を待って、一気に翻訳を完遂した次第である。

　このような経過をたどって、やっと公刊にたどり着いた翻訳であるので、数多くの誤訳や誤謬を含んでいることが危惧される。本書は、もともと、一橋大学法科大学院の必修科目「法曹倫理」の副教材として利用することを考えていたので、今後、継続的に使用する中で誤訳や誤謬を正していきたいと考えている。今回、現代人文社のご好意により一般書籍としても公刊されるという幸運に恵まれたので、一般の読者が弁護士の倫理的ジレンマに想いを馳せる機会が与えられたことを喜ぶと同時に、読者諸兄から忌憚のないご意見や翻訳の誤りのご指摘をいただければ幸いである。

　ちなみに、原著に対する反響も紹介しておくと、アマゾン(amazon.com)のレビュー欄に載った一般読者の評価は12人中10人が5つ星 (5-Star) を付けるなど一般読者の評価は極めて高い。現在まで読み続けられていることの理由がここからも分かる。他方、法曹界の評価は、ロー・レビューを見る限り、賛否は真二つに分かれている。「面白く読みやすい」という好意的な評価がある反面、

「極端な事例を取り上げて一般化している」、「提言が非現実的である」などの厳しい批判もある。ここにも、一般市民の評価と弁護士の評価の違いといった形で、パブリックな視点と法律家の視点の対立という原著の構図が反映されているようである。台湾訳書については、台北弁護士会会長の劉志鵬氏が推薦文の中で次のように書いている。「私はこの本を読んでいる途中で、何度も本を閉じて考えた。もし自分がそのケースの弁護士であったら、この難しい道徳的難題にどんな決定を下すのか？　と。そして、私は　弁護士として直面する倫理道徳の『難しさ』を思い知った」。この姿勢こそがリチャードらが海外における原著翻訳に期待する最大の願いであろう。

　原著者二人の略歴（原著公刊時のもの）は本書末尾に訳出したとおりであるが、リチャードについて補足をしておきたい。彼は、所属する弁護士事務所には変更があったものの弁護士をしつつ、現在もカリフォルニア大学ヘイスティングス・カレッジ・オブ・ロー（UC Hastings College of Law）で「法曹倫理」を教えている。そして、原著の公刊から10年の空白期間の後、2011年から再び、サンフランシスコの業界紙『リコーダー（The Recorder）』に"Moral Compass"のコラムを、ほぼ6週間に1回のペースで書いている。これは、『アメリカン・ロー・メディア（American Law Media）』のオンライン・サービスで全国に配信されている。最初のシリーズは、カリフォルニア州弁護士会の懲戒制度の機能不全を告発するものであったが、実名を挙げての告発はALMから反対されて断念したという。最近のコラムが取り上げたテーマは「司法アクセスの不平等」であり、カリフォルニア州の予算削減の結果、小額裁判所や家事事件を扱う裁判所の統廃合により移民などの社会的弱者が裁判所を利用することが著しく困難になった現実を告発している。一般市民及び消費者の視点から舌鋒鋭く司法の現状を告発する姿勢には全く変わりがなく、相変わらず、弁護士会からも当局からも「煙たい存在」として嫌悪されているようである。ちなみに、リチャードの父親のアーサー・ズィトリン（Arthur Zitrin）は、アメリカ諸州で行われている薬物注射による死刑執行に医師が関与するのは医師の職業倫理に違反するとして医師の死刑執行からの撤退を求めている医師（ニューヨーク大学医科大学院名誉教授）であり、妹のエリザベス・ズィトリン（Elizabeth Zitrin）は、世界的に著名なアメリカを代表する死刑廃止運動家　である。原著に一貫して流れているリチャードの反骨精神は、こうした一家に育ったことと無縁ではないだろう。

私の翻訳が、彼の反骨精神のニュアンスを損なわないようにと祈るのみである。

　最後に、私の原著翻訳の意向を聞いて、その機会を与えてくれた現代人文社の成澤壽信社長に、特に、本書の企画段階から版権の取得、そして長い空白期間を経た翻訳作業の完了までの間、堪忍袋の緒が切れる寸前まで翻訳を待ち続けてくれた桑山亜也さんに、心からの感謝を申し上げる。

　また、本書の翻訳に明らかな誤訳がないか、一般の人にも理解できる表現かにつき、原著との対比を行ってくれた一橋大学大学院博士後期課程の今村文彦君、原著および台湾訳書との対比を行ってくれた一橋大学大学院修士課程の李怡修さんにも、心からの感謝を申し上げる。私の拙訳が、最小限の誤訳にとどまっているとすれば、それは紛れもなく彼らの功績である。

村岡啓一（むらおか・けいいち）

著者について

リチャード・ズィトリン（Richard Zitrin）

リチャード・ズィトリンは、サンフランシスコにあるズィトリン・アンド・マストロモナコ法律事務所のパートナー弁護士であり、サンフランシスコ大学法学特任教授である。彼は、ここで「法曹倫理」を教えると同時に大学の倫理カリキュラムのコーディネーターを務めている。また、サンフランシスコ大学で「法廷実務」を教え、カリフォルニア大学ヘイスティングス校で「法曹倫理」を教えている。彼は、殺人事件の弁護から製造物責任訴訟やセクシャル・ハラスメント訴訟の原告側代理人まで法廷弁護士として広範な経験を有している。彼は、カリフォルニア州弁護士会の弁護士倫理委員会の委員を1990年から1996年まで務め、1994年から95年まで同委員会の委員長を務めた。

キャロル・ラングフォード（Carol M. Langford）

キャロル・ラングフォードは、カリフォルニア州のウォルナッツ・クリークで弁護士をするとともに、サンフランシスコ大学ロースクールとカリフォルニア大学ヘイスティングス校で「法曹倫理」を教えている。彼女は、カリフォルニア大学バークレー校でも教えている。彼女は、5年間、アメリカ最大級の法律事務所であるフィルズベリー・マディソン・アンド・シュートロ及びオメルベニー・アンド・マイヤーの二つの事務所で、訴訟部門担当のアソシエイト弁護士として勤務した後、70人の弁護士を擁するサンフランシスコ法律事務所のパートナー弁護士となった。彼女は、カリフォルニア州弁護士会の弁護士倫理委員会の委員を1991年から1997年まで務め、1995年から96年まで同委員会の委員長を務めた。

訳者について

村岡啓一（むらおか・けいいち）

1950年12月生まれ。1974年3月一橋大学法学部卒。同年4月最高裁判所司法修習生（第28期）。1976年4月弁護士登録（札幌弁護士会）。2001年7月一橋大学大学院法学研究科博士後期課程修了（法学博士）。26年間の弁護士生活を経て、2002年4月から現職。2010年4月から2012年3月まで、一橋大学法学部長兼法学研究科長。専門は、刑事法（刑事弁護実務）、法曹倫理。主要論文に、「憲法的刑事訴訟論」『刑事司法改革と刑事訴訟法』上巻所収（日本評論社、2007年）、「冤罪事件から捜査機関は何を学んだのか」『誤判原因に迫る――刑事弁護の視点と技術』所収（現代人文社、2009年）、「情況証拠による事実認定論の現在」『村井敏邦先生古稀記念論文集　人権の刑事法学』所収（日本評論社、2011年）がある。訳書（共訳）として、ギスリー・グッドジョンソン著『取調べ・自白・証言の心理学』（酒井書店、1994年）がある。

アメリカの危ないロイヤーたち
弁護士の道徳指針

2012 年 7 月 4 日　第 1 版第 1 刷発行

著　者　リチャード・ズィトリン、キャロル・ラングフォード
訳　者　村岡啓一

発行人　成澤壽信
編集人　桑山亜也
発行所　株式会社 現代人文社
　　　　〒160-0004 東京都新宿区四谷 2-10 八ッ橋ビル 7 階
　　　　Tel 03-5379-0307（代）　Fax 03-5379-5388
　　　　E-mail henshu@genjin.jp（編集）　hanbai@genjin.jp（販売）
　　　　Web http://www.genjin.jp
　　　　郵便振替口座　00130-3-52366
発売所　株式会社 大学図書
印刷所　シナノ書籍印刷株式会社
装　幀　黒瀬章夫

検印省略　Printed in JAPAN
ISBN978-4-87798-523-3 C3032
© 2012 Keiichi Muraoka

本書の一部あるいは全部を無断で複写・転載・転訳載などをすること、または磁気媒体等に入力することは、法律で認められた場合を除き、著作権者および出版者の権利の侵害となりますので、これらの行為をする場合には、あらかじめ小社または編著者宛に承諾を求めてください。